# अशोक पंकज

5 नवंबर 1970 को बिहार के जहानाबाद जिला, लाट गाँव, के एक संयुक्त किसान परिवार में जन्म, गाँव के सरकारी स्कूल से प्रारम्भिक शिक्षा प्राप्त करने के बाद, पटना कॉलेज, पटना विश्वविद्यालय से अर्थशास्त्र में बी.ए. ऑनर्स; जवाहर लाल नेहरू विश्वविद्यालय, नई दिल्ली से राजनीतिशास्त्र में एम.ए. एवं एम.फिल.; वहीं से पीएच-डी के दौरान नौकरी; तत्पश्चात यूजीसी फैलोशिप एवं पीएच-डी स्थगित; बाद में मगध विश्वविद्यालय, बोधगया, से पीएच-डी, एवं दिल्ली विश्वविद्यालय से एल-एल.बी.। वैश्य कॉलेज, रोहतक, हरियाणा, में राजनीति शास्त्र में प्राध्यापक एवं विभागाध्यक्ष तथा 10 वर्षों तक लगातार शिक्षण के पश्चात्, लंदन स्कूल ऑफ इकोनॉमिक्स एवं पॉलिटिकल साइंस के साथ जमीनी शोध कार्य की शुरूआत; तत्पश्चात इंस्टीट्यूट फॉर ह्यूमन डवलपमेंट, नई दिल्ली के साथ सामाजिक एवं आर्थिक विकास के विषयों पर शोध कार्यों से जुड़ना; बाद में पूर्णरूप से शोध कार्य में संलग्न।

भारत के ग्रामीण जीवन की सामाजिक एवं आर्थिक प्रगति; पिछड़े समुदायों की सामाजिक-आर्थिक स्थिति में बदलाव; सरकार की ग्रामीण एवं अन्य विकास तथा कल्याणकारी योजनाओं का प्रभाव इत्यादि विषयों पर दो दर्जन अध्ययन एवं रिपोर्ट का लेखन-कार्य। अंग्रेजी में सेज, केंब्रिज यूनिवर्सिटी प्रेस, रूटलेज, स्प्रिंगर से ग्रामीण रोजगार गारंटी योजना, सबलअर्नटी, इक्सक्सुसन, सोशल सेक्टर डेवलपमेंट एवं इनक्लूसिव डेवलपमेंट जैसे विषयों पर पाँच पुस्तकें प्रकाशित।

राष्ट्रीय एवं अन्तर्राष्ट्रीय स्तर की प्रतिष्ठिति शोध प्रत्रिकाओं में अंग्रेजी, तथा हिन्दी में अनेक शोध-पत्र एवं पुस्तक समीक्षा प्रकाशित।

**ई-मेल :** ashokpankaj@gmail.com

# अनुक्रम

खंड-4

## व्यावहारिक पहलू



खंड-5

## समसामयिकता

# आमुख

"लोग मेरी बात सुनेंगे, शायद मेरे मरने के बाद, लेकिन किसी दिन सुनेंगे जरूर।" लोहिया का यह वाक्य उनकी उस पीड़ा एवं दर्द का बयान है जो 57 वर्ष के छोटे से जीवनकाल के अनवरत एवं सतत् संघर्ष की कहानी है, जिसमें 8 बार ब्रिटिश सरकार की जेलों की यातना, तथा उससे दुगुनी, 17 बार स्वतंत्र भारत की जेलों की उत्पीड़क यात्रा शामिल हैं। स्वतंत्रता, समानता एवं न्याय के लिए उनके जीवनोपरंत दुरूह संघर्ष में आशा एवं उत्साह लबालब भरा रहा है, जिसमें आधुनिक भारत के नव-निर्माण की असीम उम्मीदें छुपी हुई हैं। यह उम्मीद भारत के लोकतंत्र एवं समाजवाद के अपने अनोखे सिद्धान्तों पर आधारित नवनिर्माण की है, जिसमें लोकतंत्र महज एक शासन पद्धति नहीं है, बल्कि हरेक प्रकार की गैर-बराबरी, विषमताओं एवं अन्याय को समाप्त कर नर-नारी को सम्मानजनक जीवन प्रदान करने की तथा भूख एवं बीमारी, अशिक्षा एवं अज्ञानता रहित स्वतंत्र भारत के निर्माण की प्रतिबद्धता है। इसमें बदलाव का हथियार सिविलनाफरमानी का उदात्त सिद्धान्त है, जिसका प्राचीन यूनान में सुकरात एवं भारत में प्रह्लाद ने तथा आधुनिक काल में गांधी ने प्रयोग कर दुनिया के हर व्यक्ति को अन्याय एवं अत्याचार से अकेले लड़ने की अद्भुत शक्ति दी है।

लोहिया का समाजवाद केवल एक आर्थिक संरचना नहीं है, बल्कि सामाजिक एवं आर्थिक नव-निर्माण का एक सम्पूर्ण दृष्टिकोण है, जो 'समता से सम्पन्नता', 'सप्तक्रांति से समाजवाद' तथा 'सिविलनाफरमानी से लोकतंत्र' के त्रिकोणीय सिद्धान्तों पर आधारित है। इसमें संपत्ति का सार्वजनीकरण केवल एक उपागम है। इसमें संपत्ति के सार्वजनीकरण के साथ-साथ संपत्ति के मोह को समाप्त करने की प्रतिबद्धता है जिससे कि संपत्ति अर्जित करने की होड़ खत्म हो और समाज के सभी वर्गों को राष्ट्रीय संपत्ति के उपभोग में उचित एवं समान हिस्सेदारी मिले।

लोहिया का समाजवाद हरेक प्रकार की गैर-बराबरी को मिटाने के लिए 'सप्तक्रांति' की पुकार है, जिसका मुख्य उद्देश्य सिविलनाफरमानी के लोकतांत्रिक हथियार का प्रयोग कर पूरी दुनिया से जाति, नस्ल, लिंग, रंग एवं अमीरी-गरीबी के भेद को समाप्त कर साम्राज्यशाही एवं उपनिवेशिक मुल्कों, आज के संदर्भ में कहें तो विकसित राष्ट्रों एवं पिछड़े के बीच के अंतर को खत्म करना है। उनका समाजवाद एक ऐसे समाज के निर्माण के प्रति संकल्प है, जिसमें गैर-बराबरी को समाप्त करने के लिए सामाजिक, सांस्कृतिक, आर्थिक एवं राजनीतिक क्षेत्रों में एक साथ पहल करने की आवश्यकता है। राष्ट्रीय स्तर पर 'चौखंभा राज' और अंतर्राष्ट्रीय स्तर पर 'विश्व पंचायत' लोहिया के समाजवाद में शासन-प्रणाली का प्रारूप है।

लोहिया की मृत्यु के बाद के वर्षों में देश और दुनिया तेजी से बदली है। जहां वैश्विक स्तर पर साम्यवादी सोवियत संघ का विघटन एवं शीत युद्ध की समाप्ति ने पूँजीवाद की सार्वभौमिकता को स्थापित किया है, वहीं आर्थिक उदारीकरण एवं वैश्वीकरण पूरे विश्व की विचारधारा बन गई है।

भारत के अंदर भी सामाजिक, आर्थिक एवं राजनैतिक क्षेत्रों में तेजी से बदलाव हुए हैं। सन् 1989 में विश्वनाथ प्रताप सिंह के नेतृत्व में गठित जनता दल की साझी सरकार ने सरकारी नौकरियों में पिछड़े वर्गों के लिए 27 प्रतिशत सीटें आरक्षित करने की मंडल कमीशन की सिफारिश को लागू कर समाज के पिछड़े वर्गों में सामाजिक एवं राजनीतिक चेतना को जगाया जिसका भारतीय राजनीति पर दूरगामी प्रभाव पड़ा है। पिछड़े वर्गों के आंदोलन ने उत्तर भारत के दलितों को भी उद्वेलित किया, जिनमें बदलाव की आकांक्षा और संगठित होकर सशक्तीकरण की भावना प्रबल हुई है। नरसिंह राव की कांग्रेस सरकार ने 1991 में उदारीकरण की नीति अपना कर अर्थव्यवस्था को एक नई गति एवं दिशा दी। परिणामस्वरूप, विभिन्न आर्थिक क्षेत्रों में भारत तेजी से प्रगति की है एवं महत्त्वपूर्ण बदलाव हुए हैं। लेकिन आर्थिक प्रगति के साथ-साथ, असमानता भी अप्रत्याशित रूप से बढ़ी है।

राजनीतिक क्षेत्र में कांग्रेस के वर्चस्व की समाप्ति, क्षेत्रीय दलों का उभार और 2014 में भाजपा का पूर्ण बहुमत के साथ केन्द्र में ताजपोशी इस दौर के महत्त्वपूर्ण बदलाव है। एक विरोधाभास भी देखने को मिला है। जहां राजनीति के क्षेत्र में बहुलवाद की धारा बही, वहीं आर्थिक क्षेत्र में बाजार व्यवस्था एवं उदारीकरण का एकलवाद चला है। हालांकि 2014 के बाद राजनीतिक एवं आर्थिक दोनों क्षेत्रों में एकलवाद का समागम हुआ है, जिसके दूरगामी

**अशोक पंकज**

*काउन्सिल फॉर सोशल डेवलपमेंट*

*नई दिल्ली*

# लोहिया के सपनों का भारत

## भारतीय समाजवाद की रूपरेखा

समता से सम्पन्नता, सप्तक्रांति से समाजवाद,
सिविलनाफरमानी से लोकतंत्र

लोकभारती पेपरबैक्स

**प्रथम पेपरबैक संस्करण :** 2024



**लोकभारती पेपरबैक्स :** उत्कृष्ट साहित्य के लोकप्रिय संस्करण

**लोकभारती प्रकाशन**
पहली मंजिल, दरबारी बिल्डिंग, महात्मा गांधी मार्ग
प्रयागराज-211 001

वेबसाइट: www.lokbhartiprakashan.com
ईमेल : info@lokbhartiprakashan.com

**शाखाएँ :** 1-बी, नेताजी सुभाष मार्ग, दरियागंज
नई दिल्ली-110 002
अशोक राजपथ, साइंस कॉलेज के सामने
पटना-800 006
1, अनमोल सोराबजी संतुक लेन, मरीन लाइंस
मुम्बई-400002

**ग्राफिक आफसेट**
प्रयागराज द्वारा मुद्रित

**मूल्य :** ₹ 225

LOHIA KE SAPNO KA BHARAT
*by* Ashok Pankaj

ISBN : 978-81-19996-06-3

भारत में समाजवादी आन्दोलन के शिखरपुरुष
एवं भारत छोड़ो आन्दोलन में लोहिया के हमसफर
जयप्रकाश नारायण को सादर समर्पित

# अनुक्रम

# आमुख

"लोग मेरी बात सुनेंगे, शायद मेरे मरने के बाद, लेकिन किसी दिन सुनेंगे जरूर।" लोहिया का यह वाक्य उनकी उस पीड़ा एवं दर्द का बयान है जो 57 वर्ष के छोटे से जीवनकाल के अनवरत एवं सतत् संघर्ष की कहानी है, जिसमें 8 बार ब्रिटिश सरकार की जेलों की यातना, तथा उससे दुगुनी, 17 बार स्वतंत्र भारत की जेलों की उत्पीड़क यात्रा शामिल हैं। स्वतंत्रता, समानता एवं न्याय के लिए उनके जीवनोपरंत दुरूह संघर्ष में आशा एवं उत्साह लबालब भरा रहा है, जिसमें आधुनिक भारत के नव-निर्माण की असीम उम्मीदें छुपी हुई हैं। यह उम्मीद भारत के लोकतंत्र एवं समाजवाद के अपने अनोखे सिद्धान्तों पर आधारित नवनिर्माण की है, जिसमें लोकतंत्र महज एक शासन पद्धति नहीं है, बल्कि हरेक प्रकार की गैर-बराबरी, विषमताओं एवं अन्याय को समाप्त कर नर-नारी को सम्मानजनक जीवन प्रदान करने की तथा भूख एवं बीमारी, अशिक्षा एवं अज्ञानता रहित स्वतंत्र भारत के निर्माण की प्रतिबद्धता है। इसमें बदलाव का हथियार सिविलनाफरमानी का उदात्त सिद्धान्त है, जिसका प्राचीन यूनान में सुकरात एवं भारत में प्रह्लाद ने तथा आधुनिक काल में गांधी ने प्रयोग कर दुनिया के हर व्यक्ति को अन्याय एवं अत्याचार से अकेले लड़ने की अद्भुत शक्ति दी है।

लोहिया का समाजवाद केवल एक आर्थिक संरचना नहीं है, बल्कि सामाजिक एवं आर्थिक नव-निर्माण का एक सम्पूर्ण दृष्टिकोण है, जो 'समता से सम्पन्नता', 'सप्तक्रांति से समाजवाद' तथा 'सिविलनाफरमानी से लोकतंत्र' के त्रिकोणीय सिद्धान्तों पर आधारित है। इसमें संपत्ति का सार्वजनीकरण केवल एक उपागम है। इसमें संपत्ति के सार्वजनीकरण के साथ-साथ संपत्ति के मोह को समाप्त करने की प्रतिबद्धता है जिससे कि संपत्ति अर्जित करने की होड़ खत्म हो और समाज के सभी वर्गों को राष्ट्रीय संपत्ति के उपभोग में उचित एवं समान हिस्सेदारी मिले।

लोहिया का समाजवाद हरेक प्रकार की गैर-बराबरी को मिटाने के लिए 'सप्तक्रांति' की पुकार है, जिसका मुख्य उद्‌देश्य सिविलनाफरमानी के लोकतांत्रिक हथियार का प्रयोग कर पूरी दुनिया से जाति, नस्ल, लिंग, रंग एवं अमीरी-गरीबी के भेद को समाप्त कर साम्राज्यशाही एवं उपनिवेशिक मुल्कों, आज के संदर्भ में कहें तो विकसित राष्ट्रों एवं पिछड़े के बीच के अंतर को खत्म करना है। उनका समाजवाद एक ऐसे समाज के निर्माण के प्रति संकल्प है, जिसमें गैर-बराबरी को समाप्त करने के लिए सामाजिक, सांस्कृतिक, आर्थिक एवं राजनीतिक क्षेत्रों में एक साथ पहल करने की आवश्यकता है। राष्ट्रीय स्तर पर 'चौखंभा राज' और अंतर्राष्ट्रीय स्तर पर 'विश्व पंचायत' लोहिया के समाजवाद में शासन-प्रणाली का प्रारूप है।

लोहिया की मृत्यु के बाद के वर्षों में देश और दुनिया तेजी से बदली है। जहां वैश्विक स्तर पर साम्यवादी सोवियत संघ का विघटन एवं शीत युद्ध की समाप्ति ने पूँजीवाद की सार्वभौमिकता को स्थापित किया है, वहीं आर्थिक उदारीकरण एवं वैश्वीकरण पूरे विश्व की विचारधारा बन गई है।

भारत के अंदर भी सामाजिक, आर्थिक एवं राजनैतिक क्षेत्रों में तेजी से बदलाव हुए हैं। सन् 1989 में विश्वनाथ प्रताप सिंह के नेतृत्व में गठित जनता दल की साझी सरकार ने सरकारी नौकरियों में पिछड़े वर्गों के लिए 27 प्रतिशत सीटें आरक्षित करने की मंडल कमीशन की सिफारिश को लागू कर समाज के पिछड़े वर्गों में सामाजिक एवं राजनीतिक चेतना को जगाया जिसका भारतीय राजनीति पर दूरगामी प्रभाव पड़ा है। पिछड़े वर्गों के आंदोलन ने उत्तर भारत के दलितों को भी उद्वेलित किया, जिनमें बदलाव की आकांक्षा और संगठित होकर सशक्तीकरण की भावना प्रबल हुई है। नरसिंह राव की कांग्रेस सरकार ने 1991 में उदारीकरण की नीति अपना कर अर्थव्यवस्था को एक नई गति एवं दिशा दी। परिणामस्वरूप, विभिन्न आर्थिक क्षेत्रों में भारत तेजी से प्रगति की है एवं महत्त्वपूर्ण बदलाव हुए हैं। लेकिन आर्थिक प्रगति के साथ-साथ, असमानता भी अप्रत्याशित रूप से बढ़ी है।

राजनीतिक क्षेत्र में कांग्रेस के वर्चस्व की समाप्ति, क्षेत्रीय दलों का उभार और 2014 में भाजपा का पूर्ण बहुमत के साथ केन्द्र में ताजपोशी इस दौर के महत्त्वपूर्ण बदलाव है। एक विरोधाभास भी देखने को मिला है। जहां राजनीति के क्षेत्र में बहुलवाद की धारा बही, वहीं आर्थिक क्षेत्र में बाजार व्यवस्था एवं उदारीकरण का एकलवाद चला है। हालांकि 2014 के बाद राजनीतिक एवं आर्थिक दोनों क्षेत्रों में एकलवाद का समागम हुआ है, जिसके दूरगामी

दुष्परिणाम हो सकते हैं। ऐसे में लोहिया के विचारों की प्रासंगिकता और भी बढ़ जाती है। हां, यह जरूर है कि उनके विचारों की उपयोगिता बदलते संदर्भों में देखने की अवश्यकता है।

आजादी के 75 वर्षों में भारत ने कई क्षेत्रों में उल्लेखनीय प्रगति की है। भूख एवं गरीबी कमी है, शिक्षा एवं स्वास्थ्य का स्तर बढ़ा है, विज्ञान एवं उद्योगों की व्यापक प्रगति हुई है। आधारभूत संरचनाएँ मजबूत हुई हैं, तो यातायात एवं दूरसंचार इत्यादि की सेवाएँ समृद्ध हुई हैं। इन तमाम उपलब्धियों के बीच जाति एवं वर्ग, नर-नारी, अमीर-गरीब, हिन्दू-मुस्लिम, ऊँच-नीच और क्षेत्रीय असमानताएँ बनी हुई हैं। मानव पूँजी निर्माण के क्षेत्र में भारत की प्रगति अधूरी है। ग्रामीण विकास, कृषि विकास, छोटे एवं मझोले उद्योगों का विकास अपर्याप्त है।

सामाजिक क्षेत्र में छुआछूत, जाति-आधारित भेदभाव और आर्थिक शोषण मिटने के कगार पर है, लेकिन जाति का बोध एवं जाति-आधारित परिवार एवं कुटुम्ब की व्यवस्था यथावत् बनी हुई है। नर-नारी असमानता भी पूर्ववत् बनी हुई है। हालांकि, महिलाओं की स्थिति में, खासकर शिक्षा एवं स्वास्थ्य में सुधार जरूर हुए हैं। दलितों एवं पिछड़ी जातियों की राजनीतिक भागीदारी बढ़ी है, उनकी आर्थिक स्थिति भी सुधरी है, लेकिन वे अभी भी जाति आधारित सामाजिक एवं आर्थिक वंचना के शिकार होते रहते हैं। राजनीति में जाति ने कोढ़ का रूप ले लिया है।

ऐसे तो लोहिया की राजनीति के स्वघोषित उत्तराधिकारी बने हुए हैं, लेकिन लोहिया के विचारों का प्रचार-प्रसार सीमित है। और तो और, कुछेक तो समाजवाद के नाम पर प्रत्यक्ष रूप से जातिवाद और परोक्ष रूप से संप्रदायवाद के आंचल को पकड़े बैठे हैं, जो लोहिया के विचारों का घोर निरादर भी है। जब कभी अवसर मिला तो उनके विचारों में से कोई एकाध सूत्र पकड़ कर, जैसे 'नौकरियों में आरक्षण' जिसे लोहिया 'अवसर की समानता' के व्यापक दृष्टिकोण में परिभाषित करते हैं, ने समाजवाद की इतिश्री कर दी।

लोहिया का समाजवाद संबंधी विचार उनके विभिन्न लेखों एवं भाषणों में फैला हुआ है जिसे संकलित भी किया गया है, लेकिन आम पाठकों के लिए वह दुरूह है। एक तो विचारों की सारगर्भिता, दूसरा भाषा का अजीबोगरीब फक्कड़पन, और तीसरा विचारों का विभिन्न लेखों एवं भाषणों में बिखराव, जिससे अर्थ निकालना एवं संदर्भ ढूंढ़ना मुश्किल हो जाता है। ऐसे में उनके समाजवाद के विचारों को एक जगह तार्किक तौर पर संगठित करना इस पुस्तक

का एक प्रमुख उद्देश्य है। इस पुस्तक में लोहिया के विचारों को समाजवाद के एक सिद्धान्त के रूप में भी प्रस्तुत करने का प्रयास किया गया है। उनके विचारों के सैद्धान्तिक एवं व्यावहारिक पक्षों में एकता स्थापित करते हुए, उसे सिद्धान्त, दर्शन एवं राजनीतिक कार्यक्रम के एक सूत्र में बांध कर सरल एवं सुपाठ्य बनाने का प्रयास किया गया है।

यह पुस्तक राजनीति शास्त्र के विद्यार्थियों के लिए, समाजवाद के अध्येयताओं एवं अनुयायियों के लिए तथा राजनीतिक एवं सामाजिक कार्यकर्ताओं के लिए एक संदर्भ-ग्रंथ के रूप में तैयार किया गया है। साथ ही साथ, यह भी प्रयास किया गया है कि इस पुस्तक को पढ़ने से आम जनता को भी लोहिया के समाजवाद के विचारों को समझाने में कोई कठिनाई महसूस न हो।

इस पुस्तक को लिखते वक्त यह भरसक प्रयास किया गया है कि लोहिया की शब्दावली का ज्यादा से ज्यादा प्रयोग किया जाए। उदाहरणस्वरूप, लोहिया 'स्त्री-पुरुष' की जगह 'नर-नारी' शब्द का प्रयोग करते थे तो मैंने भी 'नर-नारी' शब्द का ही प्रयोग किया है। कई जगहों पर लोहिया के वाक्यों को ज्यों का त्यों उद्धरित कर दिया गया है, जिससे उनके विचारों को रखने की उनकी शैली अपनी मौलिकता में बनी रहे।

इस पुस्तक की प्रेरणा विगत वर्षों में लोहिया साहित्य के अध्ययन से शुरू हुई, जिसके प्रति मेरा आकर्षण तब बढ़ा जब मैं गांधीवादी-समाजवादी श्री रघु ठाकुर द्वारा आयोजित किसानों की समस्या पर एक गोष्ठी में शामिल होने विदिशा (मध्य प्रदेश) गया, जहाँ 'निराशा के कर्तव्य' की प्रति बांटी गई थी। रघु ठाकुर का सान्निध्य तथा उनके साथ भारत में समाजवाद की रूपरेखा के विभिन्न पहलुओं पर चर्चा करने का अवसर प्रेरक रहा है। लोहिया साहित्य में मेरी जो रुचि जागी, उसके लिए मैं रघु ठाकुर का सौहार्दपूर्ण आभार व्यक्त करता हूँ।

इस पुस्तक को मूर्त रूप देने में मेरे मित्र प्रो. बद्री नारायण का अहम् योगदान है। उन्होंने प्रयागराज के प्रसिद्ध लोकभारती प्रकाशन के कर्ताधर्ता श्री रमेश ग्रोवर से मेरा परिचय लोहिया के विचारों के अध्येयता के रूप में कराया और उन्हें प्रेरित किया कि मुझसे लोहिया साहित्य पर कुछ लिखवाएँ। मैं बद्री नारायण की इस उदारता के लिए शुक्रगुजार हूँ।

रमेश ग्रोवर से लोहिया के विचारों पर एक पुस्तक लिखने की योजना पर दो-तीन बार चर्चाएँ हुईं जिनमें मैंने उनकी प्राथमिकता जानने की कोशिश की। हर चर्चा का अंत इस निष्कर्ष से हुआ कि विषय का चुनाव करने की मुझे पूरी

छूट है। उन्होंने मुझ पर जो भरोसा किया है उसके लिए में उनका आभार व्यक्त करता हूँ। यहां पर यह जिक्र करना चाहूँगा कि रमेश ग्रोवर के छोटे भाई स्वर्गीय दिनेश ग्रोवर लोहिया के अनुयायी थे। लोहिया जब प्रयागराज में होते, तो सिविल लाइन्स स्थित कॉफी हाउस में बहस एवं विचारों का दौर घंटों चलता। कभी-कभी कॉफी हाउस से कॉफी मंगाकर लोकभारती प्रकाशन के दफ्तर में ही जम जाते और कॉफी के बिल का भुगतान रमेश ग्रोवर बिना किसी शिकन के यों ही करते थे। उनका लोहिया के प्रति प्रेम इस पुस्तक की एक महत्त्वपूर्ण उत्प्रेरक है।

मैंने इस पुस्तक की रचना काउन्सिल फॉर सोशल डेवलपमेंट में की जिसके प्रति मैं आभार व्यक्त करना चाहता हूँ। प्रो. मुचकुंद दुबे ने इस पुस्तक की प्रगति को लेकर बराबर जिज्ञासा जाहिर की है औ़र उत्साह बढ़ाया है, जिसके लिए सहृदय मैं धन्यवाद देता हूँ। पाण्डुलिपि के प्रारूपों को परिश्रम एवं धैर्य से टंकित करने के लिए प्रभावती को धन्यवाद देना चाहता हूँ।

इस पुस्तक की रचना में धर्मपत्नी बबीता को सहयोग के लिए एवं पुत्री ऊरवी एवं पुत्र गीतांश को स्नेह, प्रेम एवं उत्कटता के लिए मैं आभार व्यक्त करता हूँ।

कई साथी, खासकर हैदराबाद के अर्थशास्त्री प्रो. डी. एन. रेड्डी ने इस पुस्तक को अंग्रेजी में भी करने की सलाह दी है, जो सर्वधा उचित भी है। उत्तर भारत के हिन्दी पट्टी के इक्के-दुक्के विश्वविद्यालयों को छोड़ दें, तो लोहिया का विचार पाठ्यक्रम का विषय नहीं है। इन विश्वविद्यालयों में भी लोहिया को विगत वर्षों में ही शामिल किया गया है। नेहरू के समाजवाद को तो पढ़ाया जाता है, जयप्रकाश नारायण को भी पढ़ाया जाता है, लेकिन लोहिया का समाजवाद विश्वविद्यालयों के पाठ्यक्रमों से गायब रहा है। भारत में समाजवाद की जितनी सार्वभौमिक, परिपक्व, स्पष्ट, संदर्भित, सैद्धान्तिक एवं व्यावहारिक व्याख्या लोहिया ने की है, शायद ही किसी दूसरे ने की है। अगर लोहिया के विचारों को तर्क, मौलिकता एवं ज्ञान के दृष्टिकोण से देखें, तो यह कहना अतिशयोक्ति नहीं होगी, कि स्वतंत्र भारत में, गांधी के बाद अगर किसी राजनेता ने मौलिक सोच की हैं तो वह है डॉ. राममनोहर लोहिया। लेकिन लोहिया को सतत् अंग्रेजी का विरोधी एवं आभिजात्य वर्ग का विरोधी होने की कीमत चुकानी पड़ी है। लोहिया ने इस बात को स्वत: मुखरित किया है:

"मेरे ऊपर दोष लगाने वालों की ताकत यही है कि वे भारतीय शासक वर्ग के खयालों के साथ हैं और मैं उसके बिल्कुल विरुद्ध इसके अलावा मैंने भारतीय समाज की पुरानी बुनियादों के खिलाफ आवाज उठाई है और उन पर

हमला किया है। जिसका नतीजा है कि मुझे देश की सभी स्थिर स्वार्थवाली और प्रभावशाली शक्तियों के क्रोध का शिकार बनना पड़ता है।"

विजयादशमी, 24 अक्टूबर, 2023 **अशोक पंकज**
काउन्सिल फॉर सोशल डेवलपमेंट
नई दिल्ली

# आखिर लोहिया क्यों

स्वाधीनता संग्राम के उत्तरार्द्ध में स्वतंत्र भारत के नवनिर्माण की रूपरेखा पर जो विचार-विमर्श की शुरुआत हुई उसमें सबसे ठोस एवं महत्त्वपूर्ण हस्ताक्षर महात्मा गाँधी की रचना 'हिन्द स्वराज' है, जो 1909 में प्रकाशित हुई, और जिसमें स्वतंत्र भारत के नवनिर्माण की एक मौलिक रूपरेखा प्रस्तुत की गई है।[1] ऐसे तो 'हिन्द स्वराज' की रचना-पृष्ठभूमि में कई कारक थे, गाँधी के शब्दों[2] में कहें तो, एक प्रकार की दैवीय प्रेरणा भी थी, लेकिन तात्कालिक कारक लंदन में प्रवासी भारतीयों[3] के द्वारा चलाए जा रहे क्रांतिकारी

1. 1909 में प्रकाशित 'हिन्द स्वराज' मूलरूप से गुजराती में लिखी गई थी, जो गाँधी के विचारों का समग्र दर्शन है। हिन्द स्वराज की रचना 13 से 19 नवंचर 1909 के बीच गांधी ने लंदन से अफ्रीका लौटने के दौरान किल्डनन कासल (Kildonan Castle) नामक समुद्री जहाज पर की थी। इसे सर्वप्रथम दक्षिण अफ्रीका से प्रकाशित 'इण्डियन ओपीनियन' के गुजराती भाग में 11 एवं 19 दिसंबर के दो अंकों में प्रकाशित किया था। जब इसके गुजराती संस्करण पर ब्रिटिश सरकार ने बॉम्बे प्रांत में प्रतिबंध लगा दिया तो गाँधी ने इसका अंग्रेजी में स्वयं अनुवाद किया हैं जो 1910 में इंडियन होम रूल के नाम से गाँधी के अपने ही इंटरनेशनल प्रिंटिंग प्रेस, फोइनिक्स, नटाल, साउथ अफ्रीका से प्रकाशित हुई।
2. महात्मा गाँधी 'हिन्द स्वराज' की भूमिका में लिखते हैं कि हिन्द स्वराज के विचार ठोस मूर्त ले चुके थे और वो उसे कागज पर उतारने के लिए विवश हो गये थे। "...ideas (of Hind Swaraj) have... assumed a concrete form and taken a violent possession of me."
3. इसी बीच एक और घटना घटी जिसका गांधी पर गहरा प्रभाव पड़ा। एक जुलाई 1909 को, उनके लंदन दौर के कुछ ही दिनों पूर्व, मदनलाल ढींगरा, जो विनोद दामोदर सावरकर के अनुयायी एवं इंडिया हाउस के अग्रणी क्रांतिकारी थे, ने सर विलियम कर्जन वाथली, जो सेक्रेटरी ऑफ स्टेट फॉर इंडिया के ए डी सी थे, की लंदन में हत्या कर दी थी, जिस पर गाँधी बहुत क्षुब्ध हुए और कहा कि वह एक हत्या है जिस पर लंदन में रहने वाले सभी भारतीयों को गंभीरता से सोचना चाहिए।

संगठनों[1] खासकर 'अभिनव भारत', एवं 'अनुशीलन समिति' के विचारों एवं सिद्धान्तों का प्रतिकार करना था। इन संगठनों के विचारों में पश्चिम की आधुनिक औद्योगिक सभ्यता के अंधानुकरण की प्रबल प्रवृत्ति थी, जिसका गाँधी प्रतिकार करना चाहते थे। साथ ही साथ लंदन में स्थापित 'इंडिया हाउस' के संरक्षक श्यामजी कृष्णवर्मा तथा 'इंडिया हाउस' के अग्रणी क्रांतिकारियों विनोद दामोदर सावरकर, मदनलाल धींगरा, इत्यादि के हिंसाजनित क्रांतिकारी योजनाओं से असहमति प्रकट करते हुए सिविलनाफरमानी के हथियार का विकल्प भी देना चाहते थे।

इस बहस में दूसरा महत्त्वपूर्ण हस्ताक्षर भारतीय राष्ट्रीय कांग्रेस है, जिसने स्वतंत्रता संग्राम के दौरान समय-समय पर अपने अधिवेशनों में विभिन्न प्रस्तावों एवं दस्तावेजों के माध्यम से स्वतंत्र भारत के नवनिर्माण की रूपरेखा की तस्वीर प्रस्तुत की है। जहाँ एक ओर 1929 के लाहौर अधिवेशन में कांग्रेस ने पूर्ण-स्वराज की प्राप्ति की औपचारिक घोषणा की, वहीं पंडित जवाहरलाल नेहरू ने लाहौर अधिवेशन के अपने अध्यक्षीय भाषण में समाजवाद एवं लोकतंत्र आधारित सामाजिक राजनीतिक व्यवस्था की स्थापना की परिकल्पना की। 1931 के कराची अधिवेशन में नागरिकों के मौलिक अधिकारों के लिए ठोस प्रस्ताव रखा गया, तो 1936 के लखनऊ और फैजपुर अधिवेशनों में जवाहरलाल नेहरू ने समाजवादी समाज के निर्माण की बात दुहराई। उनसे एक कदम आगे जाते हुए, 1938 के हरिपुर अधिवेशन में, सुभाषचन्द्र बोस ने भारत में समाजवाद की स्थापना को स्वतंत्रता संग्राम का महत्त्वपूर्ण लक्ष्य बताया। इसी कड़ी में 1935 के 'बॉम्बे प्लान' के द्वारा औद्योगीकरण एवं योजनाबद्ध विकास की एक रूपरेखा प्रस्तुत की गई। कुल मिलाकर कांग्रेस के प्रस्तावों में स्वतंत्र भारत में पश्चिम के लोकतंत्र के आधार पर, समाजवाद के कुछ पहलुओं को शामिल कर, लोकतांत्रिक, समाजवादी गणराज्य की स्थापना की परिकल्पना देखने को मिलती है।

---

1. 1906 से 1909 के बीच गांधी विभिन्न अवसरों पर दक्षिण अफ्रीका से लंदन की यात्रा पर आए थे, जिसमें उनकी मुलाकात एवं वार्तालाप क्रांतिकारी प्रवासी भारतीयों से हुई इनमें सबसे प्रमुख श्यामजी कृष्णवर्मा थे जिन्होंने 1905 में इण्डिया हाउस की स्थापना की थी और जिसमें गाँधी 1996 के दौर के दौरान कुछ दिनों के लिए रुके भी थे और उनकी श्यामजी कृष्णवर्मा से लंबी बातचीत भी हुई थी। गाँधी की मुलाकात एवं वार्तालाप विनोद दामोदर सावरकर से भी हुई जिनसे गाँधी के वैचारिक मतभेद स्पष्ट थे।

जहां गाँधी के 'हिन्द स्वराज' में अभूतपूर्व मौलिकता के साथ एक नई सभ्यता के रूप में स्वतंत्र भारत के नवनिर्माण की परिकल्पना थी, वहीं कांग्रेस के दृष्टिकोण में पश्चिमी यूरोप के उदारवादी लोकतंत्र, राज्य संपोषित भारी उद्योग आधारित औद्योगीकरण एवं सोवियत संघ की आर्थिक नियोजन की विकास पद्धति की मिली-जुली नकल थी। एक ऐसी मिश्रित अर्थव्यवस्था की रूपरेखा, जिसमें समाजवाद की परिकल्पना बौनी और अधूरी थी। हालांकि 1920 के बाद महात्मा गाँधी का कांग्रेस के कार्यकर्ताओं एवं आम जनता पर बहुत प्रभाव था, लेकिन उन्होंने कांग्रेस को स्वतंत्र रूप से सोचने का अवसर दिया। कई अवसरों पर गांधी ने कांग्रेस को उसके राजनीतिक प्रस्तावों को बदलने के लिए बाध्य भी किया, लेकिन उन्होंने अपने 'हिन्द स्वराज' के विचारों को कांग्रेस पर थोपने की कोशिश नहीं की। उन्होंने ऐसा इसलिए भी किया कि भारत का जनमानस 'हिन्द स्वराज' को लागू करने के लिए न तो तैयार था और न ही परिपक्व।

इस दौरान स्वतंत्र भारत के निर्माण को लेकर कुछ नये वैचारिक दृष्टिकोण भी सामने आए। सन् 1925 में डॉ. बलिराम हेडगेवार ने, जो एक समय कांग्रेस से जुड़े हुए थे, अपने कुछ अन्य सहयोगियों के साथ राष्ट्रीय स्वयंसेवक संघ की स्थापना की, जिसने हिन्दू राष्ट्र की स्थापना को अपना प्रमुख लक्ष्य बनाया। इसी वर्ष, सन् 1925 में कानपुर में कम्युनिस्ट पार्टी ऑफ इंडिया की स्थापना हुई जो सोवियत संघ की 1917 की वोलशेविक क्रांति से प्रभावित एवं प्रेरित थी और उसने भारत में साम्यवादी व्यवस्था की स्थापना को मुख्य उद्देश्य बनाया। लगभग एक दशक बाद, सन् 1934 में कांग्रेस सोशलिस्ट पार्टी सर्वप्रथम एक विचारधारा के रूप में कांग्रेस के अंदर उभरी, जो अपने प्रारंभिक दिनों में एक दबाव समूह के रूप में ही कार्यरत रही।[1] कालान्तर में उसने अपने को कांग्रेस से अलग करते हुए कांग्रेस सोशलिस्ट पार्टी के रूप में एक स्वतंत्र राजनीतिक दल स्थापित की, और भारत में नये ढंग के समाजवाद की स्थापना को अपना मुख्य लक्ष्य बनाया।

---

1. 17 मई 1934 को पटना के अंजुमन-ए-इस्लामिया हॉल में पूरे देश से आए समाजवादी आचार्य नरेन्द्र देव की अध्यक्षता में एक बैठक की और यह निर्णय लिया कि कांग्रेस के अंदर रहकर ही एक समाजवादी पार्टी को संगठित किया जाए। उसके छः महीने बाद 21-22 अक्टूबर 1934 को बम्बई के वरली स्थित रेडिमेन टेरेस में सम्पूर्णानन्द की अध्यक्षता में देश के विभिन्न भागों से आए लगभग 150 समाजवादियों ने कांग्रेस सोशलिस्ट पार्टी की विधिवत स्थापना की और यह भी निर्णय लिया कि कलकत्ता से लोहिया के संपादन में 'कांग्रेस सोशलिस्ट' का प्रकाशन किया जाए।

इस प्रकार, सन् 1947 तक, आजाद भारत के नवनिर्माण को लेकर कई विचारधाराएँ एवं दृष्टिकोण प्रस्फुटिक हो चुके थे जिसमें गांधीवाद (हिन्द स्वराज की अवधारणा), कांग्रेसवाद (पश्चिमी औद्योगिक सभ्यता की नकल), साम्यवाद (सोवियत संघ की नकल), समाजवाद (कांग्रेस समाजवाद) एवं हिन्दू राष्ट्रवाद उल्लेखनीय है। यहां पर यह गौरतलब है कि स्वाधीन भारत के नवनिर्माण में अंततः कांग्रेसवाद का ही वर्चस्व स्थापित हुआ, जिसका प्रमुख कारण यह भी था कि आजादी की लड़ाई में सबसे महत्त्वपूर्ण भूमिका कांग्रेस की थी और ब्रिटिश सरकार ने स्वतंत्र भारत के शासन की बागडोर कांग्रेस के हाथों में सौंप दी थी, जिसके औचित्य पर देश की जनता ने 1952 के प्रथम लोकतांत्रिक चुनाव में मुहर लगा दी। 1957 और 1962 के अगले दो आम चुनावों में भी जनता की आस्था कांग्रेस में ज्यों की त्यों बनी रही।

## स्वतंत्रतोपरांत कांग्रेसवाद का वर्चस्व

आजादी के बाद लगभग दो दशकों तक भारतीय राजनीति पर कांग्रेस का वर्चस्व बना रहा। एकाध प्रांतीय अपवाद जैसे 1957 के चुनाव में केरल में कम्युनिस्ट पार्टी की विजय एवं सरकार के गठन को छोड़ दें, तो सन् 1967 तक, केन्द्र एवं प्रांतों में कांग्रेस पार्टी की ही सरकारें बनती रहीं।

इस बीच कांग्रेस की नीतियों पर आधारित तीन पंचवर्षीय योजनाएँ पूरी हो चुकी थीं। सामाजिक एवं आर्थिक विकास के क्षेत्रों में कई महत्त्वपूर्ण एवं दूरगामी प्रभाव की नीतियां एवं कार्यक्रम निर्धारित हो चुके थे। कृषि के विकास के लिए, उद्योगों की स्थापना के लिए, ग्रामीण एवं सामुदायिक विकास के लिए नये-नये कार्यक्रमों की शुरुआत हो चुकी थी। कुल मिलाकर कांग्रेस की नीतियों एवं दृष्टिकोणों की स्वतंत्र भारत के नवनिर्माण की प्रारंभिक दिशा निर्धारित करने में महत्त्वपूर्ण भूमिका रही है।

उधर गाँधी के सपनों की तिलांजलि भारत विभाजन के समय ही दी जा चुकी थी और जब भारत के संविधान का निर्माण हुआ तो 'हिन्द स्वराज' को सिरे से खारिज कर दिया गया। यहां तक कि पंचायती राज की व्यवस्था, जो गांव-केन्द्रित स्वशासन एवं लोकतांत्रिक विकेन्द्रीकरण का मूलाधार है, का प्रावधान राज्य के नीति निर्देशक तत्त्वों के अंतर्गत, वह भी एक भूल सुधार के रूप में, संविधान के अनुच्छेद 40 में जोड़ा गया। गाँधी के लोकप्रिय कार्यक्रमों जैसे छुआछूत निवारण, मद्यनिषेध, गौ-संरक्षण तथा व्यक्ति के चरित्र निर्माण के लिए शिक्षा एवं शारीरिक श्रम की महत्ता जैसे प्रावधानों को लागू करने की बाध्यता राज्य पर नहीं रही।

ऐसे तो भारत विभाजन के निर्णय के समय ही गाँधी अलग-थलग हो चुके थे और एक बार तो खीज में उन्होंने अपने निजी सचिव प्यारेलाल को कहा भी कि "अब मेरी कौन सुनता है कि जो में किसी को कुछ कहूँ?'' यहां तक कि उन्होंने 29 जनवरी, 1948 को कांग्रेस पार्टी को भंग कर 'लोक सेवक संघ' के रूप में तब्दील कर देने की सलाह दे दी। 30 जनवरी, 1948, गाँधी की हत्या के बाद तो 'हिन्द स्वराज' कांग्रेस के लिए केवल अकादमिक रुचि का ही विषय रह गया। ऐसे भी जब गाँधी का कांग्रेस पर प्रभुत्व था, उन्होंने 'हिन्द स्वराज' के विचारों को कांग्रेस पर थोपने की कोशिश नहीं की। गाँधी इस बात से भली भांति परिचित थे कि जिस प्रकार के स्वशासित स्वराजी व्यक्ति की कल्पना उनके मन में थी उसके लिए उस समय का जनमानस तैयार नहीं था। कांग्रेस उसका अपवाद नहीं था। गाँधी की मृत्यु के बाद तो कांग्रेस ने गाँधी को पूजा-अर्चना के रूप में ही स्वीकार किया।

भारत में वामपंथी दलों को प्रथम आम चुनाव के समय से ही लोकसभा और प्रांतीय विधानसभाओं में छुट-पुट प्रतिनिधित्व मिलता रहा है, और 1957 में केरल में कम्युनिस्ट पार्टी की सरकार भी बन गई थी, लेकिन स्वतंत्र भारत के नवनिर्माण में वामपंथी विचारधारा की कोई विशेष भूमिका नहीं रही है। कुछेक प्रांतों उदाहरणत: केरल, पश्चिम बंगाल एवं त्रिपुरा में इनकी सरकारें भी बनीं, लेकिन राष्ट्रीय स्तर पर कम्युनिस्ट पार्टी कांग्रेस का विकल्प देने में असमर्थ रही है। अलबत्ता कभी कांग्रेस की सरकार को समर्थन देती रही, तो कभी कांग्रेस विरोधी सरकार को। जिन प्रांतों में साम्यवादी दलों की सरकारें बनीं भी, वहां भी मिला-जुलाकर कांग्रेस की नीतियां ही चलती रही हैं। साम्यवादी दलों में टूट एवं विचारों की टकराहट, कभी सोवियत तो कभी साम्यवादी चीन के प्रति अंधभक्ति, एवं स्वतंत्र रूप से सोचने एवं विचार करने तथा भारतीय संदर्भ में साम्यवाद की व्याख्या न करने की कमी इनकी प्रमुख कमजोरियां रही हैं।

उधर दक्षिणपंथी विचारधारा के द्योतक राष्ट्रीय स्वयंसेवक संघ सम्पोषित जनसंघ 1950 एवं 1960 के दशकों में प्रबल राजनीतिक शक्ति नहीं बन पाया। गाँधी की हत्या में राष्ट्रीय स्वयंसेवक की आरोपित भूमिका और तत्पश्चात् इस पर प्रतिबंध ने जनसंघ को कलंकित किया, जिसके परिणामस्वरूप यह लंबे समय तक राजनीतिक हाशिए पर रहा। जनसंघ का विघटन एवं उसकी जगह 1980 में भारतीय जनता पार्टी की स्थापना के बाद दक्षिणपंथी विचारधारा का राजनीतिक अरुणोदय हुआ। 1989 में अयोध्या में राम मंदिर के निर्माण

हेतु लालकृष्ण आडवाणी की रथयात्रा एवं विश्व हिन्दू परिषद संचालित राम जन्मभूमि जनआंदोलन ने भारतीय जनता पार्टी को चमत्कारिक राजनीतिक सफलता प्रदान की। इसकी परिणति एवं पराकाष्ठा 2014 के लोकसभा चुनाव में सबसे बड़ी पार्टी के रूप में उभरना एवं केन्द्र में भाजपा की स्पष्ट बहुमत की सरकार के गठन में देखने को मिलती है। 2019 के लोकसभा चुनाव में भाजपा ने 300 से ज्यादा सीटें प्राप्त कर अपनी राजनीतिक शक्ति को सुदृढ़ किया है। इस पुस्तक की रचना (2023) के समय तक भाजपा अपना राजनीतिक वर्चस्व बनाए हुए है।

अगर भाजपा एवं कांग्रेस की नीतियों का अध्ययन किया जाए तो यह कहना अतिशयोक्ति नहीं होगी कि भाजपा भी कमोबेश कांग्रेस की नीतियों का ही एक संस्करण जैसा है। केवल सांस्कृतिक-धार्मिक राष्ट्रवाद को छोड़ दें, तो कांग्रेस एवं भाजपा की सामाजिक एवं आर्थिक नीतियों में कोई विशेष फर्क देखने को नहीं मिलती है, जिसको भाजपा के एक वरिष्ठ नेता एवं जाने माने पत्रकार अरुण शौरी ने 'कांग्रेस माइनस काऊ' (Congress minus cow) की व्यंगात्मक संज्ञा दी है। आर्थिक उदारीकरण के क्षेत्र में तो भाजपा कांग्रेस से कई कदम आगे निकल चुकी है। जहां कांग्रेस ने उदारीकारण से उत्पन्न विषमता तथा विकास की असमानताओं से उत्पन्न विसंगतियों को दूर करने के लिए 11वीं एवं 12वीं पंचवर्षीय योजनाओं में समावेशी विकास को मुख्य लक्ष्य बनाया और वंचित लोगों के कल्याण के लिए कुछ ठोस कार्यक्रम भी चलाए, जिसमें जनाधिकार आधारित ग्रामीण रोजगार गारंटी योजना, खाद्य सुरक्षा कानून, वनाधिकार कानून, तथा शिक्षा का अधिकार कानून उल्लेखनीय है, वहीं भाजपा ने बढ़ती असमानता एवं सामाजिक आर्थिक विषमता को कम करने के लिए अब तक न तो कोई ठोस नीतिगत हस्तक्षेप किया है और न ही कोई सशक्त कार्यक्रम चलाया है। हां, कांग्रेस के द्वारा चलाए गए एवं अन्य कल्याणकारी कार्यक्रमों को ज्यादा सुदृढ़ता से लागू किया है, जिसका इसे राजनीतिक लाभ भी मिला है।

सामाजिक क्षेत्र में भी भाजपा एवं कांग्रेस की नीतियां लगभग एक जैसी ही रही हैं। भाजपा ने भी भारतीय समाज में पिछड़ों एवं वंचितों के समावेशी सामाजिक, आर्थिक एवं राजनीतिक उत्थान के लिए आरक्षण की नीति को ही मूल हथियार बनाया है। हां, इतना जरूर है कि भाजपा कांग्रेस से बेहतर 'सामाजिक अभियंत्रण' करने में सफल रही है। वह जहां एक ओर आर्थिक रूप

से पिछड़ी सवर्ण आबादी को 10 प्रतिशत का आरक्षण[1] देकर उनके असंतोष को दूर करने में कामयाब हुई है, वहीं अन्य पिछड़े वर्गों में श्रेणी बनाकर आरक्षण देने की योजना से उनकी सामाजिक एवं राजनीतिक एकता को कमजोर कर कुछेक पिछड़ी जातियों को अपनी ओर खींच सकती है।[2] साथ ही साथ सामाजिक तौर पर दलितों, पिछड़े एवं आदिवासी समूहों को हिन्दू समाज की मुख्यधारा में जोड़ने के राष्ट्रीय स्वयंसेवक संघ के जमीनी स्तर के प्रयासों से भी भाजपा को राजनीतिक लाभ मिल रहा है।

भारत में सोशलिस्ट पार्टी का उदय सर्वप्रथम कांग्रेस के अंदर 'कांग्रेस सोशलिस्ट पार्टी' के एक गुट के रूप में सन् 1934 में हुआ था, जो मार्च 1948 के नासिक सम्मेलन में कांग्रेस से पृथक होने की औपचारिक घोषणा के साथ नई सोशलिस्ट पार्टी के रूप में स्थापित हुई। सोशलिस्ट पार्टी को प्रथम, द्वितीय एवं तृतीय आम चुनावों में संसद एवं विधानसभाओं में कुछेक सीटें तो जरूर प्राप्त हुई, लेकिन कोई प्रबल राजनीतिक शक्ति नहीं बन पाई।

1967 के आम चुनाव में कांग्रेस न केवल लोकसभा में कमजोर हुई, इसकी सीटें घट गईं, बल्कि नौ प्रांतों की विधानसभाओं, जिसमें पंजाब, दिल्ली, उत्तर प्रदेश, बिहार, पश्चिम बंगाल, ओडिसा, गोवा, केरल एवं मद्रास शामिल हैं, में बहुमत खो दिया। जनसंघ उत्तर प्रदेश, मध्य प्रदेश एवं हरियाणा में मुख्य विपक्षी दल बना तो स्वतंत्र पार्टी ओडिसा, राजस्थान, एवं गुजरात में। संयुक्त सोशलिस्ट पार्टी बिहार में तथा कम्युनिस्ट पार्टी पश्चिम बंगाल एवं केरल में मुख्य विपक्षी दल के रूप में उभरी।

---

1. 'सवर्णों में आर्थिक रूप से पिछड़ी आबादी को आरक्षण देने की वकालत सर्वप्रथम लोहिया ने ही की थी जिन्होंने पिछड़े वर्ग की परिभाषा में ऊँची जाति के अन्दर आर्थिक रूप से कमजोर आबादी, महिलाओं की सम्पूर्ण आबादी तथा पिछड़े मुस्लिम समुदाय को शामिल किया था।
2. इस हेतु नरेन्द्र मोदी के नेतृत्व वाली केन्द्र की भाजपा सरकार ने दिल्ली उच्च न्यायालय के एक सेवानिवृत्त मुख्य न्यायाधीश की अध्यक्षता में एक कमीशन गठित किया है जिसका मुख्य उद्देश्य पिछड़े वर्गों के अंदर श्रेणियों का निर्धारण करना है। प्रांतीय स्तर पर तो उत्तर प्रदेश, असम जैसे राज्यों में पिछड़े वर्गों से कुछेक जातियों को निकालकर अनुसूचित जाति एवं अनुसूचित जनजाति की श्रेणी में भी रख दिया गया है। मणिपुर में मेति समुदाय को अनुसूचित जनजाति का दर्जा दिये जाने का कुकी ने प्रतिकार किया जिसके परिणामस्वरूप मैति-कुकी जातीय दंगा एवं हिंसा छिड़ गई जिसमें सैकड़ों लोग मारे गये हैं।

सोशलिस्ट पार्टी जो 1960 के दशक में संयुक्त सोशलिस्ट पार्टी (एस.एस.पी.), प्रजा सोशलिस्ट पार्टी (पी.एस.पी.) एवं भारतीय क्रांति दल (बी.के.डी.) के रूप में बंटी हुई थी, गैर-कांग्रेसवाद के नारे पर 1967 के आम चुनाव में मजबूत राजनीतिक शक्ति के रूप में उभरी और जनसंघ, कम्यूनिस्ट पार्टी, स्वतंत्र पार्टी एवं अन्य दलों के साथ मिलकर सात प्रांतों में संयुक्त विधायक दल (एस.वी.डी.) की साझा सरकार बनाने में सफल हुई, जो भारत में समाजवादी विचारधारा की आंशिक एवं सीमित, लेकिन महत्त्वपूर्ण सफलता थी। हालांकि कुछ ही समय के बाद संयुक्त विधायक दल की प्रांतीय सरकारें अंदरूनी क्लेश एवं कलह से बिखरने लगीं। जिन प्रांतों में सरकारें चलीं भी, वहां भी समाजवाद के कार्यक्रमों को लागू करने की कोई खास प्रतिबद्धता नहीं दिखी।

### भारत में समाजवाद का उदय

ऐसे तो 1930 के दशक में ही भारत में समाजवाद की विचारधारा पर विचार-विमर्श होने लगा था और समाजवाद पर विचार करने वाले कुछ प्रखर विचारक एवं राजनेता हुए। जवाहरलाल नेहरू, जयप्रकाश नारायण, आचार्य नरेन्द्र देव, राम मनोहर लोहिया इत्यादि ने भारत के संदर्भ में समाजवाद की रूपरेखा पर अपने-अपने ढंग से विचार प्रस्तुत किये हैं। लेकिन जहां नेहरू की समाजवाद की विचारधारा पर पश्चिमी यूरोप के फेवियन समाजवाद एवं सोवियत संघ के साम्यवाद का मिला जुला असर था, वहीं जयप्रकाश नारायण एवं नरेन्द्र देव मार्क्सवाद से गहरे रूप से प्रभावित थे। कांग्रेस के अवाड़ी अधिवेशन में 'समाजवादी ढांचे के समाज' की स्थापना की घोषणा के पश्चात् कुछेक नेताओं का कांग्रेस के प्रति झुकाव और बढ़ गया। अशोक मेहता कांग्रेस की पंचवर्षीय योजना-कृत विकास मॉडल के प्रशंसक थे और अवाड़ी अधिवेशन के बाद सोशलिस्ट पार्टी को छोड़कर कांग्रेस में ही चले गए।

इन सबसे हटकर लोहिया ने भारत में समाजवाद की व्याख्या नई मौलिकता से की है। उन्होंने पश्चिम के समाजवाद से कुछ तत्त्व लिए हैं, तो कुछ मार्क्सवाद एवं गाँधीवाद से भी लिए हैं। लेकिन न तो उन्होंने मार्क्सवाद की नकल की है, न ही गांधीवाद की। उन्होंने भारतीय संदर्भों में समाजवाद की विशिष्ट व्याख्या की है, जिसमें विचारों के साथ-साथ ठोस कार्यक्रम भी दिये गये हैं एवं सजीव प्रयास भी किये गये हैं। 1952 से 1967 तक लोहिया भारत में समाजवादी आंदोलन के सबसे प्रमुख सिद्धान्तकार एवं समाजवादी राजनीति के शिखर पर बने रहे।

भारत में सोशलिस्ट पार्टी जब राजनीतिक शक्ति के रूप में उभरने लगी तो विडंबना स्वरूप इसके शीर्ष राजनीतिक नेतृत्व पर लोहिया अकेले पड़ गये थे। जयप्रकाश नारायण 1952 से ही अपने को सक्रिय राजनीति से अलग करते हुए भूदान आंदोलन में जुट गए थे तो अशोक मेहता कांग्रेस के साथ चले गये थे। नरेन्द्र देव की 1955 में मृत्यु हो गई। अरुणा आसफ अली, कमलादेवी चट्टोपाध्याय सोशलिस्ट पार्टी को छोड़ चुकी थीं। इनके आपस के मतभेद भी उभर चुके थे। इन तमाम झंझावात के बीच, राममनोहर लोहिया समाजवादी विचारधारा के प्रति प्रतिबद्ध बने रहे, और सोशलिस्ट पार्टी को वैचारिक एवं राजनीतिक शक्ति के रूप में सशक्त बनाने के लिए जूझते रहे। जयप्रकाश नारायण के राजनीति से संन्यास तथा आचार्य नरेन्द्र देव की मृत्यु के पश्चात् निःसंदेह राममनोहर लोहिया सोशलिस्ट पार्टी के सबसे प्रमुख नेता के रूप में उभरे और समाजवादी आंदोलन को काफी तेजी से बढ़ाया। लेकिन 12 अक्टूबर, 1967 को लोहिया की आकस्मिक मृत्यु से भारत में समाजवाद की राजनीति को गहरा झटका लगा। समाजवाद के उत्थान के युग का अंत हुआ।

## गैर-कांग्रेसवाद एवं लोहिया का समाजवाद

आजादी के बाद के लगभग दो दशकों के अपने राजनीतिक जीवन में लोहिया न केवल गैर-कांग्रेसवाद की राजनीति का केन्द्र बने, बल्कि समाजवाद के अपने विचारों को सामाजिक एवं राजनीतिक कार्यक्रम के रूप में बदलने के लिए ठोस प्रयास भी किये। लेकिन जब 'गैर-कांग्रेसवाद' की राजनीति गतिशीलता को प्राप्त करने लगी, और लोहिया के समाजवाद का जनमानस में समर्थन बढ़ने लगा, तो 12 अक्टूबर, 1967 को, उनकी आकस्मिक एवं असमय मृत्यु ने इसे गहरा झटका दिया। एक तरफ बंगाल, बिहार, उड़ीसा, उत्तर प्रदेश, मध्य प्रदेश, मद्रास, हरियाणा, पंजाब और केरल में गैर-कांग्रेसी सरकारें बनीं, जिसमें सात राज्यों में सोशलिस्ट पार्टियां शामिल थी, और उधर लोहिया इस दुनिया से चल बसे। सबल नेतृत्व एवं सिद्धान्त के प्रति प्रतिबद्धता की कमी और हितों के टकराहट के कारण संयुक्त विधायक दल की सरकारों का बिखराव शुरू हो गया। लोहिया होते तो दृश्य कुछ और होता।

लोहिया भारत में समाजवाद की विचारधारा की स्थापना को लेकर अविरल संघर्ष करते रहे। 1952 में प्रजा सोशलिस्ट पार्टी की स्थापना से लेकर 12 अक्टूबर, 1967 तक, उन्होंने अनेक लड़ाइयां लड़ीं, एवं राजनीतिक आंदोलन

चलाया। उनके नेतृत्व में 1954 में उत्तर प्रदेश में 'नहर रेट' के खिलाफ सिविलनाफरमानी, केरल के तत्कालीन सोशलिस्ट पार्टी के मुख्यमंत्री श्री थानु पिल्लै के द्वारा शांतिपूर्ण प्रदर्शन करने वाले निहत्थे लोगों पर गोली चलाने का तीव्र विरोध, 1955 में नई सोशलिस्ट पार्टी का गठन, एवं दो महीने के अंदर लखनऊ में गोमती नगर में एक लाख किसानों का जमाव तथा दो मील लंबे जुलूस के द्वारा शक्ति प्रदर्शन, 1957 में लखनऊ के बिक्री कर दफ्तर का घेराव और जेल एवं मुकदमे की उच्च न्यायलय से सुनवाई के पश्चात् रिहा, तथा 1960-62 के दौरान विभिन्न जगहों पर 'अंग्रेजी हटाओ', 'दाम बांधों', 'जाति तोड़ो', 'हिमालय बचाओ' के आन्दोलन चलाकर जनता को जगाने एवं संघर्ष करने की एक लंबी पारी चली, जिससे भारत में समाजवादी आंदोलन को एक नई ऊर्जा एवं स्फूरण प्राप्त हुआ।

इस संघर्ष में उन्हें महत्त्वपूर्ण राजनीतिक सफलता तब मिली जब 1963 के लोकसभा उपचुनाव में उत्तर प्रदेश से एक साथ प्रज्ञा सोशलिस्ट पार्टी के उम्मीदवार के रूप में फर्रुखाबाद से राममनोहर लोहिया एवं अमरोहा से आचार्य कृपलानी चुनकर आए और इन्होंने लोकसभा में नई जान डाल दी। सत्ता एवं विपक्षी दलों के बीच वाद-विवाद एवं बहस का एक नया दौर शुरू हुआ। भारत की संसद जनता की आवाज से जाग उठी।

स्वतंत्र भारत के संसदीय इतिहास में प्रजा सोशलिस्ट पार्टी द्वारा ही पहली बार प्रधानमंत्री नेहरू के मंत्रिमंडल के खिलाफ आचार्य कृपलानी के द्वारा 1 अगस्त 1963 को अविश्वास मत प्रस्ताव लाया गया। इस प्रस्ताव पर बहस करते हुए, 21 अगस्त 1963 को, लोहिया ने ऐतिहासिक वक्तव्य दिया, जिसमें उन्होंने देश के 60 प्रतिशत लोगों के द्वारा प्रतिदिन तीन आने पर गुजर-बसर करने का सवाल उठाया, जिस पर सत्ता एवं विपक्ष के बीच लंबी बहस हुई जो 'तीन आना बनाम 15 आना' के नाम से प्रसिद्ध हुआ। भारत की संसदीय राजनीति में समाजवाद की आशा की किरण जागी थी।

लोहिया के प्रयासों से 'गैर-कांग्रेसवाद' को प्रारंभिक सफलता तब मिली, जब कांग्रेस से विक्षुब्ध गाँधीवादी नेता आचार्य कृपलानी, प्रफुल्लचन्द्र घोष एवं टी. प्रकाशम् ने, 1952 के चुनाव में, हार के बाद अपने दल किसान मजदूर प्रजा पार्टी (के.एम.पी.पी.) को सोशलिस्ट पार्टी के साथ विलय का प्रस्ताव दिया, जिस पर सोशलिस्ट पार्टी की 24-25 सितम्बर, 1952 की बम्बई की जनरल काउन्सिल की बैठक में औपचारिक मुहर लगा दी गई। इस विलय में लोहिया का प्रमुख योगदान था। दोनों दलों के विलय से एक नये दल प्रजा सोशलिस्ट

पार्टी का जन्म हुआ, जिसका पहला सम्मेलन 29-31 दिसम्बर, 1953 को इलाहाबाद (अब प्रयागराज) में हुआ। इस अधिवेशन में लोहिया ने 'चौखम्भा राज', 'विकेन्द्रीकरण', 'आर्थिक समानता', 'कृषि एवं औद्योगिक नीति' जैसे महत्त्वपूर्ण विषयों पर अपने विचार रखे जो 'लोहिया थीसिस' या 'इलाहाबाद थीसिस' के रूप में प्रसिद्ध हुआ। इसी सम्मेलन में लोहिया प्रजा सोशलिस्ट पार्टी के महामंत्री भी नियुक्त हुए, और महामंत्री के रूप में उन्होंने पार्टी के कार्यकताओं को स्फूरित करने के लिए तुरंत आह्वान किया कि, "चारों ओर अन्याय हो रहे हैं और ये अन्याय संघर्ष को न्यौता देने वाले हैं।" (शरद, जीवनी, पृ. सं. 186) 1952 के लोकसभा एवं विधानसभाओं के चुनाव में सोशलिस्ट पार्टी की करारी हार से कार्यकताओं का मनोबल टूटा हुआ था। लोहिया उनमें जान फूंकने की भरपूर कोशिश कर रहे थे। उन्होंने कार्यकर्ताओं को यह भी मंत्र दिया कि, "जिन्दा पार्टी अपनी ताकत खर्च करने से ही बढ़ती है। अगले दो-तीन सालों में अकाल पड़ने की देश में पूरी संभावना है और इस दृष्टि से तुरंत संघर्ष की आवश्यकता है।" (वही, पृ. सं. 184)

### सिविलनाफरमानी का योद्धा

लोहिया की प्रेरणा से उत्तर प्रदेश की प्रजा सोशलिस्ट पार्टी की कार्यकारिणी ने, उनकी उपस्थिति में, मई 1954 में, यह निर्णय लिया कि उत्तर प्रदेश के 13 जिलों में नहर-रेट की बढ़ोतरी के खिलाफ सिविलनाफरमानी शुरू की जाये। लोहिया ने समस्त उत्तर प्रदेश में घूम-घूम कर 'नहर-रेट' के विरोध में सिविलनाफरमानी का बड़े पैमाने पर आंदोलन चलाया जो 1954 आते-आते 12 जिलों में फैल गया, और जिसमें 1500 लोग गिरफ्तार हुए। इसी आंदोलन के सिलसिले में जब 4 जुलाई, 1954 को लोहिया ने कायमगंज एवं फरुखाबाद में दो भाषण दिए, तो उन्हें 4 जुलाई की रात को गिरफ्तार कर फरुखाबाद जेल भेज दिया गया, तब उन्होंने सिविलनाफमानी के अधिकार की रक्षा के लिए कानूनी लड़ाई लड़ी। जब मुकदमें की सुनवाई जेल में शुरू हुई तो लोहिया इसका प्रतिकार करते हुए उच्च न्यायालय, इलाहाबाद को एक अर्जी दी जिसमें भारतीय दंड संहिता की धारा 432 के अनुसार इस मुकदमे को उच्च न्यायालय में चलाने की दरखास्त दी जिसे उच्च न्यायालय ने मंजूर भी कर लिया। चूंकि मुकदमे की सुनवाई अब इलाहाबाद उच्च न्यायालय में होनी थी, लोहिया को 21 जुलाई ,1954 को इलाहाबाद के नैनी जेल में भेज दिया गया जहां से उन्होंने देश के राष्ट्रपति के नाम एक पत्र लिखा जिसमें उन्होंने नागरिक स्वतंत्रता के हनन

का मुद्दा उठाया। लोहिया पत्र में लिखते हैं: ''जिस गणतंत्र के आप अध्यक्ष हैं, उसके नागरिक के नाते मुझे जेल में रखकर आपके प्रधानमंत्री ने बेशरमी से भारतीय संविधान और गणतंत्र की रक्षित स्वतंत्रता ठुकराई है।'' (शरद, जीवनी, पृ. सं. 187) उन्होंने प्रधानमंत्री नेहरू को सीधा जबावदेह ठहराया और आगे लिखा कि: ''मेरी सिर्फ दो ख्वाइशें हैं। एक दुनिया भर बिना पासपोर्ट के सफर करना, दूसरे कि आपके प्रधानमंत्री काफी समय तक जीवित रहें ताकि उनसे गणतंत्र के खिलाफ होने वाले जुर्मों के कारण जनता उनको एक बार जेल भेजे।'' (शरद, जीवनी, पृ. सं. 187)

लोहिया की अर्जी पर उच्च न्यायालय इलाहाबाद में 26 जुलाई 1954 को न्यायमूर्ति एम. सी. देसाई तथा न्यायमूर्ति मिश्रीलाल चतुर्वेदी के डिवीजन बेंच के समक्ष मुकदमे की सुनवाई शुरू हुई। लोहिया ने अपनी अर्जी में 1932 के 'स्पेशल पावर्स एक्ट' को चुनौती दी थी, जिसके प्रावधानों के तहत उन्हें गिरफ्तार किया गया था और यह आवेदन किया कि यह एक्ट स्वतंत्र भारत के संविधान की व्यवस्था के अनुरूप नहीं है। लोहिया ने उच्च न्यायालय के समक्ष अपना पक्ष रखते हुए कहा :

"मैं यहां गुनहगार की हैसियत से नहीं आया हूँ। मैं फरियादी हूँ। सरकार आरोपी है। भाषण करने की वजह से मैं पहली बार गिरफ्तार किया गया हूँ। 1932 का 'स्पेशन पावर्स एक्ट', जिसके अंतर्गत मेरी गिरफ्तारी हुई है, भारतीय विधान के खिलाफ है। यह साम्राज्यशाही शस्त्रागार से ग्रहण की हुई जंगी तलवार है। आजाद देश के ताजीरात में यह कानून रखने लायक नहीं है। इस दृष्टि से कि आजाद संसद ने उसे मंजूर नहीं किया है।" (शरद, जीवनी, पृ.सं. 188)

उन्होंने यह भी जोड़ा कि, "कैदखाने से मुझे नफरत है, लेकिन जब तक जालिम दुनिया भर में घूमते हैं, बृहद घृणा करने वालों से ही जेलखाने भर जाएँगे।" (वही, पृ.सं. 188)

इस मुकदमे की सुनवाई करने वाले दोनों न्यायाधीशों के बीच सहमति नहीं बन पाई। न्यायमूर्ति देसाई ने कहा कि नहर रेट के खिलाफ लोहिया ने जो प्रचार किया वह उनकी अभिव्यक्ति की स्वतंत्रता का अधिकार है और स्पेशल पावर्स एक्ट अभिव्यक्ति की स्वतंत्रता का हनन है। न्यायमूर्ति चतुर्वेदी ने इसके विपरीत कहा कि यह विधान भारत के संविधान के अनुच्छेद 19(2) के अनुसार है। इन दोनों न्यायाधीशों के बीच असहमति के कारण लोहिया की अर्जी को तीसरे न्यायाधीश श्री चन्द्रभान अग्रवाल के सामने प्रस्तुत किया गया। 24 अगस्त,

1954 को न्यायमूर्ति चन्द्रमान अग्रवाल के सामने मुकदमे की सुनवाई शुरू हुई, जिसमें लोहिया को अपना पक्ष रखने के लिए कहा गया।

लोहिया ने सिविलनाफरमानी के पक्ष में अपनी बात रखने के लिए सुकरात, डेविड थोरो और गांधी के उदाहरण से शुरुआत की। उन्होंने कहा कि, "प्रजातंत्र में कानून न मानने व कर न चुकाने की (हिमाकत) किन्हीं राजनीतिक नेताओं ने की है या नहीं, मानव के इतिहास में इसके तीन उल्लेखनीय उदाहरण हैं। यूनान में सुकरात, अमेरिका में डेविड थोरो एवं भारत में महात्मा गांधी ने इसका प्रयोग किया है।''

सुकरात पर यह आरोप था कि वो युवा पीढ़ी को नीति-भ्रष्ट कर रहे थे और इसके लिए उन पर मुकदमा चलाया गया और उन्हें मौत की सजा दी गई। जब उनके अनुयायियों ने उनकी जान बचाने के लिए उन्हें जेल से भगाने की योजना बनाई तो उन्होंने मना कर दिया। सुकरात बेइंसाफी एवं गलत कानून को भंग करने के पक्ष में तो थे, लेकिन इंसाफ और न्याय की हिफाजत के लिए। सुकरात ने उन्हीं कानूनों की अवज्ञा की जो नाइंसाफी और अन्याय पर टिके हुए थे। जो कानून प्रगतिशील एवं सुव्यवस्थित समाज का बुनियाद है उसको पालन करना वो अपना नागरिक धर्म मानते थे। कानून तोड़ना उनका इरादा नहीं था। उन्होंने मौत की सजा मंजूर की क्योंकि सजा कानून से दी गई थी, लेकिन जेल से भाग कर जान बचाकर कानून की अवहेलना नहीं की। अमेरिका में डेविड थोरो ने कर न चुकाने का प्रचार किया और कहा कि, ''यदि जनतंत्र का मतलब केवल यह है कि जनता केवल पांच सालों में एक बार मताधिकार का प्रयोग करे तो ऐसे में जनतंत्र अपना मतलब खो देता है।'' उसी प्रकार महात्मा गांधी ने सिविलनाफरमानी के संदर्भ में कहा कि, "कर न चुकाने का जनता का सबसे पुराना, सहज और जन्मसिद्ध हक है।''

अपनी इस अर्जी की सुनवाई के दौरान लोहिया ने स्पष्ट कहा कि: "सुकरात और गांधी तक इन्सानियत ने लम्बा कष्टमय रास्ता तय किया है और गांधी ने बड़ी खासियत का सिविलनाफरमानी का हथियार दिया है। सिविलनाफरमानी को उन्होंने राजकीय उपयोगिता दी।" (शरद, जीवनी, पृ. सं. 190) उन्होंने आगे कहा कि, "सुकरात, थोरो, गांधी और उनके समान अन्य लोग जब सिविलनाफरमानी का प्रयोग करते हैं तब अपने कर्म के जरिए होने वाली सजा खुशी से बरदाश्त करते हैं। इन तीनों ने असंख्य लोगों को कानून भंग करने की उत्तेजना दी। उनका प्रचार भी उनकी किताबों में मौजूद है। यदि ये बड़े आदमी और लेखक अपनी किताबों द्वारा जनता को कानून भंग करने की सतत् उत्तेजना

देते हैं तो आपके इंसाफ का इससे ताल्लुक होना चाहिए।" (शरद, जीवनी, पृ. सं. 190) उन्होंने सिविलनाफरमानी की आवश्यकता पर बल देते हुए कहा कि, ''यदि सर्वसाधारण सिविलनाफरमानी के सिद्धान्त को ठुकरा दिया जाए तो जनतंत्र में सामुदायिक प्रतिकार के लिए दरवाजे बंद हो जाएँगे और ऐसी हालात में सशस्त्र बगावत के लिए दरवाजे खुले होगे।" अंत में उन्होंने न्यायमूर्ति से यह अपील की कि, "आपको भारत की यह शहादत ध्यान में लेनी चाहिए। न्यायमूर्ति की हैसियत से आप ताजीरात हिंद के संरक्षक है। मैं पहला सत्याग्रही हूँ जिसका मुकदमा भारतीय अदालत में सिविलनाफरमानी के प्रचार के कारण पेश हुआ। मैंने कोई भी कानून नहीं तोड़ा है। केवल विशिष्ट कानून तोड़ने का प्रचार किया। मैं पचास दिनों से जेल में हूँ। हैवियस कारपस अर्जी के फैसले शीघ्राती-शीघ्र होने के लिए कुछ नियम होने चाहिए)।" (शरद, जीवनी, पृ. स. 190)

## सिविलनाफरमानी का अधिकार सुरक्षित

न्यायमूर्ति चन्द्रभान अग्रवाल लोहिया की दलील से सहमत हुए और अपने फैसले में लोहिया के द्वारा उद्धरित सुकरात, थोरो एवं गांधी की सत्याग्रह को जायज ठहराया। न्यायमूर्ति अग्रवाल ने 1918 की हंटर कमेटी के सामने गांधी के द्वारा प्रस्तुत दलीलों को उद्धरित भी किया: "कानून तोड़ने वाला कानून चालबाजी से तोड़ता है और सजा टालने की कोशिश करता है। सिविलनाफरमानी करने वाला ऐसा नहीं करता। जिस सूबे में वह रहता है, उधर के कानूनों का वह हमेशा पालन करता है, न केवल सुरक्षा के डर से, बल्कि इस कारण से कि वह मानता है कि कानून समाज कल्याण के लिए अच्छे हैं, लेकिन ऐसे प्रसंग निर्माण होते हैं, प्राय: कम ही, कि जहां वह कानून पालन कानूनों की बेइज्जती समझता हो। वह प्रकट रूप से और शांतिपूर्ण रीति से उनको भंग करता है और धीरज से कायदे भंग के लिए होने वाली सजा बर्दाशत करता है और कानून बनाने वालों की कृति का धिक्कार अभिलिखित करने की दृष्टि से नैतिक अप्रतिष्ठा न हो ऐसे कानून तोड़कर सरकार के साथ असहकार का रास्ता अपनाता है।" (शरद, जीवनी, पृ. सं. 199) अपने फैसले में न्यायाधीश ने एक और बात कही: "यदि कानून भंग के कारण आदमी को सजा हो सकती है तो भी यह आवश्यक नहीं कि कानून भंग के हर एक मामले में सजा हो जाए। प्रत्यक्ष कानून भंग और कानून भंग के प्रोत्साहन के बीच के महत्त्व का अंतर यह है कि कानून भंग प्रोत्साहन भाषण ओर विचार स्वातंत्र्य के हक की प्रत्यक्ष कृति है और यह हक

भी केवल भारतीय संविधान की धारा 19 के दो पद की कक्षा में आने वाले प्रसंग से ही नियंत्रित किया जा सकता है।" (शरद, जीवनी, पृ. सं. 199)

अंत में न्यायमूर्ति ने लोहिया के सिविलनाफरमानी के अधिकार के संरक्षण के हक में ऐतिहासिक फैसला दिया, "मेरी दृष्टि में हमारा संविधान, हर एक भारतीय नागरिक का सिविलनाफरमानी के प्रचार का हक संरक्षित करता है, धारा 19 के 2 पद में उल्लिखित नियमों को छोड़कर। (शरद, जीवनी, पृ. स. 199) 28 जुलाई, 1954 को लोहिया जेल से रिहा हुए और सरकार को 500 रुपये का मुकदमे के खर्च के लिए जुर्माना देना पड़ा। लोहिया की जीत ने लोगों के मनोबल को बढ़ाया। समाजवादी पार्टी के कार्यकर्ताओं में नया जोश एवं उत्साह भर गया। लोहिया की लड़ाई ने स्वतंत्र भारत में सिविलनाफरमानी के नागरिक अधिकार को सुरक्षित किया।

## सिद्धान्त की लड़ाई

लोहिया सिद्धान्त की राजनीति के स्तंभ थे और सिद्धान्त के लिए अपनी पार्टी से अंदरूनी लड़ाई भी लड़ी, जिसके कारण उन्हें पार्टी छोड़नी पड़ी। सन् 1954 में जब केरल की सोशलिस्ट पार्टी के मुख्यमंत्री थानु पिल्लै ने शांतिपूर्वक प्रदर्शनकारियों एवं निहत्थी जनता पर गोली चलवाने का आदेश दिया तो लोहिया ने सिद्धान्त का प्रश्न उठाया और मुख्यमंत्री पिल्लै से त्यागपत्र मांगा जिसको लेकर पार्टी में फूट पड़ी। मधु लिमये ने लोहिया के प्रस्ताव का जोरदार समर्थन किया तो उन्हें भी विरोध का सामना करना पड़ा। प्रजा सोशलिस्ट पार्टी में लोहिया और मधु लिमये अलग-थलग हो गये।

लोहिया जब इलाहाबाद के नैनी जेल में बंद थे, तो केरल में प्रजा सोशलिस्ट पार्टी की साझा सरकार के मुख्यमंत्री पट्टम थानु पिल्लै ने शांतिपूर्ण प्रदर्शन करने वाली भीड़ पर गोली चलवा दी थी, जिसमें 7 लोग मारे गये और 8 घायल हुए थे। लोहिया ने इसका विरोध करते हुए 12 अगस्त, 1954 को नैनी जेल से मुख्यमंत्री थानु पिल्ले और प्रजा सोशलिस्ट पार्टी के अध्यक्ष आचार्य कृपलानी को तार भेजा, जिसमें प्रांतीय सरकार को इस कुकृत्य की नैतिक जवाबदेही लेते हुए इस्तीफा दे देने को कहा। इस तार में, जिसकी प्रति पार्टी अध्यक्ष आचार्य कृपलानी को भी भेजी गई, लोहिया ने लिखा: ''गड़बड़ी करने वाले पूरी तरह से गलत रास्ते पर होंगे, उन्होंने नाजुक हालत भी पैदा की होगी, फिर भी ऐसा गोलीकांड जिसमें लोगों की मृत्यु हो, बिल्कुल नाजायज है, सिवाय हथियार बलवे के समय या भीड़ द्वारा कत्ल होने पर जिससे आगे भी कत्ल होने का खतरा हो। सिफारिश है कि अफसर

मुअत्तल किए जाएँ, गैर-सरकारी जांच कमेटी बैठायी जाए और साथ ही साथ सरकार इस सिद्धान्त के लिए इस्तीफा दे।'' (शरद, जीवनी, पृ. स. 193)

पांच दिनों तक प्रतीक्षा करने के पश्चात् जब लोहिया को कोई जवाब नहीं मिला, तो 17 अगस्त, 1954 को उन्होंने पार्टी के महामंत्री के पद से तथा कार्यकारिणी की सदस्यता से इस्तीफे की पेशकश करते हुए एक पत्र आचार्य कृपलानी को भेजा जिसमें उन्होंने लिखा कि, ''12 अगस्त की शाम को मैंने केरल के मुख्यमंत्री को एक्सप्रेस तार भेजा था। आज तक मुख्यमंत्री ने जवाब नहीं दिया है और आरोप साबित होना चाहिए ऐसा बयान दिया है। यद्यपि ऐसा समय नहीं आया है कि हिन्दुस्तान का मंत्री अपना फैसला आप ही कर सकने के लायक हो। इस तरह के बयान के पीछे जुल्म हमेशा छिपता है। मुझे कहा जाएगा कि मुझे परिस्थिति नहीं मालूम है, ऐसी बात करने वाले तत्त्वशून्य, पाखंडी होंगे जो तथाकथित परिस्थिति के बहाने कुर्सी से चिपकने को तैयार हैं। कृपया मेरा त्यागपत्र मंजूर कीजिए और उसको प्रकाशित भी कर दीजिए।'' (शरद, जीवनी, पृ. सं. 193) जब एक सप्ताह तक कोई जवाब नहीं मिला, तो उन्होंने 23 अगस्त, 1954 को पार्टी अध्यक्ष आचार्य कृपलानी को एक पत्र फिर लिखा जिसमें उन्होने सिद्धान्त एवं नैतिकता के दोहरे मापदंड का सवाल उठाया: ''अगर दूसरे लोग हत्या करते हैं तो वह अनुचित, अंधाधुंध और बेतहाशा होती है, लेकिन जब हम हत्या करते हैं तो तथ्य और कायदे वगैरह के अप्रासंगिक सवाल उठाये जाते हैं। आप और कांग्रेस पार्टी दोनों ही कम्युनिस्टों और समाज विरोधी तत्त्वों को अपने गोली कांडो के लिए जिम्मेदार ठहराते हैं। जब कांग्रेस पार्टी ऐसा करती है तब आप उसे बहाना ढूँढ़ना कहते हैं, लेकिन जब आप खुद ऐसा करते हैं तो गांधी के अनुयायी बन जाते हैं।'' (शरद, जीवनी, पृ. सं. 193)

बात आगे बढ़ी और लोहिया के प्रस्ताव पर विचार करने के लिए पार्टी की कार्यकारिणी की बैठक 4-5 सितंबर, 1954 को दिल्ली में हुई, जिसमें अशोक मेहता, सुचेता कृपलानी, और वी. कामथ लोहिया के विरोध में, तो जयप्रकाश नारायण, आचार्य कृपलानी, मधु लिमये लोहिया के साथ खड़े दिखे। कार्यकारिणी में विभाजन के कारण कोई निर्णय नहीं लिया जा सका। ऐसा प्रस्ताव पास हुआ कि 26-28 नवंबर, 1954 को नागपुर में पार्टी की विशेष बैठक बुला कर केरल के गोलीकांड की घटना पर पुनर्विचार किया जाये। नागपुर में जब आम सभा की बैठक हुई तो फूट स्पष्ट हो गई। लोहिया का प्रस्ताव पराजित हुआ। लोहिया के पक्ष में 299 और विपक्ष में 303 वोट पड़े, जिस पर उन्होंने व्यंग्यात्मक रूप में कहा कि मेरे खिलाफ 303 (रायफल)

चल गया। थानु पिल्लै ने इस्तीफा नहीं दिया। खैर, 1955 के आरंभ में कांग्रेस ने विधानसभा में थानु पिल्लै सरकार को गिरा दिया। इस घटना ने लोहिया का सिद्धान्त के प्रति प्रतिबद्धता को स्थापित किया, वहीं सोशलिस्ट पार्टी की कमजोरियां भी सामने आ गईं।

1954 के नागपुर के विशेष अधिवेशन में लोहिया का थानु पिल्लै की सरकार को त्यागपत्र देने का प्रस्ताव पराजित होने के परिणामस्वरूप, प्रजा सोशलिस्ट पार्टी का विघटन हुआ और एक वर्ष बाद लोहिया ने नई सोशलिस्ट पार्टी का गठन किया। 31 दिसम्बर, 1955 के हैदराबाद सम्मेलन में लोहिया के नेतृत्व में एक नई सोशलिस्ट पार्टी का जन्म हुआ। पार्टी के गठन के तुरन्त बाद ही लोहिया ने जन आंदोलनों का एक सिलसिला शुरू किया जिससे सोशलिस्ट पार्टी काफी तेजी से राजनीतिक पटल पर अपनी शक्ति बटोरने लगी। नई पार्टी की स्थापना के बाद, लोहिया ने भारतीय संदर्भ में न केवल समाजवाद की विशिष्ट व्याख्या की, बल्कि भारत में समाजवाद की स्थापना के लिए 'गैर-कांग्रेसवाद' को एक राजनीतिक विचारधारा के रूप में प्रचार एवं प्रसारित किया।

नागपुर सम्मेलन से पहले ही पार्टी में टूट की संभावना बढ़ गई थी। अशोक मेहता ने कांग्रेस के आवाड़ी सम्मेलन में पारित 'समाजवादी ढांचे के समाज' के निर्माण के प्रस्ताव का समर्थन किया और कांग्रेस के प्रति अपना झुकाव दिखाया तो लोहिया और मधु लिमये ने इसका प्रतिकार किया, क्योंकि इससे सच्चे समाजवाद की स्थापना नहीं हो सकती और एक भ्रम जरूर पैदा हो जाता कि भारत समाजवाद के रास्ते पर चल रहा है। जिसके लिए मधु लिमये को पार्टी से निष्कासित किया गया। नागपुर प्रस्ताव के पराजय के बाद लोहिया के लिए भी पार्टी में रहना मुश्किल हो गया था। उन का यह नैतिक कर्तव्य था कि वे मधु लिमये का समर्थन करें, जिन्होंने सिद्धान्त की लड़ाई लड़ी थी। प्रजा सोशलिस्ट पार्टी का विघटन हुआ और लोहिया ने 31 दिसम्बर, 1955 को हैदराबाद में नई सोशलिस्ट पार्टी का गठन कर समाजवाद के आंदोलन को तेज किया।

## समाजवाद और राष्ट्र निर्माण

ऐसे तो किसी भी राष्ट्र के इतिहास में 75 वर्ष कोई लंबी कालावधि नहीं है; लेकिन अल्पावधि भी नहीं है। बीसवीं सदी को देखें तो सोवियत संघ, चीन, जापान, जर्मनी जैसे राष्ट्रों ने कुछेक दशकों में ही आमूलचूल परिवर्तन कर दिखाया है। बीसवीं शताब्दी के उत्तरार्द्ध में पूर्व एवं दक्षिण-पूर्व एशिया के

कुछ राष्ट्रों ने भी दो-तीन दशकों में ही अविश्वसनीय प्रगति की है। एक प्रकार से 20वीं शताब्दी का इतिहास, राष्ट्रों के निर्माण एवं विघटन, उन्नति एवं पतन के मामले में अनोखा है। इसमें राष्ट्र का निर्माण एवं विनाश दोनों त्वरित गति से हुआ है। इस शताब्दी में जितने राष्ट्र बने एवं बिगड़े हैं, वो भी इतिहास में अद्वितीय है। इतिहास के इस काल में भारत का एक नये राष्ट्र के रूप में उदय उल्लेखनीय घटना है।

राष्ट्र निर्माण में विचारधाराओं की भूमिका भी महत्त्वपूर्ण होती है। कांग्रेसवाद ने जहां संविधानवाद पर ही सारा जोर लगाया, साम्यवाद वर्ग संघर्ष के प्रयोग में उलझा रहा, तो दक्षिणपंथी शक्तियों ने सांस्कृतिक राष्ट्रवाद को ही मुख्य लक्ष्य बनाया। इनसे अलग लोहिया ने मानववाद को राष्ट्र निर्माण का मुख्य उद्देश्य बनाया। लोहिया का समाजवाद राष्ट्र निर्माण की भी एक विचारधारा है। यह एक समेकित दृष्टिकोण है, जिसमें सिद्धान्त, विचार एवं कर्म का संगम है।

आधुनिक संदर्भों में किसी भी राष्ट्र के निर्माण की तीन प्रमुख आधारशिलाएँ हैं :

क) संविधान का स्वरूप एवं सरकार का संस्थागत ढांचा,

ख) जनविकास एवं मानव पूँजी, तथा

ग) विचारधारा, जो राष्ट्रनिर्माण की मुख्य ऊर्जा है।

ऐसे तो उपरोक्त तीनों में अन्योनाश्रय संबंध है, फिर भी इसमें विचारधारा की भूमिका महत्तवपूर्ण है, जो संविधान के स्वरूप एवं जनविकास की दिशा को भी निर्धारित करता है।

भारत में राष्ट्र निर्माण की प्रक्रिया में कांग्रेसवाद का जोर रहा है जो संविधानवाद केन्द्रित है, जिसकी आधारशिला संविधान निर्माण के समय ही पड़ गई थी। संविधान सभा के अधिकांश सदस्य पश्चिम की औद्योगिक सभ्यता एवं उदारवादी लोकतंत्र के प्रशंसक थे। उन्होंने उदारवादी लोकतंत्र के प्रमुख सिद्धातों जैसे स्वतंत्रता, समानता, न्याय को प्रमुखता देते हुए प्रतिनिधित्व प्रणाली के आधार पर संसदीय शासन व्यवस्था स्थापना की। लेकिन उदारवाद के इन उदात्त सिद्धान्तों का भारत की सामाजिक एवं आर्थिक संरचना के साथ आंशिक समन्वय ही कर पाए। राजनीतिक एवं नागरिक अधिकारों की सम्पूर्ण बराबरी का सामाजिक-आर्थिक क्षेत्रों की भयंकर गैर-बराबरी के साथ एका न होने से, जिसकी आशंका और उससे उत्पन्न खतरे के बारे में, डॉ. भीमराव आंबेडकर ने, संविधान सभा में प्रमुखता से आगाह किया था, लोकतंत्र एवं राजनीति दोनों संविधान के उच्च आदर्शों से विचलित हो गया। लोकतंत्र का स्वरूप चुनाव-

केन्द्रित हो गया। चुनावी विजय एवं सरकार का निर्माण करना राजनीति का मुख्य उद्देश्य हो गया। दुष्परिणामस्वरूप, जातिवाद, संप्रदायवाद एवं क्षेत्रवाद की संकीर्णता ने समता, समानता, न्याय एवं बंधुत्व के उच्च सिद्धातों का गला घोट दिया है। इसका एक और भी दुष्परिणाम यह हुआ है कि सामाजिक एवं आर्थिक पुनर्निर्माण के कार्यक्रम राजनीति के हाशिये पर चले गये। संविधान निर्माताओं ने राजनीतिक एवं नागरिक अधिकारों की संपूर्ण बराबरी को वरीयता प्रदान करते हुए मौलिक अधिकारों की सूची में संरक्षित तो कर दिया, परन्तु इन अधिकारों के प्रयोग की शर्तें, मसलन सामाजिक एवं आर्थिक बराबरी के उद्देश्यों को राज्य की 'पवित्र आकांक्षा' बनाकर छोड़ दिया, जिससे सामाजिक एवं आर्थिक बदलाव के उद्देश्य पीछे रह गए। स्वतंत्रता-उपरान्त जो सामाजिक आर्थिक सुधार हुए हैं वो ज्यादा समय एवं विकास की गति से स्व-निर्धारित हैं। भारतीय लोकतंत्र की चुनावी राजनीति सामाजिक एवं आर्थिक सुधारों से दूर ही रही है। राजनीति मुख्य रूप से सत्ता प्राप्ति का साधन बन गयी है और सरकार का मुख्य उद्देश्य सत्तारूढ़ दल को संपोषित करना रह गया है। अब तो येन-केन-प्रकारेण विपक्षी दलों को कमजोर करना भी सत्ताधारी पार्टी का एक महत्त्वपूर्ण उद्देश्य हो गया है। फिर भी संविधान ने जिन सिद्धातों को स्थापित किया है एवं जिन संस्थागत ढांचों का निर्माण किया है, उससे भारत में उदारवादी लोकतंत्र का प्रयोग, त्रुटियों के बावजूद भी सफल रहा है।

ऐसे तो भारत के संविधान में सामाजिक एवं आर्थिक बदलाव के महत्त्वपूर्ण प्रावधान हैं, परन्तु स्पष्ट दृष्टिकोण के अभाव में, या यों कहें कि सुदृढ़ विचारधारा के अभाव में, उन प्रावधानों को लागू करने की राजनीतिक प्रतिबद्धता कमजोर रही है। संविधान निर्माताओं ने सामाजिक-आर्थिक परिवर्तनों की संभावनाओं को राज्य के नीति निर्देशक तत्त्वों के अंर्तगत रखकर कमजोर कर दिया है। विगत् कुछ वर्षों में, सर्वोच्च न्यायालय ने उन प्रावधानों की उदारता से व्याख्या की है। कई अवसरों पर, भारत के सर्वोच्च न्यायालय ने अनुच्छेद 21 में दिए गए जीवन के अधिकार की व्यापक व्याख्या की है, और नीति निर्देशक सिद्धान्तों का मौलिक अधिकारों के साथ एका करने की सीमित कोशिश भी की है। उदाहरण के तौर पर, सन् 1993 में उन्नीकृष्णन बनाम आँध्र प्रदेश सरकार वाद में शिक्षा के अधिकार को मौलिक अधिकार में परिमार्जित कर दिया।

कुछेक राजनीतिक आबोहवा भी बदली है, जिसमें राज्य के नीति निर्धारिक सिद्धान्तों को लागू करने की प्रतिबद्धता बढ़ी है। जब आर्थिक उदारीकरण के कारण असमानता बढ़ रही थी, ग्रामीण एवं कृषि की स्थिति खराब हो रही थी,

गांवों के लोगों का श्रम मजदूरी की तलाश में पलायन बढ़ गया था, और शहर-गांव का भेद बढ़ गया, तो 2004 में केन्द्र में कांग्रेस के नेतृत्व वाली यूनाइटेड प्रोग्रेसिव एलाइंस (यूपीए) की साझा सरकार ने ग्रामीण रोजगार गारंटी अधिकार अधिनियम, 2005, पेसा 2006, (पंचायत एक्सटेंशन इन शिड्यूल एरिया), शिक्षा का अधिकार अधिनियम, 2009, वन अधिकार अधिनियम 2006, एवं भूमि अधिग्रहण अधिनियम 2013 पारित कर उदारीकरण के लाभ से वंचित समूहों को लाभ पहुँचाने की कोशिश की, जिसने सामाजिक एवं आर्थिक बदलाव के उद्देश्यों को भी संपुष्ट किया है। विगत वर्षों में, लोक कल्याणकारी योजनाओं की घोषणा एवं क्रियान्वयन की प्रतिबद्धता राजनैतिक दलों में बढ़ी है जो एक प्रकार से उचित भी है।

अगर कांग्रेस की नीतियों का मूल्यांकन किया जाए तो जन विकास कांग्रेस की नीतिगत मूल्यों का हिस्सा तो जरूर रहा है, लेकिन केन्द्र नहीं। नतीजनत, आजादी के उपरान्त, विकास के परिप्रेक्ष्य में, मानव विकास की अवहेलना हुई है। 1950 एवं 1960 के दशकों में आधारभूत उद्योगों एवं कृषि विकास को प्राथमिकता दी गई, जिसकी तात्कालिक आवश्यकता भी थी, लेकिन मानव पूँजी के निर्माण का उद्देश्य हाशिये पर ही रहा है। स्वतंत्र भारत में शिक्षा एवं स्वास्थ्य की प्रगति धीमी रही है। 1970 के दशक में गरीबी उन्मूलन की ओर ध्यान दिया गया, लेकिन केवल उसके आर्थिक पहलू पर भारत में गरीबी का सामाजिक एवं संरचनात्मक पहलू भी है, जो बहुआयामी है।'

1990 के बाद, उदारीकरण के दौर में, बाजार व्यवस्था से उत्पन्न रोजगार के संकट पर तो ध्यान दिया गया, लेकिन इस संकट की गहराई में जाने का प्रयास नहीं किया गया है। भारत में रोजगार का संकट, मानव विकास की अवहेलना का भी संकट है। मानव विकास को अपेक्षित प्राथमिकता न मिलना, जिसका एक बहुत ही सरल उदाहरण है शिक्षा एवं स्वास्थ्य पर खर्च, जो अभी भी सकल घरेलू उत्पाद का पांच से छः प्रतिशत के बीच ही हो रहा है, जबकि विकसित देशों में आज भी शिक्षा एवं स्वास्थ्य पर सकल घरेलू उत्पादन का एक चौथाई से लेकर एक तिहाई भाग तक खर्च किया जाता है। यही कारण है कि भारत में अभी भी लगभग एक तिहाई आबादी निरक्षर है। शिक्षा की गुणवत्ता में मौलिक कमी रही है। स्वास्थ्य को लेकर आंकड़े चितांजनक हैं। बच्चों में कुपोषण चिंताजनक है। संपूर्ण टीकाकरण, संस्थागत डिलीवरी, बाल मृत्यु दर, मातृ मत्यु दर के आंकड़े चिंताजनक हैं। इन सबके बावजूद, उदारीकरण के दौर में, इन सुविधाओं का तेजी से निजीकरण किया गया है। राज्य अपनी जवाबदेही

से हाथ पीछे खींचता चला गया है। कमोबेश यही स्थिति उदारीकरण के दौर की सभी सरकारों की रही है। कांग्रेस सरकार, भाजपा सरकार, एवं सोशलिस्ट पार्टी से जन्मे जनता पार्टी एवं जनता दल की साझा सरकारों की। प्रांतीय स्तर पर इसमें कुछ विविधताएँ जरूर मिलती हैं। जैसे दक्षिण में केरल, तो उत्तर भारत में हिमाचल प्रदेश ने शिक्षा एवं स्वास्थ्य को शुरू से ही प्राथमिकता दी है। विगत कुछ वर्षों में, राष्ट्रीय राजधानी क्षेत्र दिल्ली की सरकार ने भी इसको प्राथमिकता दी है। अन्य राज्यों ने भी शिक्षा एवं स्वास्थ्य पर विशेष ध्यान देना शुरू किया है, जो सराहनीय है।

विचारधारा राष्ट्र के निर्माण की ऊर्जा है। विचारधारा से उपजे राष्ट्रवाद में 'करो एव मरो' का संकल्प साफ दिखता है। इसलिए भी राष्ट्र निर्माण में विचारधारा की भूमिका महत्त्वपूर्ण है।

कांग्रेस किसी एक विचारधारा को लेकर नहीं चली है, बल्कि कई विचारधाराओं का प्रयोगात्मक सम्मिश्रण करती रही है। जहाँ एक ओर पश्चिमी उदारवादी लोकतंत्र को राजनीतिक संगठन का आधार बनाया, तो सोवियत संघ से प्रेरित पंचवर्षीय योजना आधारित केन्द्रिकृत विकास के मॉडल को आर्थिक विकास का आधार बनाया। सामाजिक सुधार के क्षेत्र में परंपरागत, या यों कहें कि रूढ़िवादी दृष्टिकोण को ही अपनाया है। कुछ बातें उदारवाद से ले लीं, तो कुछ बातें साम्यवाद से। कुछ समाजवाद के शब्दों की बाजीगरी भी की, और गांधीवाद की भी पूजा-अर्चना की। मिला-जुलाकर, खिचड़ी की विचारधारा चलाई, जिसमें साफ दृष्टिकोण की कमी रही है।

इसके विपरीत, दक्षिणपंथी विचारधारा के राजनीतिक अनुयायी क्रमश: जनसंघ एवं भारतीय जनता पार्टी ने धार्मिक-सांस्कृतिक राष्ट्रवाद को केन्द्र में रखकर राष्ट्र के नवनिर्माण का लक्ष्य रखा, लेकिन लंबे समय तक सरकार से बाहर रहने के कारण अपनी विचारधारा को राष्ट्र के निर्माण का अंग नहीं बना पाई। जब सन् 2014 में पहली बार भाजपा को जनता का स्पष्ट बहुमत मिला, जिसकी पुनरावृत्ति 2019 के लोकसभा चुनाव में हुई, तो दक्षिणपंथी शक्तियों ने तेजी से अपने लक्ष्य पर कार्य करना शुरू कर दिया है। लेकिन उनके इस लक्ष्य में सबसे बड़ी चुनौती भारत का संविधान है, जिसकी संरचना पश्चिम के उदारवादी लोकतंत्र पर आधारित है, और जो एकल धार्मिक-सांस्कृतिक राष्ट्रवाद के सिद्धान्त के विपरीत है। यह अकारण नहीं है कि दक्षिणपंथी शक्तियां भारतीय संविधान को बदलने की बात करती रहती हैं।

ऐसे तो भारत में संविधान संशोधन की प्रक्रिया, दूसरे संघात्मक संविधानों की तुलना में, सरल है, लेकिन भारत के संविधान के मूल स्वरूप को बदलना राजनीतिक जोखिम से भरा हुआ है। सर्वोच्च न्यायालय, जिसे संविधान के द्वारा ही संविधान का प्रहरी बनाया गया है, ने 1973 में, केशवानन्द भारती बनाम यूनियन ऑफ इंडिया वाद में, संविधान की मूलभूत संरचना (बेसिक फीचर्स) के सिद्धांत का प्रतिपादन कर संविधान के मौलिक स्वरूप को पारलौकिक स्थिति प्रदान कर, संविधान को अक्षुण्ण बनाये रखने की प्रतिबद्धता दिखाई है। ऐसे में धार्मिक-सांस्कृतिक राष्ट्रवाद की विचारधारा को चाहे राजनीतिक तौर पर सफलता मिल भी जाए, तो भी भारत का संविधान हिमालय की तरह यथास्थिति खड़ा है, जिस पर समूल प्रहार करना आसान नहीं है। ऐसी परिस्थिति में दक्षिणपंथी शक्तियों एवं संवैधानिक संस्थागत संरचना के बीच लगातार तनाव की स्थिति बने रहने की संभावना है। राजनीति भी कशमकश से भरी होगी।

संवैधानिक बाधाओं एवं राजनैतिक खतरों के कारण, भाजपा धार्मिक-सांस्कृतिक राष्ट्रवाद का सूक्ष्म रूप में, एवं शनैः-शनैः विस्तार कर रही है। इन उद्देश्यों की पूर्ति के लिए कई कदम उठाये गये हैं और कई कदम उठाने की सोच चल रही है। उदाहरणस्वरूप, धार्मिक-सांस्कृतिक राष्ट्रवाद का उद्देश्य एकात्मक शासन प्रणाली से ज्यादा सिद्ध होता है, वहीं सामाजिक-सांस्कृतिक बहुलवाद का उद्देश्य संघात्मक शासन प्रणाली से। चूंकि संघात्मक शासन प्रणाली भारतीय संविधान का अक्षुण्ण अंग है, ऐसे में एकात्मकता की प्रवृत्ति को बढ़ावा देने से धार्मिक-सांस्कृतिक राष्ट्रवाद के उद्देश्य को पुष्ट करने में ज्यादा बल मिल सकता है। यही कारण है कि भाजपा सरकार, शासन की व्यवस्था को ज्यादा से ज्यादा केन्द्रीकृत करने की कोशिश कर रही है। उदाहरणस्वरूप वित्त विभाजन की व्यवस्था, जो पहले से ही राज्यों के पक्ष में नहीं थी, उसे और भी केन्द्र के पक्ष में कर दिया गया है। अधिभार (cess) से कर आमदनी की ज्यादा से ज्यादा वसूली की प्रवृत्ति, जी. एस. टैक्स में राज्य की भागीदारी, इत्यादि केन्द्रीकरण की दिशा में उल्लेखनीय कदम है। भाजपा सरकार केन्द्रीय योजनाओं के माध्यम से लाभार्थी जनता तक सीधे पंहुचने का भी प्रयास कर रही है। विकास के अधिकांश क्षेत्रों में केन्द्र का हस्तक्षेप बढ़ा है, और केन्द्रीय योजनाओं में राज्यों के अंशदान में बढ़ोतरी से राज्यों पर न केवल वितीय बोझ बढ़ा है, बल्कि उनको अपने कार्यक्रमों को चलाने के लिए वित्त का अभाव हो जाता है। इससे राज्यों की स्वायत्तता कमजोर हुई है।

इस दिशा में सबसे महत्त्वपूर्ण कदम, जिसका भाजपा के द्वारा बार-बार जिक्र किया जाता है, वो है संविधान की समीक्षा। वैसे जब 1997 में अटल बिहारी वाजपेयी के नेतृत्व में भाजपा की सरकार बनी थी, तो उस समय भी संविधान की समीक्षा के उद्देश्य से सर्वोच्च न्यायालय के भूतपूर्व मुख्य न्यायाधीश एम. एन. वैंकटचलैया की अध्यक्षता में एक समिति बनाई गई थी, जिसका मुख्य उद्देश्य संविधान के क्रियान्वयन की समीक्षा करना था। इस समिति ने अपनी बृहद रिपोर्ट में बहुत से मसलों पर विचार-विमर्श किया भी, लेकिन संविधान में बदलाव का सुझाव नहीं दिया। जब 2014 में नरेन्द्र मोदी के नेतृत्व में भाजपा की पूर्ण बहुमत की सरकार बनी है, तब से इस प्रश्न को एक बार फिर से उठाया जा रहा है।

इस दिशा में दूसरा महत्त्वपूर्ण कदम है केन्द्र एवं राज्यों का एक साथ चुनाव कराना। ऐसे तो भाजपा को इसमें स्पष्ट रूप से राजनीतिक लाभ दिखता है। नरेन्द्र मोदी के करिश्माई नेतृत्व में लोकसभा एवं विधानसभाओं का चुनाव एक साथ कराकर, भाजपा अपनी जीत सुनिश्चित कर सकती है। लेकिन इसके पीछे एक उद्देश्य यह भी है कि केन्द्र एवं प्रांतों में एक ही दल की सरकार हो। इससे भी एकात्मकता की प्रवृत्ति मजबूत होती है।

दक्षिणपंथी विचारधारा में राष्ट्र सर्वोपरि है। राष्ट्र का गौरव, सम्मान और उसका अस्तित्व सर्वोपरि है। राष्ट्र की एकता एवं अखंडता को बनाये रखना व्यक्ति का परम कर्तव्य है। इस विचारधारा के परिप्रेक्ष्य में व्यक्तिवाद राष्ट्रवाद के अधीन है, न कि राष्ट्रवाद जातिवाद के आधीन है। इसमें नागरिक अधिकार एवं स्वतंत्रता, राष्ट्र की अस्मिता को निर्धारित नहीं करता। प्रधानमंत्री नरेन्द्र मोदी यों हीं नहीं अपने भाषणों में 'कर्तव्य' पर बार-बार बल देते हैं। यहां तक कि 8 सितंबर, 2022 को 'सैन्ट्रल विस्टा' के उद्घाटन समारोह के साथ-साथ 'राजपथ' का नाम बदल कर 'कर्तव्य पथ' कर दिया और अपने उद्घाटन भाषण में 'कर्तव्यपरायणता' को मुख्य विषय बनाया। इसके पहले 15 अगस्त 2022 को लाल किला से अपने संबोधन में 'कर्त्तव्य' की बात प्रमुखता से कही थी। 26 नवम्बर 2022 को संविधान सभा के दिन भी अपने विचार रखते हुए कर्तव्यपरायणता पर विशेष बल दिया। आपातकाल के समय इंदिरा गांधी ने भी कर्तव्यपरायणता को काफी अहमियत दी थी, और संविधान में संशोधन कर अनुच्छेद 51 (A) में नागरिकों के 10 मौलिक कर्तव्यों की एक सूची भी जोड़ दी।

जब राष्ट्र को एक पारलौकिक स्थिति पर स्थापित करते हैं, तो जन विकास का उद्देश्य उसका अनुयायी बन कर रह जाता है। वैसे तो दोनों एक-दूसरे के पूरक हैं, और पश्चिम के आधुनिक राष्ट्रों में मानव विकास से ही राष्ट्रवाद को संपोषित किया जाता रहा है। इसके विपरीत दक्षिणपंथी विचारधारा में राष्ट्र को संपोषित कर ही मानव विकास के लक्ष्य को प्राप्त करने का उद्देश्य निहित है। ऐसे में दक्षिणपंथी विचारधारा के अन्तर्गत मानव विकास के पहलुओं की अवहेलना स्वाभाविक है।

उधर वामपंथी विचारधारा में सामूहिकता का दबाव इतना अधिक होता है कि व्यक्ति का अधिकार एवं निजी स्वतंत्रता सामूहिकता की अग्नि में आहूत हो जाता है। साम्यवादी सोवियत संघ, चीन एवं क्यूबा ने व्यक्ति विकास के कुछ पहलुओं, जैसे शिक्षा, स्वास्थ्य, रोजगार, आवास इत्यादि क्षेत्रों में त्वरित एवं उल्लेखनीय उपलब्धि की है, लेकिन राजनीतिक एवं नागरिक स्वतंत्रता की कुर्बानी दे दी। ऐसे में साम्यवादी व्यवस्था के अंतर्गत मानव विकास की कहानी अधूरी ही रह जाती है।

कांग्रेसवाद एक मिश्रित विचारधारा है जिसमें राष्ट्र के निर्माण की योजना में साफ दृष्टिकोण की कमी रही है। दूसरी ओर दक्षिणपंथी विचारधारा एकांगी है और उसके खतरे भी हैं। साम्यवाद की अपनी दिक्कतें हैं, और राष्ट्र निर्माण के साम्यवादी तरीकों के अनुभव मानव जाति के लिए सुखद नहीं रहे हैं। ऐसे में प्रश्न उठता है कि क्या समाजवाद की विचारधारा राष्ट्र निर्माण का एक बेहतर विकल्प देती है?

विचारधारा राष्ट्र के विकास एवं उसके चरित्र निर्माण की मुख्य ऊर्जा है। लोहिया का समाजवाद राष्ट्र निर्माण में विचारधारा की भूमिका के प्रश्न का उत्तर 'रोटी' एवं 'संस्कृति' के समन्वय के रूप में देता है, जिसका आगे के अध्याय में वर्णन किया गया है। उनका समाजवाद एक ऐसे राष्ट्र निर्माण का संकल्प है, जिसमें मानवता के उदात्त सिद्धान्तों, जैसे विचार अभिव्यक्ति की पूर्ण स्वतंत्रता, सबको रोटी, कपड़ा और मकान, संपूर्ण बराबरी की शिक्षा एवं स्वास्थ्य सुविधाएँ तथा विचार एवं व्यवहार की हर क्षेत्र में गैर-बराबरी की स्थापना से ही राष्ट्र निर्माण का संकल्प है।

पश्चिम के उदारवादी लोकतंत्र की विचारधारा से उदारवाद संपोषित राष्ट्र निर्माण के अनेकों उदाहरण हैं, वहीं साम्यवाद की विचारधारा से संपोषित राष्ट्र निर्माण के भी कुछ ज्वलंत उदाहरण हैं। बीसवीं शताब्दी के मध्य में

यूरोप के कई राष्ट्रों में उदारवादी लोकतंत्र एवं समाजवाद के जुड़वां प्रयोग के भी उदाहरण मिलते हैं, जिसमें लोकतंत्र के सिद्धान्तों के साथ, समाजवाद के कुछ पहलुओं को जोड़ दिया गया है। भारत भी 1950 एवं 1960 के दशकों में कमोबेश उसी प्रारूप का एक संस्करण था, लेकिन लोहिया के समाजवाद संपोषित मानवतावादी राष्ट्रवाद के सिद्धान्त पर राष्ट्र निर्माण के प्रयोग होने बाकी हैं।

लोहिया यूरोप के उस समाजवाद को अधूरा मानते थे, जिसमें लोकतंत्र की चादर में समाजवाद के पैबंद लगा दिये गये थे, जिसकी भौंडी नकल, भारत में जवाहरलाल नेहरू के समाजवाद ने की थी। लोहिया ने एक स्थापना दी कि समाजवाद के कुछ सार्वभौमिक सिद्धान्त जरूर हैं, लेकिन उन सिद्धान्तों को देश एवं काल के परिप्रेक्ष्य में लागू करना चाहिए। इसी परिप्रेक्ष्य में लोहिया ने भारत में समाजवाद की रूपरेखा का विस्तार से वर्णन किया है जो इस पुस्तक की मुख्य विषयवस्तु है।

इस पुस्तक का उद्देश्य लोहिया के समाजवाद के विचारों को वर्तमान संदर्भ में देखने एवं समझने का एक प्रयास भी है। लोहिया के समाजवाद संबंधी विचार उनके विभिन्न लेखों, भाषणों एवं रचनाओं में उपलब्ध हैं। इस पुस्तक में यह प्रयास किया गया है कि उन विचारों को एक सिद्धान्त एवं विचारधारा के रूप में, एक जगह व्याख्या के साथ प्रस्तुत किया जाए जो आम सुलभ भी हो।

एक प्रश्न यह उठता है कि क्या भारत में लोहिया के सपनों का समाजवाद आज भी विकल्प के रूप में भविष्य है?

भारत में कांग्रेसवाद, साम्यवाद एवं दक्षिणपंथी राष्ट्रवाद का प्रयोग हो चुका है। समाजवाद के विखंडित रूपों का भी प्रयोग हुआ है। लेकिन लोहिया के समाजवाद का प्रयोग होना अभी बाकी है। यह इसलिए भी महत्त्वपूर्ण है कि लोहिया का समाजवाद गाँधीवाद के आदर्शों, उसके व्यावहारिक एवं जमीनी पक्षों को, अपनी विचारधारा में समेटकर, भारत की सामाजिक, आर्थिक एवं सांस्कृतिक पृष्ठभूमि को ध्यान में रखते हुए स्वतंत्र भारत के नवनिर्माण की परिकल्पना है।

गाँधीवाद को तो कांग्रेस ने ही नकार दिया था, और आज अगर गाँधीवाद कुछ है भी तो केवल श्रद्धा सुमन अर्पण करने के लिए। गाँधी के विचारों में एक नई सभ्यता के निर्माण का दृष्टिकोण है। लेकिन गांधीवाद जिस ऊंचाई पर मानवता को ले जाना चाहता है, वह लक्ष्य बहुत दूर दिखता है। शायद वही

कारण है कि गाँधी की प्रतिमा तो भले ही विश्व के 184 देशों में लगी हुई है, और गाँधी को विश्व के बड़े-बड़े विचारकों एवं राजनेताओं ने महापुरुषका दर्जा दिया है, लेकिन गाँधी के सुझाए हुए रास्ते पर चलने के लिए कोई भी राष्ट्र एवं समाज तैयार नहीं है। शायद इसीलिए मानव जाति अपनी गाँधी आस्था श्रद्धा सुमन अर्पण कर निर्वाह कर रही है।

लोहिया का समाजवाद ऐसे मानव समाज का निर्माण करना चाहता है जो भारतीय संस्कृति से सिंचित हो, जिसमें मर्यादा पुरुषोत्तम राम की गरिमा हो, लीलाधर कृष्ण का अबाध्य प्रेम हो, और शिव की हृदय की विशालता हो। मैनकाइण्ड के अगस्त 1955 के अंक में लोहिया लिखते हैं, ''हे भारतमाता, हमें शिव का मस्तक दो, कृष्ण का हृदय दो तथा राम का कर्म एवं वचन दो। हमें असीम मस्तिष्क और उन्मुक्त हृदय के साथ-साथ जीवन की मर्यादा से रचो।'' (रचनावली, 8, पृ. सं. 70) लोहिया के समाजवाद संपोषित मानवतावादी राष्ट्रवाद का मूल मंत्र है।

लोहिया का समाजवाद 'समता से सम्पन्नता' की सीढ़ी है जिसमें सिविलनाफरमानी के लोकतांत्रिक तरीकों से समेकित बदलाव का दृष्टिकोण है। इसके गर्व में सात क्रांतियों के बीज हैं, जिनको अंकुरित कर हर प्रकार की गैर-बराबरी समाप्त कर सच्चे समाजवाद की स्थापना की जा सकती है।

लोहिया के समाजवादी विचारों की वर्तमान संदर्भों में व्याख्या इसलिए भी आवश्यक हो जाती है कि भारत की आजादी के 75 वर्ष पूरे हो चुके हैं और संविधान के उच्चकोटि के आदर्शों एवं मूल्यों तथा समुचित प्रावधानों के बावजूद भी भारत में समतामूलक समाज की स्थापना लक्ष्य से मीलों दूर है। नर-नारी की असमानता, जाति-बिरादरी की गैर-बराबरी, धार्मिक समूहों का आपसी द्वेष एवं कटुता, अमीर-गरीब की गहराती खाई, शिक्षा, स्वास्थ्य, भुखमरी एवं बेरोजगारी की समस्या बनी हुई है। नौकरशाही राज्य एवं जनता के द्वारा चुनी हुई लोकतांत्रिक सरकारों का सामंतवादी एवं राजशाही सोच, तौर-तरीका एवं व्यवहार बना हुआ है। संविधान की 73वें एवं 74वें संशोधनों के बावजूद भी लोकतंत्र तीन खंभों पर ही खड़ा है। चौथा खंभा एक नकली टांग की तरह लटका दिया गया है। गलत आर्थिक नीतियों के कारण, किसानों, मजदूरों, एवं औद्योगिक श्रमिकों की समस्या बढ़ती ही जा रही है। सामाजिक असमानता के छुआछूत जैसे अभिशाप मिट रहे हैं तो आर्थिक असमानता एक नये जातिवाद को पैदा कर रही है। सामाजिक असमानता से लोकतंत्र को उतना खतरा नहीं था, जितना आर्थिक असमानता से है। जिस प्रकार चुनावों पर धन का प्रभाव

बढ़ा है और तदनुसार राजनीतिक दलों की  पूँजीपतियों पर चुनावी खर्च के लिए निर्भरता बढ़ी है, वह लोकतंत्र पर गहराते संकट का आह्वान है। एक प्रकार से लोकतंत्र की कोख में राजनीतिक-आर्थिक कुलीनतंत्र का भ्रूण विकसित हो रहा है। लोहिया कुलीनतंत्र के जन्मजात विरोधी थे। आज लोहिया इसलिए भी प्रासंगिक हैं।

**—अशोक पंकज**

# प्राक्कथन

प्रोफेसर अशोक पंकज की पुस्तक 'लोहिया के सपनों का भारत-भारतीय समाज की रूपरेखा' बहुत ही परिश्रम और अध्ययन से लिखी गई है। डॉ. लोहिया के विचारों पर उनके जीवन-काल में लगातार प्रहार होता रहा। अंग्रेजी भक्त तथा मानसिक गुलामी से ग्रसित लोगों ने, जिसमें सामाजिक, राजनैतिक और आर्थिक क्षेत्र का श्रेष्ठी वर्ग शामिल है, न केवल उनके विचारों को अस्वीकार करता रहा, बल्कि उनका लगातार विरोध करता रहा। इस श्रेष्ठी वर्ग ने लोहिया को कभी भी गंभीरता से समझने का प्रयास भी नहीं किया। एक अर्थ में लोहिया अंग्रेजी तबके के तिरस्कार के शिकार भी बने। लोहिया के विचारों को विश्वविद्यालयों, उच्च शिक्षण संस्थाओं, पुस्तकालयों, पाठ्यक्रमों और संवाद से बाहर रखा गया। परन्तु 1990 के बाद देश और दुनिया के बौद्धिक जगत ने लोहिया को फिर से पढ़ना-लिखना शुरू किया है। उनके चिंतन की मौलिकता को गंभीरता से लेना शुरू किया है। लोहिया कहते थे कि, ''लोग मेरी बात सुनेंगे, शायद मेरे मरने के बाद पर सुनेंगे जरूर।'' वे जानते थे कि उनका चिंतन तत्कालीन समय से बहुत आगे का है और इसलिए उनका यह विश्वास था कि उन्हें मरने के बाद सुना जायेगा। इस अर्थ में लोहिया की भविष्यवाणी सच हो रही है, यह सुखद भी है।

लोहिया अपने जीवनकाल में उच्च वर्गों के तिरस्कार का शिकार तो होते ही रहे, उनकी मृत्यु के पश्चात्, आभिजात्य वर्ग ने तो उन पर चर्चा करना ही बंद कर दिया, जैसे उन्हें लोहिया की मृत्यु से बड़ी राहत मिली हो। परन्तु मृत्युपरान्त भी लोहिया देश के गरीब, किसान, मजदूर, शोषित, पीड़ित और बदलाव चाहने वाले लोगों के लिए अनुकरणीय और आदर्श बने रहे। 1950 एवं खासकर 1960 के दशक में तो आमजन, गरीब, पिछड़े, महिलाएँ, किसान, मजदूर लोहिया को मुक्तिदाता के रूप में देख रहे थे।

अशोक पंकज की इस पुस्तक में पांच भाग है, जिनमें भारतीय 'समाजवाद की रूपरेखा', 'सैद्धांतिक पहलू', 'वैचारिक पहलू', 'व्यावहारिक पहलू', और 'समसामयिकता' शामिल है। सैद्धांतिक पहलू में तीन लेख—'समता से सम्पन्नता', 'सप्तक्रांति से समाजवाद' और 'सिविलनाफरमानी से लोकतंत्र' लोहिया के दर्शन को एक नये तरीके से प्रस्तुत करते हैं। समाजवाद अभी तक समता और सम्पन्नता को साथ लेकर चलने का विचार है, परन्तु अशोक पंकज ने 'समता से सम्पन्नता' बताकर लोहिया के विचार बीज को एक नया रूप दिया है, जिसका अर्थ है कि समता से ही सम्पन्नता आ सकती है। पूँजीवादी विचारधारा समता को सम्पन्नता के खिलाफ मानता है। परन्तु डॉ. लोहिया की पैनी दृष्टि ने बताया था कि समता के बगैर सम्पन्नता संभव नहीं है। 'सप्तक्रांति से समाजवाद' शीर्षक लेख में अशोक पंकज ने एक नई दृष्टि प्रस्तुत की है। सप्तक्रान्ति समाजवाद की ओर ले जाने का एक माध्यम है। यानी सप्तक्रांति रास्ता है, समाजवाद लक्ष्य। लोहिया के विचारों की यह सराहनीय प्रस्तुति है। इसी भाग के तीसरे लेख को लेखक ने 'सिविलनाफरमानी से लोकतंत्र' शीर्षक से लिखा है। यानि सिविलनाफरमानी के बगैर लोकतंत्र अधूरा है या सिविलनाफरमानी के बगैर लोकतंत्र अपने असली अर्थों में स्थापित नहीं हो सकता। इसीलिए लोहिया कहते थे कि, "अगर सड़कें सूनी हो जायेंगी तो संसद आवारा हो जाएँगी।" आचार्य नरेन्द्र देव तो लोकतंत्र को सिविलनाफरमानी का पर्याय मानते थे।

अशोक पंकज ने लोहिया के 'वैचारिक पहलू' के अंतर्गत मार्क्सवाद, गाँधीवाद और समाजवाद का तुलनात्मक अध्ययन, लोहिया की दृष्टि से, प्रस्तुत किया है। डॉ. लोहिया ने भारतीय समाजवाद की परिकल्पना मार्क्सवाद या गाँधीवाद से पृथक की है। उन्होंने मार्क्सवाद से भी उधार लिया और गांधीवाद से भी, लेकिन उसे नई मौलिकता के साथ भारतीय संदर्भ में प्रस्तुत किया। लोहिया कहते थे कि, "मैं न तो मार्क्स भक्त हूँ, न ही मार्क्स विरोधी, न तो गाँधी भक्त हूँ, न ही गांधी विरोधी।" उन्होंने अपने विचारों का स्वतंत्र उड़ने दिया, मार्क्स या गाँधी के खाँचों में बन्द नहीं किया।

लोहिया आजादी के आंदोलन में और विशेषत: 1942 के भारत छोड़ो आंदोलन में क्रान्तिकारी भूमिका का निर्वहन किया था, जो इतिहास के पन्नों में स्वर्णाक्षरों में दर्ज रहेगा। भूमिगत रहकर वह रेडियो के माध्यम से देश की जनता को आजादी के आंदोलन के लिए प्रेरित करते रहे तथा उनका मनोबल

बढाते रहे। उन्होंने जयप्रकाश नारायण के साथ मिलकर 'आजाज दस्ता' का भी गठन किया था, जिसका मुख्य कार्य ब्रिटीश सरकार के यातायात एवं संचार के साधनों को नष्ट करना था, लेकिन जान के नुकसान के बगैर।

लोहिया गाँधी के अत्यधिक नजदीकी और स्नेह पात्रों में से एक थे। भारत-पाक विभाजन के प्रस्ताव को कांग्रेस के द्वारा स्वीकार कर लिए जाने के बाद जब महात्मा गाँधी के आग्रह पर कांग्रेस पार्टी की विशेष बैठक बुलाई गयी तब उसमें लोहिया गाँधी के साथ थे और भारत विभाजन के खिलाफ गाँधी के प्रस्ताव के साथ खड़े थे। लोहिया ने अपनी चर्चित पुस्तक 'भारत विभाजन के अपराधी' में उस बैठक का विस्तार से उल्लेख किया है और उस घटनाक्रम को दर्ज करते हुए बताया है कि महात्मा गाँधी को कांग्रेस के तत्कालीन नेतृत्व ने उपेक्षित, अपमानित और पराजित किया था। इस घटना के बाद, लोहिया गाँधी के और भी करीब पहुँचे तथा उनका अंत तक साथ दिया। जब गांधी नोआखाली में साम्प्रदायिक आग को बुझा रहे थे तब भी लोहिया उनके साथ थे। जब वे बंगाल की आग बुझाने के बाद दिल्ली आये, तब भी लोहिया उनके साथ थे और उनके आदेश पर लोहिया ने कई बार अपनी जान को जोखिम में डालकर संवेदनशील इलाकों में सौहार्द स्थापित करने की कोशिश में लगे रहे।

लोहिया ने एशियाई समाजवाद की परिकल्पना की थी, और इसके पीछे यूरोप के द्वारा एशिया के शोषण के विरुद्ध तथा साम्राज्यवाद के खिलाफ राष्ट्रों में एकता स्थापित करने का उद्देश्य था। लोहिया की एशियाई समाजवाद की कल्पना को शोषण मुक्त, समता और सम्पन्नता का मुल्क बनाने की कल्पना थी।

लोहिया के समाजवाद की राजनीति संबधी विचारों को अशोक पंकज ने 'व्यावहारिक पहलू' के अन्तर्गत रखकर प्रस्तुत किया है। समाजवाद की राजनीति का स्वरूप कैसा होगा, उसके वाहक कौन होंगे, समाजवादियों का आचरण क्या होगा, उनके विचार और कर्म कैसे होंगे। वह तत्कालीन राजनीति से और राजनेताओं से किस अर्थ में भिन्न होगी, इसकी परिकल्पना कर लोहिया ने भारतीय राजनीति को स्वच्छ और उद्देश्यपूर्ण करने का एक दृष्टिकोण दिया है, जिसकी इस पुस्तक में उद्देश्यपूर्ण व्याख्या की गई है। निस्संदेह राजनीति के लक्ष्य, विचार और चरित्र ये तीनों ही महत्त्वपूर्ण पक्ष होते हैं, और इन्हीं के ऊपर बदलाव की राजनीति निर्भर करती है।

पुस्तक के इस भाग में पूंजीवादी एवं साम्यवादी राष्ट्रों के खेमे से हटकर एशियाई एवं अफ्रीकन राष्ट्रों का एक सकारात्मक गुट बनाने के लिए 'समान अप्रासंगिकता' के सिद्धान्त की सुन्दर व्याख्या की गई है। जब लोहिया ने 'समान अप्रासंगिकता' का विचार रखा था, तो उन्होंने साम्यवाद और पूँजीवाद से समान दूरी रखते के तर्क दिये। हालांकि उस समय लोहिया का देश के बौद्धिक जगत, छद्म साम्यवादी और समाजवादी तथा सत्ताधारी दल ने मजाक उड़ाने का प्रयास किया था। लेकिन लोहिया के तर्क और विचार के खंभे इतने मजबूत थे, कि कालांतर में लोगों ने 'समान अप्रासंगिकता' की अहमियत को समझा और इस पर चलने की कोशिश भी की।

इसी भाग के अंदर 'रोटी और संस्कृति' शीर्षक से भी एक अध्याय है, जो लोहिया के विचारों में सारगर्भिता को दर्शाता है। 'रोटी' और 'संस्कृति' का क्या रिश्ता है, यह कहना कठिन है, पर इसकी तुलना अशोक पंकज ने लोहिया जी की दृष्टि और विचारों के आधार पर गंभीरता से प्रस्तुत की है। 'संस्कृति' केवल अतीत का वर्णन मात्र नहीं है, और इसका संबंध केवल राजतंत्री व्यवस्थाओं से नहीं है। बल्कि मानव जीवन में 'रोटी' और 'संस्कृति' का गहरा संबंध है। यह एक जटिल विचार है, जिसे लेखक ने सुलझाकर रख दिया है।

अशोक पंकज ने पांचवें भाग में भारत में लोहिया के समाजवाद की प्रासंगिकता पर एक लेख लिखकर यह दर्शाया है कि उनके विचार भारतीय समाज के लिए आज भी उतने ही समसामयिक हैं, या एक अर्थ में कहें तो अपरिहार्य हैं। लोहिया के समाजवाद के दर्शन की प्रासंगिकता देश की सीमाओं के बाहर भी है। अप्रासंगिक बनती वैश्विक संस्थाओं, विषमता के खड़े होते नये हिमालयों, सामाजिक रंग आधारित और लैंगिक रूपांतरित विषमताओं से मुक्ति के लिए लोहिया के विचार दुनिया के लिए उपयोगी हैं। लोहिया की बालिग मताधिकार से निर्वाचित विश्व संसद की कल्पना आज और भी प्रासंगिक हो गयी है, जब संयुक्त राष्ट्र संघ कमजोर एवं वैश्विक समस्याओं के समाधान में असफल दिखने लगा है। ऐसा लगता है कि लोहिया की 'विश्व पंचायत' की अवधारणा को जमीन पर उगाने का उचित समय आ गया है। सभ्यता और सम्पन्नता के आवरण में ढकी लैंगिक विषमता, रंग और जाति आधारित विषमता की पहचान कर उससे मुक्ति पाना डॉ. लोहिया के दर्शन का महत्त्वपूर्ण पक्ष रहा है।

मैं उम्मीद करता हूँ कि निकट भविष्य में अशोक पंकज लोहिया के विचारों की वैश्विक प्रासंगिकता पर अध्ययन कर कोई पुस्तक लिखें, जिससे उनके विचारों का वैश्विक स्तर पर प्रयोग करने में मदद मिले।

अशोक पंकज ने इस पुस्तक के माध्यम से जिस तरीके से लोहिया के विचार दर्शन, राजनीति एवं कार्यक्रम को प्रस्तुत किया है, वह निःसंदेह महत्त्वपूर्ण कार्य है, और मेरी समझ में यह पुस्तक न केवल शिक्षण संस्थाओं में पढ़ी जाएगी बल्कि गाँव, खेत, खलिहानों और कल-कारखानों में भी पढ़ी जाएगी। यह पुस्तक 21वीं सदी के समाजवादी समाज की कल्पना और उसके लिए संघर्ष का एक नया आधार भी प्रस्तुत करती है।

इस पुस्तक की बहुत आवश्यकता थी। एक तो इसलिए कि देश के एक संगठित विचार के हिस्से ने समाजवाद शब्द को ही विदेशी विचार बताकर खारिज करने का प्रयास किया है। जबकि लोहिया के समाजवाद की वैचारिक संरचना विशुद्ध भारतीय समाज एवं संस्कृति आधारित है। जो विदेशी शोषण की विचारधाराओं को तर्क, दूरदृष्टि और समझ से काटती है, तथा भारत की भूमि में भारतीय समाजवाद के बीज डालती है। यह उन लोगों को भी उत्तर देती है, जो समाजवाद को विदेशी विचारधारा मानते हैं और उन लोगों को भी, जो समाजवाद को भारतीयता का विरोधी सिद्ध करने का प्रयास करते हैं। लोहिया ने अपने देश की जमीन में समता की फसल को उगाने के लिए जो विचार बीज तैयार किये, और जिन्हें भारत की विचार भूमि पर बोया, उसकी सार्थकता को यह पुस्तक प्रस्तुत और सिद्ध भी करती है। आज जब देश एवं दुनिया में, समाजवादी शब्द जन संवाद में लांछित और बहिष्कृत हो रहा है, डॉ. लोहिया के विचारों के माध्यम से यह पुस्तक समाजवाद के विचार के साथ खड़ी होती है। इस समय देश या तो दुःस्वपनों का शिकार है, या स्वप्नरहित हो रहा है, ऐसे में एक सम-सम्पन्न सुखी देश के लोहिया के मनोरम सपनों को प्रस्तुत कर यह पुस्तक भविष्य की तलाश भी है।

मुझे उम्मीद है कि अशोक पंकज की यह पुस्तक देश को 'लोहिया के सपनों का भारत' बनाने में मददगार होगी तथा गाँव, किसान, खेत, मजदूर, गरीब, शोषित और पीड़ित लोगों का लोहिया के सपनों के साथ जुड़ने में कारगर भूमिका अदा करेगी। इस पुस्तक की रचना ऐसे कालखण्ड में की गई है जिसमें विचारशून्यता, लक्ष्यहीनता, विज्ञापनों के प्रचार की बाढ़, संचय और

मुनाफाखोरी, अमीरी के हिमालय और गरीबी की खाई बढती जा रही है। इस दौर को बदलने के लिए यह पुस्तक सामयिक मार्ग प्रस्तुत करती है।

लोहिया विचारों का पुर्नपाठ तथा आज के संदर्भों में सटीक व्याख्या करने के लिए अशोक पंकज को साधुवाद तथा हार्दिक शुभकामनाएँ।

दिनांक : 21.10.2023

**रघु ठाकुर**

लोहिया सदन, जहाँगीराबाद, भोपाल,
मध्यप्रदेश, भारत

खंड-1

# समाजवाद की रूपरेखा

अध्याय 1

# लोहिया का समाजवाद

राममनोहर लोहिया भारत में समाजवादी आंदोलन के प्रखर एवं अग्रणी[1] ऐसे नेता थे जिन्होंने समाजवाद की स्थापना के लिए ठोस सिद्धान्त एवं मौलिक विचार प्रस्तुत किये। जर्मनी की होमबोल्ट यूनिवर्सिटी से उपनिवेशिक भारत में नमक कर विषय पर अर्थशास्त्र में डॉक्टरेट की उपाधि तथा विश्व इतिहास एवं समाज का गहरा अध्ययन कर, उन्होंने न केवल समाजवाद की विचारधारा को मार्क्सवाद की वैचारिक उपनिवेशिकता से मुक्त किया, बल्कि तत्कालीन एवं प्रचलित यूरोपियन समाजवाद को एकांगी एवं उसके दृष्टिकोण की अपर्याप्ता को साबित कर, देश एवं काल-सापेक्ष समाजवाद की व्याख्या की, जिसकी प्रमाणिकता 'एशियाई समाजवाद' का सिद्धान्त है।

---

1. सन् 1934 में कांग्रेस सोशलिस्ट पार्टी की स्थापना से लेकर 1952-53 तक जयप्रकाश नारायण भारत में समाजवादी आंदोलन के सर्वोच्च नेता थे। 1952 के प्रथम आम चुनाव में समाजवादी दल की बुरी तरह पराजय तथा समाजवादी आंदोलन के प्रमुख नेताओं में बिखराव की प्रवृत्ति, कमलादेवी चट्टोपाध्याय, अच्युत पटवर्धन और अरुणा आसफ अली का पार्टी छोड़ना तथा जयप्रकाश नारायण की सक्रिय राजनीति से दूर हो जाने के पश्चात्, राममनोहर लोहिया ने न केवल समाजवादी आंदोलन का नेतृत्व संभाला, बल्कि समाजवादी दल में नई जान फूंकी। सोशलिस्ट पार्टी एवं किसान मजदूर प्रजा पार्टी के विलय के पश्चात् प्रजा सोशलिस्ट पार्टी की 1953 में स्थापना से अपनी मृत्यु 1967 तक लोहिया भारत में समाजवादी राजनीति के केन्द्र बने रहे। इसी बीच उन्होंने समाजवाद की विचारधारा की भारत के संदर्भों में व्याख्या की, और समाजवाद के सिद्धान्त एवं विचार को परिष्कृत एवं परिमार्जित किया। इलाहाबाद, पंचमढ़ी, एवं हरदोई सम्मेलनों में लोहिया ने अपने विचारों को पार्टी के समक्ष प्रमुखता से रखा।

इसी संदर्भ में उन्होंने भारत में समाजवाद की रूपरेखा पर मौलिकता के साथ विचार-विमर्श किया और समाजवाद को एक नया सिद्धान्त एवं विचार मिला। भारत के संदर्भ में समाजवाद के उनके विचारों की अपनी मौलिकता एवं विशिष्टता के कारण इसे भारतीय समाजवाद की संज्ञा देना सर्वथा उचित ही है। इस अध्याय में लोहिया के भारतीय समाजवाद संबंधी विचारों को प्रस्तुत किया गया है।

## भारत में समाजवाद की शुरुआत

लोहिया भारत में समाजवादी आंदोलन की शुरुआत गाँधी के विचारों एवं कार्यों से मानते हैं। मोटे तौर पर कहें, तो 1916 के चम्पारण आंदोलन के बाद, 1920 एवं 1930 के दशकों में, गांधी के कार्यक्रमों में समाजवाद की पहली अभिव्यक्ति थी, ऐसा लोहिया मानते हैं : "मेरे जैसा आदमी गाँधीजी के बहुत से विचारों और कामों को हिन्दुस्तान में समाजवाद का आरम्भ कहेगा।'' (शरद, 2021, पृ. सं. 19)

आगे वह स्पष्ट करते हैं : "गरीबी या गैर-बराबरी को मिटाने के समाज-सुधार, खासतौर से सम्पत्ति के राष्ट्रीयकरण का तरीका समाजवाद ने बताया, उसी पर अगर हम अपनी आँखें गड़ा लेते हैं और दूसरी तरफ नहीं देखते तब तो गाँधी जी के प्रयासों को समाजवाद के दायरे से बिल्कुल अलग मानते, लेकिन अगर चरित्र निर्माण, व्यक्ति-सुधार या दरिद्र नारायण का कोई मतलब होता है, और चाहे धर्म कहो, चाहे आध्यात्मिकता कहो, उसके रास्ते पर सब लोगों के प्रति दलितों और खासतौर पर दलितों और दीनों के प्रति संवेदना या उनके साथ आत्मसात हो जाना, उनके साथ एक जैसा हो जाना, मेरी दृष्टि में उतना ही समाजवाद है जितना और कुछ है।" (वही, पृ. सं. 19)

लोहिया के अनुसार समाजवाद का अभिप्राय केवल गरीबी, एवं गैर-बराबरी को मिटाना या सम्पत्ति का राष्ट्रीयकरण करना नहीं है, जैसा कि समाजवाद के पारंपरिक अर्थों में समझा जाता है, और जो समाजवाद का प्रचलित अर्थ भी है। बल्कि उनका समाजवाद मानव समाज का बदलाव का एक सूत्र है; उसमें मनुष्य का हृदय परिवर्तन है; उसके विचार एवं मन का बदलाव है, जैसा गांधी के सुधारों का उद्देश्य था। सम्पत्ति का सार्वजनीकरण जिसे समाजवाद का पर्यायवाची माना जाता है, केवल बाहरी उपागम है।

## समाजवाद दरिद्रनारायण की सेवा

लोहिया का समाजवाद दरिद्र नारायण की सेवा है जिसकी शुरुआत भारत में गांधी के सकारात्मक कार्यक्रमों में देखने को मिलती है। गांधी ने गरीबों की सेवा को अपनी राजनीति का मुख्य उद्‌देश्य बताया। गांधी के जीवन से जुड़े हुए एक घटनाक्रम से यह बात और भी पुष्ट हो जाती है। गाँधीजी जब सेवाग्राम में थे, तो जनगणना पदाधिकारी ने जनगणना के आँकड़े[1] लेते वक्त उनसे व्यवसाय पूछा, जिस पर उनका जवाब था 'राजनीति'। गाँधीजी के इस उत्तर पर जनगणना का पदाधिकारी और सेवाग्राम के सहकर्मी अचभिंत हो बैठे। उनका असमंजस यह था कि शायद गाँधी जी भूल से अपना व्यवसाय 'वकालत' न बता कर 'राजनीति' बता दिया है। जब सेवाग्राम के सहकर्मियों में यह ऊहापोह बना हुआ था, तो उन्होंने गाँधीजी से यह प्रश्न पूछ ही लिया कि बापू कहीं आपने भूल से तो अपना व्यवसाय वकालत न बताकर राजनीति बता दिया है? इस पर गाँधी जी का जवाब था कि मैं जो भी कर रहा हूँ वो गरीबों के उत्थान के लिए कर रहा हूँ और यही मेरी 'राजनीति' का अभिप्राय भी है। इस उत्तर से गाँधी न केवल राजनीति का उद्‌देश्य दरिद्र नारायण की सेवा बताया, बल्कि राजनीति को एक नये धरातल पर परिमार्जित कर दिया।

## समाजवाद हृदय परिवर्तन की विचारधारा

लोहिया का समाजवाद हृदय परिवर्तन पर जोर देता है, हालांकि इसे किसी नैतिक सिद्धान्त का पर्यायवाची नहीं समझना चाहिए। इसी संदर्भ में वह गाँधी के समाजवाद एवं यूरोप के 'ईसाई समाजवाद' में फर्क करते हैं। 'ईसाई समाजवाद' का प्रयोग इटली एवं फ्रांस में किया गया था जिसके कुछ अच्छे परिणाम भी निकले; मसलन् मजदूरों तथा गरीबों की स्थिति में सुधार हुआ। लेकिन इसने "पूँजीशाही के बुनियादी तरीकों और जड़ों को मजबूत किया। इस प्रकार के समाजवाद से जो (पूँजीवादी) समाज है उसी की जड़ें मजबूत होती हैं, पूँजीशाही या जिस निजाम से गैर-बराबरी निकलती है वह मजबूत हुआ करता है।'' (वही, पृ. सं. 20) अत: ईसाई समाजवाद के विचार कुछ हद तक अच्छे जरूर हैं, लेकिन इसमें बदलाव की दीवारें कच्ची हैं।

लोहिया ने जब यह विचार रखा कि कि गाँधी के विचारों में समाजवाद का दर्शन है तो इसका प्रभाव दूसरे लोगों पर भी पड़ा। सन् 1949 की एक घटना है।

---

1. जनगणना के आंकड़ों में व्यवसाय के बारे में भी पूछा जाता है।

लोहिया की मुलाकात जर्मनी के सुप्रसिद्ध समाजवादी नेता शूमाकर से हुई। जब लोहिया समाजवाद को बाहरी परिवर्तन के स्थान पर व्यक्ति के आंतरिक परिवर्तन के रूप में परिभाषित किया, तो इसका शूमाकर पर गहरा असर पड़ा। लोहिया के शब्दों में, "जब मैंने उनसे कहा कि समाजवाद बाहरी समाज और निजाम को बदलने के लिए इतना आतुर रहता है कि वह व्यक्ति को बदलने या व्यक्ति के अंदर जो भी आनन्द और आध्यात्मिकता की जड़ें हैं उनकी तरफ ध्यान नहीं देता, जो कि समाजवाद के लिए बुरी चीज है, तो उन पर असर पड़ा।" (वही, पृ. सं. 10) वह आगे बताते हैं कि उनकी इस बातचीत का शूमाकर पर इतना प्रभाव पड़ा कि बातचीत के दूसरे दिन उहोंने, जिनका एक पैर और एक हाथ हिटलर की जेलों में कटा था और जो उस वक्त जर्मनी में दूसरी सबसे बड़ी पार्टी, 'जर्मन सोशलिस्ट डेमोक्रटिक' पार्टी के नेता थे, जर्मन संसद में महात्मा गांधी को समाजवाद का सबसे बड़ा पुरोधा कहा: ''मैं आज आपको एक ऐसे आदमी की बात सुनाना चाहता हूँ जिससे बढ़कर अभी दुनिया में ईश्वर को किसी ने नहीं पहचाना और उस आदमी ने अपने ईश्वर को गरीबों की रोटी में देखा था। वो था महात्मा गांधी।" (वही, पृ. सं. 20)

पारंपरिक समाजवाद या तत्कालीन यूरोप के प्रचलित समाजवाद में सारा जोर भौतिकतावाद पर ही था। इसमें संपत्ति का सार्वजनिकरण, कल-कारखानों का राष्ट्रीयकरण, एवं सामूहिक स्वामित्व जैसे कदमों पर ध्यान दिया गया। इसके विपरीत, गांधी के विचारों में व्यक्ति के मन का बदलाव प्रमुख है। इसी कारण लोहिया गांधी के कार्यक्रमों से भारत में समाजवाद की शुरुआत मानते हैं। लोहिया कहते हैं कि सम्पत्ति का राष्ट्रीयकरण केवल बाहरी बदलाव का द्योतक है। जब तक व्यक्ति का मन नहीं बदलता, उसका हृदय परिवर्तित नहीं होता, सम्पत्ति के राष्ट्रीयकरण जैसे बदलाव सतही हैं। इससे समाजवाद नहीं आ सकता। लोहिया के ही शब्दों में : ''आध्यात्मकिता और भौतिकता, व्यक्ति सुधार और समाज-सुधार, नैतिकता और सम्पत्ति का राष्ट्रीयकरण वे दो, जो अब तक बिल्कुल अलग-थलग सिरे पर हैं, जिनमें अभी तक सम्बंध नहीं कायम हो सका है, किसी तरह से उनका सम्बंध कायम किया जाए, ताकि मनुष्य के दिल की ये दो शुक्तियों दुनिया को बदल सकें।" (वही, पृ. सं. 21) जिस प्रकार गाँधी भौतिकता एवं आध्यात्मिकता में एका के पक्षधर थे उसी प्रकार लोहिया दोनों में सामंजस्य से ही बदलाव लाना चाहते थे। भौतिकता एवं आध्यात्मिकता के समन्वय को लेकर लोहिया के ये बयान उल्लेखनीय है: "कुछ कोशिशें होती हैं लेकिन उन कोशिशों का नतीजा बड़ा खतरनाक होता है।

या तो भौतिकता आध्यात्मिकता की निरा पुछल्ला बन कर रह जाती है या आध्यात्मिकता भौतिकता की।" (वही, पृ. सं. 21)

## समाजवाद कोई एक कार्यक्रम नहीं

लोहिया समाजवाद को केवल एक कार्यक्रम के रूप में नहीं देखते हैं। संपत्ति का सार्वजनीकरण एक कार्यक्रम हो सकता है, कोई विचारधारा नहीं। इसलिए उन्होंने समाजवाद के नाम पर उन तमाम प्रयासों को भी अधूरा माना जिसमें केवल धन एवं सम्पत्ति के बंटवारे पर ध्यान दिया गया है। इसी संदर्भ में उन्होंने विनोबा भावे एवं जयप्रकाश नारायण के सर्वोदय आंदोलन को भी अधूरा माना। ''पिछले बरसों से जब से गांधीजी की मौत हुई, कुछ विचित्र विकार आप देख सकते हैं। उस विकार का नाम सर्वोदय है। मेरी राय में, अगर सर्वोदयी लोग न चेते तो यह बीसवीं सदी का सबसे बड़ा ढकोसला होगा, क्योंकि इसमें समाज को बदलने के बीज या तरीके बिल्कुल नहीं हैं और व्यक्ति के मन को बदलने की जो भी बात गांधीजी में थी उसको केवल एक वक्ती मन बहलाव के रूप में ढाल दिया गया है। यह कैसा समाजवाद है जो यथास्थितिवाद या मौजूदावाद या एक ऐसा राष्ट्र जिसका लाजमी तौर पर पूँजीशाही आधार है, उसे मजबूत करे।" (वही, पृ. सं. 21)

लोहिया 'सर्वोदय' एवं 'भूदान आंदोलन' को यथास्थितिवाद का पयार्य मानते हैं। इसमें मूल रूप से परिवर्तन का बीज नहीं है। यह सीमित उद्देश्य का एक कार्यक्रम हो सकता है, लेकिन इससे समाजवाद नहीं आ सकता। उन्होंने सचेत किया कि एक कार्यक्रम को समाज के पूर्ण बदलाव के रूप में देखने का दुष्प्रभाव यह हो सकता है कि हम दूसरे महत्त्वपूर्ण प्रश्नों को छोड़ देते हैं। उदाहरणस्वरूप जमीन के प्रश्न पर भूदान आंदोलन का एक दुष्प्रभाव यह हुआ कि बाकी के कार्यक्रम खत्म हो गए। भूदान आंदोलन के एक सूत्री कार्यक्रम के विपरीत लोहिया ने जमीन के प्रश्न को हल करने के कई विकल्प दिये। ''जमीन के सवाल को हल करने के चार-पांच मुख्य रास्ते हैं। एक तो जमींदारों या बड़े लोगों के मन को प्रभावित करके दान के रूप में जमीन छुड़ाना, दूसरा किसानों एवं खेतिहर मजदरों को संगठित करके जमीनों के लिए लड़ाई करवाना; तीसरा, जनमत इतना जबरदस्त बनाना कि सरकार पर दबाव डाल कर उससे ऐसे कानून पास कराना। ये सब अलग-अलग कार्यक्रम हैं। अगर किसी एक कार्यक्रम को ही पकड़कर एक अकेला कार्यक्रम बना दिया जाता है तो वह देश के लिए दुखदायी बन जाता है।" (वही, पृ. स. 22)

जिस प्रकार लोहिया भूदान आंदोलन को एक कार्यक्रम के रूप में देखते थे, उसी प्रकार उन्होंने जयप्रकाश नारायण के सर्वोदय के विचार और उनके द्वारा चंबल के कुछेक डाकुओं को समर्पण कराने की घटना को, जो अखबारों में प्रमुखता के साथ छापी गई थी, को भी एक कार्यक्रम के रूप में ही देखा। ''दो हजार में से 15 या 18 डाकुओं से आत्मसमर्पण करवा दिया जाता है, तो अखवारबाजी के लिए यह एक बहुत बड़ा चमत्कार हो जाता है, लेकिन समाज के परिवर्तन का यह तरीका नहीं है। जैसे अफसरशाही, जमीनशाही और संतशाही के त्रिकोण से भूदान निकला था, उसी तरह अफसरशाही, डाकूशाही और संतशाही के त्रिकोण से डाकुओं का आत्मसमर्पण निकला है। ऐसी चीजों से देश नहीं बदला करता।" (वही, पृ. सं. 22)

## समाजवाद में धर्म एवं राजनीति का सामंजस्य

गांधी की ही तरह, लोहिया धर्म एवं राजनीति को अलग करके नहीं देखते हैं और धर्म एवं राजनीति की परिभाषा को गांधी के अर्थों में ही सही माना है। लोहिया कहते हैं: ''यह बड़ी भारी गलती होगी अगर हम आध्यात्मिकता और भौतिकता, धर्म और राजनीति के जिस प्रसंग को गांधी जी ने छेड़ा था, उसको छोड़ दें।... दरअसल देखा जाए तो धर्म दीर्घकालीन राजनीति है और राजनीति अल्पकालीन धर्म है। यह बढ़िया धर्म और बढ़िया राजनीति की परिभाषा है।" (वही, पृ. सं. 22) वह आगे लिखते हैं कि, "आज सारे संसार में, सिर्फ हिन्दुस्तान में नहीं, राजनीति कलही हो रही है और धर्म निष्प्राण हो गया है। मैं अच्छे धर्म और अच्छी राजनीति की बात कर रहा हूँ। बुरा धर्म यानी राजनीति कलही हो गया है और बुरी राजनीति यानी धर्म निष्प्राण हो गया है।" (वही, पृ. सं. 23) लोहिया धर्म एवं राजनीति को समाज के बदलाव का सूत्र मानते हैं। यह चरित्र निर्माण का अंग है, लोगों में ह्रदय परिवर्तन का माध्यम है, उनमें समभाव के विचार विकसित करने का एक साधन है।

## समाजवाद का मुख्य ध्येय गैर-बराबरी मिटाना

लोहिया के समाजवाद में गैर-बराबरी एवं भेद-भाव की मानसिकता को समाप्त करना समाजवाद का मुख्य उद्देश्य है। केवल सम्पत्ति का राष्ट्रीयकरण करने से, जैसा की सोवियत संघ ने किया था, अथवा अंधाधुंध सार्वजनिक क्षेत्रों के माध्यम से औद्योगीकरण, जैसा कि नेहरू के समाजवाद के अंर्तगत किया गया था, से हिन्दुस्तान में समाजवाद नहीं आ सकता। लोहिया

इस बात पर बल देते हैं कि समाजवाद के भौतिक आच्छादनों के अलावा मानसिक आच्छादनों में भी बदलाव आवश्यक है, जिसके लिए भाषा, जाति, धर्म एवं क्षेत्रवाद की बुराइयों से भी छुटकारा पाना जरूरी है। तभी तो उन्होंने कहा कि :

"भाषा, जाति, धर्म और क्षेत्र, ये चार चीजें हिन्दुस्तान की सबसे बड़ी चीजें हैं। तीस-चालीस वर्ष से पेट की लड़ाई लड़ते-लड़ते मैं इस नतीजे पर पहुँचा हूँ कि जहाँ पेट बहुत प्रमुख चीज है वहाँ कम से कम हिन्दुस्तान में, मन भी उतना ही प्रमुख है। जो समाजवादी कहता है कि मन को ठीक किये बिना पेट को अलग से ठीक करो, वह नादान है। जो आदमी यह कह देता है कि कारखानों की तादाद बढ़ा दो, औद्योगीकरण कर दो, उसके बाद जाति के, भाषा के और धर्म के सवाल अपने-आप हल हो जाएँगे वह न तो दुनिया जानता है, न आदमी जानता है, न हिन्दुस्तान जानता है।" (वही, पृ. सं. 28)

लोहिया इस बात पर बल देते हैं कि औद्योगीकरण एवं पश्चिमी आधुनिकीकरण के रास्ते भारत में समाजवाद की परिकल्पना अधूरी है। जब तक समाज से गैर-बराबरी का संस्कार नहीं मिट जाता, समानता एवं समाजवाद की स्थापना नहीं हो सकती। केवल सरकारी कल-कारखानों से समाजवाद नहीं आ सकता। सरकारी कारखानों के खतरे की ओर लोहिया आगाह भी करते हैं : ''कारखाने बना दो तो कारखानों के मैनेजर कौन बनेगें? जो जातियां पढ़ने-लिखने और व्यापार के काम में पांच हजार वर्ष से अपने अन्दर संस्कार उगा चुकी हैं, वही तो मैनेजर बनेगें।" सरकारी समाजवाद में यही तो हुआ।

लोहिया यूरोप के उन समाजशास्त्रियों, खासकर मैक्स वेबर, को भी आड़े हाथ लेते हैं, जिन्होंने कहा था कि भारत में औद्योगिकरण एवं तत्पश्चात् आधुनिकीकरण से जाति-पांति मिट जाएगी। रेलगाड़ी एवं आधुनिक आवागमन के कारण लोग एक-दूसरे के संपर्क में आएँगे और उससे भी जाति-पांति टूट जाएगी। यह जरूर है कि आधुनिकीकरण के इन बाह्य उपकरणों के कारण, खासकर शहरों में, जाति-पाति कमजोर हुई है और छुआछूत सार्वजनिक जीवन से समाप्त होता दिख रहा है लेकिन लोगों के जाति संस्कार, जाति चेतना एवं गैर-बराबरी की भावना बनी हुई है। जाति प्रथा का मूलाधार है स्वजातीय शादी-विवाह एवं जाति आधारित कुटुम्ब की व्यवस्था जो कि बतौर बरकरार है। उल्टा जनसंचार के आधुनिक संसाधनों जैसे अखबार, इंटरनेट एवं वैवाहिक विज्ञापनों के अन्य साधनों ने स्वजातीय विवाह को बनाये रखने में महत्त्वपूर्ण भूमिका निभाई है। न्यूयॉर्क में काम करने वाला वैश्य का लड़का किसी वैश्य लड़की से ही शादी करता है और शिकागो का तमिल ब्राह्मण किसी तमिल

ब्राह्मण लड़की से ही शादी करता है। कमोबेश तमाम ऊंची जातियों की यही स्थिति है जिसका अनुसरण करते हुए नीची जातियाँ भी इसी दलदल में फंसी हुई हैं। यही कारण है कि 'ऑनर किलिंग' की घटनाएँ दिल्ली जैसे महानगरों में भी घटती रहती हैं। इन महानगरों में रहने वाले तथा कथित आधुनिक लोग भी जाति की मानसिकता से ऊपर उठ नहीं पाए हैं। जाति आधारित शैक्षणिक संस्थानों एवं नौकरियों में आरक्षण का लंबे समय तक बना रहना जाति बोध को जीवित रखना है। संविधान निर्माताओं ने एक तात्कालिक कदम के रूप में ही संविधान में इस की व्यवस्था की थी। लेकिन कई कारणों से यह व्यवस्था बनी हुई है। ऐसे में जाति-पांति का सार्वजनिक जीवन में बने रहना कोई आश्चर्य की बात नहीं है। मूल प्रश्न यह है कि जाति आधारित चुनाव की राजनीति, जाति आधारित सार्वजनिक जीवन जाति-पांति की भावना से प्रेरित सार्वजनिक व्यवहार, समाजवाद के गैर-बराबरी के आदशों से मीलों दूर है।

लोहिया के अनुसार, यूरोप की तरह भारत में भी समाजवादी आंदोलन का नेतृत्व दबे-कुचले से ही पनपना चाहिए। इसके विपरीत नेहरू के 'सरकारी समाजवाद', जयप्रकाश नारायण के 'सर्वोदय' एवं विनोबा भावे के 'भूदान आंदोलन' में दबे-कुचले की आवाज नहीं थी। लोहिया ने कहा कि यह परायी पीर से सिंचित व्यथा थी। इससे समाज में बदलाव नहीं आ सकता जैसा कि बाद में देखने को मिला। लोहिया कहते हैं: "यह अद्भुत देश है। इसको या तो खुद चोट लगे या जैसा मैंने शुरू में कहा, अपनी पीर को आदमी खुद ही समझ सकता है या फिर, उसका दिल गांधीजी के जैसे चौड़ा होना चाहिए, वरना ये नकली लोग जब इधर-उधर के उधार औजारों से इस देश को बदलने की कोशिश करते हैं तो बड़ा गुस्सा आता है।" (वही, पृ. सं. 29)

यहां पर एक वाकिये का जिक्र करना उचित ही होगा। एक बार लोहिया, जैसा कि उनकी आदत थी, कॉफी हाउस में कुछेक मित्रों के साथ विचार-विमर्श कर रहे थे तो एक सहकर्मी ने उत्साह में यह बात कह डाली कि फ्रांस में इसी तरह कॉफी हाउस की चर्चा से क्रांति का बिगुल बजा था, जिस पर लोहिया गुस्से में उस सहकर्मी से पूछते हैं कि, ''क्या हम लोग जो चर्चा करने के लिए यहां बैठे हैं उनमें कोई दलित है, कोई महिला है?'' सभी लोग सन्नाटे में आ गए। फिर लोहिया ने कहा कि जब तक नेतृत्व दलित, महिलाओं एवं अन्य दबे-कुचले वर्गों से उत्पन्न नहीं होता तब तक भारत में सच्चे समाजवाद की स्थापना नहीं हो सकती। लोहिया का समाजवाद 'अक्सर से योग्यता' के सिद्धान्त पर चलकर, दबे-कुचले वर्गों से नेतृत्व निर्माण पर बल देता है।

## समाजवाद एक व्यापक दृष्टिकोण

लोहिया का समाजवाद एक व्यापक दृष्टिकोण है। इसकी तुलना में 'वामपंथी राष्ट्रीयता', एवं 'वामपंथी आर्थिकता' एक प्रकार का खंडित समाजवाद है। समाजवाद के अंतर्गत 'वामपंथी राष्ट्रीयता', 'उग्रपंथी आर्थिकता', 'उग्रपंथी सामाजिकता', 'उग्रपंथी राजनीति' जैसे तत्त्व शामिल है। इसमें से किसी एक को समाजवाद का पयार्यवाची समझना गलत है। समाजवाद के अंदर इन सभी तत्त्वों को लेकर चलना ही सच्चा रास्ता है। जहां 'उग्रपंथी आर्थिकता' संपत्ति के सार्वजनीकरण पर आधारित है वहीं 'उग्रपंथी सामाजिकता' का मतलब है नर-नारी, शूद्र-द्विज इत्यादि के भेदभाव एवं असमानता को खत्म करना।

लोहिया के अनुसार सार्वजनिक क्षेत्रों में औद्योगीकरण को ही समाजवाद का पयार्यवाची समझना एक बड़ी भूल हैं। "केवल औद्योगिकरण को समाजवाद समझ बैठना, विचार के हिसाब से भी बहुत बड़ा विकार है और असलियत के हिसाब से तो बहुत ही नुकसानदेह है।" (वही, पृ. सं. 31) केवल औद्योगीकरण-केन्द्रित समाजवाद अधूरा एवं अपर्याप्त है, क्योंकि इससे ऊपरी बदलाव तो आ जाते हैं लेकिन गैर-बराबरी की संकीर्णता बनी रहती है। इसलिए उग्रपंथी आर्थिकता के साथ-साथ 'उग्रपंथी सामाजिकता' भी जरूरी है। इसको स्पष्ट करते हुए लोहिया लिखते हैं कि, "भारत में जो औद्योगीकरण हो रहा है, उसका नतीजा यह है कि दिन भर दफ्तर में या कारखाने में या स्कूल में या अपने कमरे में या प्रयोगशाला में यूरोप जैसे प्रगतिशील और आधुनिक बनों और सुबह-शाम वही अपना पुराना ढर्रा, चोटी-जनेऊ वाला चलाते रहो, माला जपो, पूजा पाठ करो या दर्शन करो या और कुछ, तो लोग कहेंगें, आखिर कहां तुम्हें द्वन्द्व दिखाई पड़ रहा है, तो द्वन्द्व मैंने बता दिया है।" (वही, पृ. सं. 32) "मुझे माला फेरने में कोई आपत्ति नहीं है। यह उसका व्यक्तिगत अधिकार है। लेकिन, अगर उसके साथ-साथ नर-नारी, धर्म, ईश्वर, जिससे करोड़ों लोगों, दीनों और दलितों के उठने और संगठित होने में झंझट पैदा हो जाता है, तो मैं कहूँगा कि यह तो उसके बिल्कुल विपरीत है।" (वही पृ. सं. 32)

## सम्पत्ति का सार्वजनिक स्वामित्व के साथ सम्पत्ति के मोह का खात्मा

लोहिया के अनुसार यद्यपि सम्पत्ति एवं उत्पादन के साधनों के सार्वजनिक स्वामित्व का प्रश्न  महत्त्वपूर्ण है, तो सम्पत्ति के मोह को मिटाना भी उतना ही महत्त्वपूर्ण है जितना कि सम्पत्ति का सार्वजनीकरण जहां लोहिया एक ओर

उत्पादन के साधनों के राष्ट्रीयकरण की बात करते हैं, तो वहीं व्यक्ति को सीमित सम्पत्ति रखने की भी छूट देते हैं, लेकिन कुछ शर्तों के साथ पहली शर्त तो यह है कि लोगों के मन से सम्पत्ति के मोह को मिटाना पड़ेगा। अन्यथा न तो सम्पत्ति का सार्वजनीकरण का प्रयास कामयाब होगा, न ही निजी सम्पत्ति को सीमित रखने का विचार फलीभूत होगा। परिणाम सोवियत संघ की तरह होगा। सोवियत संघ ने 'वैज्ञानिक समाजवाद' की अवधारणा के आधार पर सम्पत्ति का राष्ट्रीयकरण तो कर दिया और सार्वजनिक संपत्ति में अद्‌भुत वृद्धि भी की, लेकिन सम्पत्ति के मोह को खत्म नहीं कर पाया। यही कारण था कि सम्पत्ति के राष्ट्रीयकरण ने निजी भ्रष्टाचार इस कदर बढ़ा कि अंततः सोवियत संघ की समाजवादी व्यवस्था ही बिखर गई। दूसरी शर्त यह है कि सम्पत्ति का स्वामित्व सीमित होगा उतनी ही निजी संपत्ति रखने का अधिकार होगा जितना एक परिवार अपने श्रम से चला सके। उदाहरणस्वरूप एक परिवार को उतनी ही जमीन उपलब्ध कराई जाए जितने पर वो अपने श्रम से कृषि या बागबानी कर सके।

सम्पत्ति के सार्वजनीकरण तथा सम्पत्ति के मोह को खत्म करने के अलग-अलग प्रयासों के तो उदाहरण मिलते हैं, लेकिन दोनों को एक साथ समाप्त करने के उदाहरण नहीं है। लोहिया का समाजवाद, इन दोनों को समाप्त करने का उद्‌देश्य रखता है। जहां एक तरफ साम्यवादी सोवियत संघ का उदाहरण है, जहां सम्पत्ति का सार्वजनिकरण तो कर दिया, लेकिन, सम्पत्ति का मोह नहीं खत्म कर पाया, वहीं दूसरी तरफ भारत का उदाहरण है, जहां हजारों वर्षों से उपनिषद् की यह शिक्षा कि, "सम्पत्ति का संचय मत करो" केवल एक पवित्र उपदेश बन कर रह गया है, क्योंकि लोगों के मन से सम्पत्ति का मोह नहीं मिटा है। इस विडंबना का जिक्र करते हुए लोहिया कहते हैं: "उपनिषद् में कहा गया है कि सम्पत्ति का मोह न रहे इसकी कोशिश हमारे पुरखों ने चार-पांच हजार वर्ष पहले से की और वह कोशिश लगातार चलती आई है मंदिर, पूजा-पाठ, ग्रंथ, उपनिषद् आदि सब के पीछे एक बुनियादी भावना यह रही है कि लोगों के मन से सम्पत्ति का मोह हटाया जाए। लेकिन जितना ज्यादा सम्पत्ति का मोह मैंने हिन्दुस्तान में देखा उतना दुनिया के किसी देश में नहीं। यह बड़ी विचित्र बात है।" (शरद, वही, पृ. सं. 35)

यहीं पर लोहिया रूढ़िवादी समाजवादियों की यह सोच कि उत्पादन के साधनों का सार्वजनीकरण कर देने से ही संसार के दुख-दर्द दूर हो जाएँगे, को अधूरा एवं त्रुटिपूर्ण मानते हैं। इससे "लोगों को रोटी कपड़ा तो मिलेगा लेकिन

और जो चीजें हैं, प्रेम, सद्भावना, भाईचारा मिलेंगे और घृणा का खात्मा होगा वह नहीं होता है।'' (वही, पृ. सं. 35) इसीलिए यह सोच कि अपने देश के अन्दर उत्पादन को बढ़ाते जाओ और जीवन स्तर को ऊँचा उठाते जाओ, जैसा कि यूरोप के समाजवाद ने किया, अंतर्राष्ट्रीय स्तर पर गैर-बराबरी पैदा करता है। अपने देश में जीवन स्तर ऊपर उठाने के लिए दूसरे देशों की सम्पत्ति पर आँख गड़ने लगती है। इससे दुनिया में भाईचारा खत्म होता है। यूरोप का समाजवाद इसलिए असफल हुआ कि इस समस्या का कोई समाधान नहीं ढूंढ़ पाया।

लोहिया वामपंथी समाजवाद एवं यूरोप के समाजवाद के एकांगी दृष्टिकोण से बचने की हिदायत देते हैं और कहते हैं कि, ''सम्पत्ति के मोह और सम्पत्ति की असलियत दोनों को पहचानना पड़ेगा।" (पृ. सं. 37) सम्पत्ति के मोह की समाप्ति के साथ-साथ राष्ट्रीयकरण की नीति अपनानी होगी। अगर सम्पत्ति के मोह को खत्म किये बगैर राष्ट्रीयकरण की नीति अपनाते हैं जैसा कि सोवियत संघ ने किया था तो वह निष्फल साबित हुई। उसी प्रकार हिन्दुस्तान में पांच हजार वर्षों से सम्पत्ति के मोह को खत्म करने का उपदेश तो दिया जा रहा है लेकिन सम्पत्ति का राष्ट्रीयकरण नहीं हुआ। नतीजतन यह प्रयास भी बेकार साबित हुआ है। इसलिए ऐसे मन एवं कार्यक्रम बनाने की आवश्यकता है जिसमें सम्पत्ति के मोह को खत्म करने के साथ-साथ सम्पत्ति का राष्ट्रीयकरण करने की भी आवश्यकता है। इसको व्यावहारिक घरातल पर उतारने के लिए उन्होंने एक फार्मूला दिया जो इस प्रकार है: ''जहां तक पैदावार, कारखानों की सम्पत्ति का सवाल है तो उसके बारे में मैं बिल्कुल साफ कर देना चाहता हूँ कि जिस कारखाने या खेत में इन्सान और उसका कुटुम्ब किसी दूसरे इन्सान को मजदूर रखे उसका राष्ट्रीयकरण करना आवश्यक है। केवल उतनी ही सम्पत्ति आदमी के पास रहनी चाहिए जो उसके लिए है या जिसकी पैदावार वह खुद अपने कुटुम्ब में इस्तेमाल कर सके।" (पृ. सं. 37) इस तरह की व्यवस्था में "किसी का कोट और कमीज छीनी नहीं जाएगी और जिस मकान में जो रहता है अकेला एक मकान, बिना किसी लम्बे-चौड़े बगीचे का, दो-चार कमरों वाला उसमें वह रहेगा। इनके अलावा, जितने भी मकान और कारखाने वगैरह है उनका राष्ट्रीयकरण होना चाहिए।" (पृ.सं. 37) क्योंकि "जब तक सम्पत्ति की असलियत रहेगी, तब तक सम्पत्ति के मोह के खात्मे की बात करना आत्मप्रवंचना और धोखेबाजी है। इस धोखेबाजी को हम पांच हजार बरस से चलाते आ रहे हैं।" (पृ. सं. 37) यही भूल हम आज भी कर रहे हैं।

लोहिया जहां सम्पत्ति के मोह को खत्म करने की बात करते हैं, वहीं भारत जैसे देश में सम्पत्ति को बढ़ाकर ही इस मोह को खत्म किया जा सकता है। इसलिए "सम्पति हमको बढ़ानी हैं, कारखाने बढ़ाने है। लेकिन एक आधार हमको मिलता है कि व्यक्तिगत सम्पत्ति से हटकर सामूहिक सम्पत्ति को बढ़ाने की बात सोचें। सामूहिक सम्पत्ति बढ़ाते हुए व्यक्तिगत सम्पति के मोह का नाश करके हम हिन्दुस्तान में शायद एक नये समाजवाद की स्थापना करेंगे।" (पृ. सं. 37)

लोहिया का समाजवाद सम्पत्ति के बंटवारे के साथ-साथ सम्पत्ति की बढ़ोतरी पर उतना ही बल देता है। कम से कम भारत जैसे देश में तो सम्पत्ति को बढ़ाना, समाजवाद की एक शर्त है। अगले अध्याय में इसका विस्तार से वर्णन किया गया है।

## लोहिया का समाजवाद और प्रचलित समाजवाद

यद्यपि लोहिया गांधी के विचारों एवं कर्मों से ही हिन्दुस्तान में समाजवाद की शुरुआत मानते हैं, फिर भी उन्होंने दो अन्य समाजवादी विचारधाराओं का जिक्र किया, जिसकी धाराएँ भारत में चलीं। एक को उन्होंने 'रूढिगत समाजवाद', कहा, और दूसरे को 'सरकारी समाजवाद'। 1925-26 के आसपास कम्युनिस्ट 'रूढ़िगत समाजवाद' की विचारधारा को हिन्दुस्तान में लाये जिसका मुख्य सिद्धांत था  पूँजीवाद को खत्म कर सम्पत्ति का राष्ट्रीयकरण करना। इसका व्यावहारिक पक्ष था सोवियत संघ की बोलशेविक क्रांति से प्रेरित, मजदूरों एवं किसानों को संगठित कर, हिन्दुस्तान में सत्ता परिवर्तन। लेकिन हिंसा, केन्द्रीकरण एवं नागरिक स्वतंत्रताओं की अवहेलना जैसी सैद्धान्तिक कमजोरियां तथा सोवियत संघ एवं बाद में चीन की अंधभक्ति के कारण 'रुढ़िगत समाजवाद' हिन्दुस्तान की जमीन पर कोई विशेष प्रभाव नहीं डाल पाया।

लोहिया के अनुसार भारत में 'सरकारी समाजवाद' की विचारधारा भी चली, जिसके सबसे अग्रणी नेता जवाहरलाल नेहरू थे। उन्होंने इसकी शुरुआत 1928-29 के आस-पास की, जब वे सोवियत संघ के दौर से आते हैं और उसके योजनागत विकास मॉडल एवं तीव्र बदलाव से चकाचौंध होकर उसका अंधानुसरण करते हैं। इस पर लोहिया ने कहा कि, ''सरकारी समाजवाद सीमित उद्‌देश्यों को लेकर ही चला, जिनका मुख्य बिन्दु है देश का औद्योगीकरण हो, धंधे पंचायती बनें, राष्ट्रीयकरण हो, योजना में हिन्दुस्तान की आर्थिक नीति चले और आजादी की लड़ाई 'वामपंथी राष्ट्रीयता' से चले।" इनका तात्कालिक

उद्देश्य था अंग्रेजी राज को किसानों एवं मजदूरों के संगठनों की शक्ति से खत्म करना। लेकिन 'सरकारी समाजवाद' का यह प्रयास गरीबी और गैर-बराबरी को खत्म कर नये समाज के निर्माण के उद्देश्य से कोसों दूर था।

लोहिया के अनुसार जहां गाँधी के समाजवाद में भारत की सच्चाई थी, वहीं नेहरू के समाजवाद में यूरोप की भोंडी नकल थी। इसको इस तरह से भी समझा जा सकता है कि जहां गाँधी का किसान आंदोलन सत्याग्रह आधारित था, वहीं नेहरू का किसान आंदोलन कुछ ठोस मांगों के लिए था, जैसे जमीन के स्वामित्व को लेकर कानून बनाओ, लगान माफ करो, परती एवं सरकारी जमीन पर सरकार की ओर से खेती की जाए, इत्यादि। जब आजादी मिली, तो इन मुद्दों को भी छोड़ दिया गया और सार्वजनिक क्षेत्र के माध्यम से औद्योगीकरण को बढ़ावा देना, नेहरू के समाजवाद का मुख्य लक्ष्य बन गया। इसलिए लोहिया ने कहा कि इसे पूँजीशाही का खात्मा के पर्यायवाची के रूप में देखना एक बड़ी भूल थी, जिससे भारत में समाजवाद कमजोर हुआ। सरकारी क्षेत्र में औद्योगीकरण के कार्यक्रम इतने हावी हो गए कि सम्पत्ति के राष्ट्रीयकरण का सवाल भी पीछे छूट गया। इसके विपरीत सरकारी समाजवाद की नीतियों के परिणामस्वरूप देश में सरकारी कारखानों की पूँजीशाही स्थापित हुई। जो सुख सुविधा निजी उद्योगपतियों को मिलती थी, उन्हीं सुख सुविधाओं को सरकारी कारखानों को चलाने वाले मैनेजर एवं अन्य पदाधिकारियों ने ले लिया। एक प्रकार से राज्य के एजेन्ट पूँजीपति की भूमिका में आ गए। इससे सरकारी पूँजीवाद का उदय हुआ और सच्चे समाजवाद की स्थापना का उद्देश्य पीछे रह गया।

नेहरू के समाजवाद को लोहिया ने प्रमुख रूप से दो कारणों से खारिज किया। एक तो यह कि "ज्यादातर नये उद्योग-धंधे करोड़पतियों के न होकर के सरकार के हैं, कोई खास मतलब नहीं रखता क्योंकि न जाने कब इन सरकारी कारखानों को सरकार करोड़पतियों को बेच दे। जापान में एक दफा ऐसा हो चुका है।" (वही, पृ. सं. 27) और आज भारत में भी यही हो रहा है। दूसरा यह कि, "अगर सरकारी कारखानों में भी ठीक उसी तरह की आमदनी और सुविधाओं की सीढ़ियां बन जाती हैं जैसा कि, पूँजीपतियों के कारखानों में है तो फर्क क्या रह जाता है?" आगे प्रश्न करते हैं कि: "सच पूछो तो सरकारी कारखानों के मैनेजरों के बंगले आम तौर पर पूँजिपतियों के कारखानों के सबसे बड़े मैनेजर वगैरह या मालिक के बंगलों से भी ज्यादा आलीशान होते हैं। अफसरों की तनख्वाह और सुविधा में पूँजीपतियों के कारखानों में जो फर्क है

उससे ज्यादा ही इनमें होता है।" इस प्रकार "समाजवाद का असली मतलब या समाजवाद जिस आर्थिक उग्रपंथ से निकला था वह यह था कि कारखानों के ऊपर करोड़पतियों की मिल्कियत न होकर, पूँजीपतियों की न होकर, समाज की होगी। यह मतलब कुछ डरता और छुपता-सा चला जा रहा है।" (वही. पृ. सं. 27)

लोहिया की ये दोनों बातें कालान्तर में अक्षरश: सही साबित हुई हैं। नेहरू के जमाने में जिन सरकारी कारखानों का समाजवाद के लिए निर्माण किया गया था, आज उन्हीं कारखानों को बगैर इस बात को सोचे कि इसमें कौन मुनाफे का व्यापार कर रहा है और कौन घाटे का, कौन राष्ट्रीय महत्त्व का है कौन नहीं, पूँजीपतियों के निजी हाथों बेधड़क बेचा जा रहा है। यह सिलसिला नेहरू की ही कांग्रेस पार्टी ने 1991 की आर्थिक उदारीकरण की नीति से शुरू किया था जिसको अन्य सरकारों ने भी बढ़ाया है। गौरतलब है कि कांग्रेस की विचारधारा की धुर विरोधी भाजपा की सरकार ने सरकारी सम्पत्ति के निजीकरण की प्रक्रिया को और तेजी से बढ़ाया है।[1]

---

1. उदाहरणस्वरूप पिछले पांच वर्षों में (2017 से 2022 सितंबर तक) छः एयरपोर्ट को निजी हाथों में दे दिया गया है और 25-30 एयरपोर्ट को निजी हाथों में देने का विचार चल रहा है। 12 सरकारी उपक्रमों में सरकार अपने शेयर को पूर्णत: एवं अंशत: जिसमे जीवन बीमा निगम जैसा महत्त्वपूर्ण उपक्रम शामिल है, बेचा है। यहां तक कि रेलवे का भी निजीकरण किया जा रहा है और सरकारी बैंकों को भी निजी करने की बात चल रही है। (द टाइम्स ऑफ इंडिया, 13 सितंबर 2022)

खंड-2

# सैद्धान्तिक पहलू

अध्याय 2

# समता से सम्पन्नता

लोहिया का समाजवाद 'समता से सम्पन्नता' के अनोखे सिद्धान्त पर आधारित है जहां समता एवं सम्पन्नता के जुड़वाँ उद्देश्यों को एक साथ प्राप्त करने का लक्ष्य रखा गया है। यह एक ऐसे समाज का निर्माण करने का उद्देश्य रखता है जिसमें हरेक प्रकार की गैर- बराबरी को समाप्त कर सभी के लिए सम्मानपूर्वक जीवन जीने की उनकी आवश्यकताओं की पूर्ति करना मुख्य लक्ष्य है। इसमें गरीबी और असमानता को दूर करने के लिए, उत्पादन को बढ़ाना उतना ही महत्त्वपूर्ण है जितना उसका समतामूलक वितरण। इसमें आमदनी की असमानता से ज्यादा खर्च की असमानता को समाप्त करने पर बल दिया गया है। खर्च की असमानता को खत्म करने के लिए उत्पादन के साधनों पर इस प्रकार सार्वजनिक नियंत्रण हो कि रोटी, कपड़ा, मकान, शिक्षा, स्वास्थ्य जैसी बुनियादी आवश्यकताओं की पूर्ति में संपूर्ण बराबरी स्थापित हो जाए। इन बुनियादी आवश्यकताओं की पूर्ति करने की सामूहिक जवाबदेही हो, अर्थात् राज्य की ओर से इसकी गारंटी हो। अगर राज्य इन बुनियादी आवश्यकताओं की पूर्ति को सुनिश्चित करता है तो ऐसे में सम्पत्ति का मोह भी खत्म हो जाता है। संपत्ति का मोह खत्म करना संपत्ति के सार्वजनीकरण करने से ज्यादा महत्त्वपूर्ण है। रूढ़िवादी समाजवाद संपत्ति के बँटवारे की तो बात करता है, लेकिन संपत्ति को बढ़ाने की ओर ध्यान नहीं देता है। इसके विपरीत, लोहिया सम्पत्ति को बढ़ाने पर उतना ही बल देते हैं जितना इसके बंटवारे पर आय एवं सम्पत्ति को बढ़ाए बिना, केवल बँटवारे पर ध्यान दिया जाए तो इससे सुख समृद्धि नहीं आएगी। लोहिया के अनुसार कम से कम भारत जैसे देश में तो सम्पत्ति को बढ़ाना समाजवाद की एक महत्त्वपूर्ण शर्त है।

मार्क्सवाद के सिद्धान्तों का मूल्यांकन करते हुए उन्होंने यह स्थापित किया कि यूरोप के उन्नत औद्योगिक देशों में पूँजीवाद अपने को इसलिए बचाने में

कामयाब रहा, क्योंकि मिल मालिकों की सम्पत्ति तो बढ़ी, लेकिन मजदूरों की आय एवं रहन-सहन में भी काफी तेजी से बढ़ोतरी हुई। परिणामस्वरूप मार्क्स की यह परिकल्पना कि पूँजीवाद का विनाश सर्वहारा वर्ग की बढ़ती गरीबी से होगा सत्य साबित नहीं हुई। मजदूर वर्ग भी पूँजीवाद से लाभान्वित हुआ और फिर कोई कारण नहीं था कि पूँजीवाद को नष्ट करने के लिए सर्वहारा वर्ग संगठित हो। इसलिए केवल संपत्ति का सार्वजनीकरण करने की बात भ्रमित करने वाला है।

## भारत में अमीरी एवं गरीबी का अंतर

लोहिया के अनुसार भारत जैसे देश के लिए जहां प्रचंड गरीबी है और गरीबी एवं अमीरी की खाई इतनी गहरी है, जिसे वे 'कैलाश-पाताल' की उपमा से तुलना करते हैं, कि सम्पत्ति को बढ़ाकर ही इस खाई को पाटा जा सकता है। उन्होंने देश की प्रचंड गरीबी एवं अमीरी और गरीबी की बढ़ती खाई की समस्या पर भारत की संसद में जबरदस्त आवाज उठाई थी।

13 अगस्त 1963 को लोहिया ने तीसरी लोकसभा के सदस्य के रूप में शपथ ली और संसदीय राजनीति में प्रवेश किया। उधर अगस्त 1963 को जे.वी. कृपलानी नेहरू मंत्रिमंडल के खिलाफ अविश्वास प्रस्ताव लाये जिस बहस में शामिल होते हुए लोहिया ने 21 अगस्त 1963 को अपना वक्तव्य रखा। उन्होंने भारत में मौजूदा गरीबी का वर्णन करते हुए यह तथ्य रखा कि सन् 1962- 63 में देश की कुल आबादी के साठ सैकड़ा लोग बहुत ही दयनीय स्थिति में तीन आना प्रतिदिन के खर्च पर जीवनयापन कर रहे थे। इसकी तुलना में सरकार में शामिल लोग, नगर सेठ तथा अन्य सत्ताधारी लोग अपने ऊपर बेशुमार खर्च कर रहे थे। खर्च की इस असमानता के प्रति सरकार की अनदेखी पर प्रहार करते हुए उन्होंने यह बयान दिया कि, "60 सैकड़ा कुटुम्ब 25 रुपये महीना पर निर्वाह करते हैं, यानी 27 करोड़ आदमी तीन आने रोज के खर्च पर जिंदगी निर्वाह करते हैं'' और यह अफसोस जाहिर किया कि 27 करोड़ आदमियों के तीन आने के विपरीत "प्रधानमंत्री के कुत्ते पर तीन रुपये रोज खर्च करना पड़ता है यह है आज हमारे हिन्दुस्तान की हालत।" (लोकसभा में लोहिया, 1, 2013, पृ.सं. 37)

उन्होंने गरीबी के साथ-साथ आय एवं खर्च की बढ़ती असमानता का भी प्रश्न उठाया और कहा कि:

''हमारे देश में गैर-बराबरी जितनी थी, उससे ज्यादा बढ़ती चली जा रही है। हमारे देश में खेत-मजदूर 12 आने रोज कमाते हैं, क, ख, ग, या आलिफ,

वे, पे पढ़ाने वाला अध्यापक दो रुपये रोज कमाता है, हिन्दुस्तान का एक व्यापारी खानदान है जो तीन लाख रुपये कमाता है, जो सबसे अमीर व्यक्ति है हिन्दुस्तान का, वह तीस हजार रुपये रोज कमाता है और जो सरकार में सबसे बड़ा आदमी है, यानी प्रधानमंत्री, उसके ऊपर पच्चीस, तीस हजार रुपये रोज खर्च होते हैं।" (वही पृ.स.37)

इसी वक्तव्य में उन्होंने यह भी कहा कि, "पच्चास लाख बड़े लोग डेढ़ खरब रुपये की राष्ट्रीय आमदनी में से पच्चास अरब रुपये हजम कर लेते हैं और साढ़े 43 करोड़ लोगों के लिए कुछ सौ अरब रुपये बच जाते हैं।" (वही, पृ.सं. 37) जिस खपत की बचत से पूँजी का निर्माण होता वह नहीं होता और पूँजी के अभाव में प्रति व्यक्ति उत्पादन कम है; उत्पादकता भी कम है। परिणामस्वरूप देश गरीबी के दलदल में धंसा हुआ है।

6 सितम्बर 1963 को लोकसभा में राष्ट्रीय आय के वितरण पर बहस में भाग लेते हुए लोहिया ने एक बार फिर दुहराया कि देश की बहुसंख्यक आबादी तीन आने प्रतिदिन के खर्च पर जीवनयापन कर रही है। इस बहस में तत्कालीन प्रधानमंत्री नेहरू ने 15 आने प्रतिदिन का हिसाब बताया, तो योजना मंत्री गुलजारी लाल नंदा ने सात आने प्रतिदिन की बात कही जिस पर लोहिया ने तीखी प्रतिक्रिया व्यक्त करते हुए कहा कि:

"अभी तक इस बहस का नतीजा इतना निकला है कि मैंने 27 करोड़ हिन्दुस्तानियों के लिए तीन आने रोज की आमदनी कही, प्रधानमंत्री ने 15 आने रोज की और योजना मंत्री ने साढ़े सात आने रोज की। मेरी यह बहस नहीं है कि हिन्दुस्तानियों की और खासतौर से 27 करोड़ की आमदनी तीन आने या साढ़े तीन आने या ढ़ाई आने है। बल्कि यह देश इतना गरीब है जिसका अंदाजा इस सरकार को नहीं है, और इस गरीबी को दूर करने के लिए जब तक इस सरकार में भावना नहीं आएगी, तब तक कोई अच्छा नुस्खा तैयार नहीं हो सकता।" (लोकसभा सचिवालय, 1990, पृ.सं. 38)

आजादी के बाद, जहां एक ओर कुछेक लोगों का जीवनस्तर लगातार बढ़ रहा था वहीं अधिकांश की स्थिति दयनीय थी। इस बढ़ती असमानता एवं आम लोगों के घटते जीवन स्तर की ओर ध्यान खींचते हुए उन्होंने सरकार के आंकड़ों से यह साबित किया कि सन् 1950-51 की तुलना में सन् 1962-63 तक आम लोगों का जीवन-स्तर घटा है। आजादी के इन 12-13 वर्षों में, आबादी का छोटा-सा ही हिस्सा खुशहाल हुआ है। उन्होंने बेलाग कहा:

"दो-तीन लाख लोग हर साल साहब बनते हैं। वह इस योजना [पंचवर्षीय योजना] का परिणाम जरूर होता है और वहां बहुत ज्यादा हिस्सा बढ़ती हुई आमदनी का चला जाता है। मेरे हिसाब से इस वक्त पचास लाख बड़े लोग बनते हैं। पिछले पंद्रह बरस से तीन लाख साहब प्रतिवर्ष बड़े साहब हो गये हैं। एक मायने में कहा जाए तो अग्रेजों की सरकार दो-तीन लाख लोगों की सरकार थी और यह सरकार पचास लाख लोगों की।" (वही, पृ. सं. 38)

जब लोहिया ने 60 सैकड़ा लोगों के द्वारा प्रतिदिन तीन आना गुजर-बसर करने की बात कही तो योजना मंत्री गुलजारी लाल नंदा ने साढ़े सात आना प्रतिदिन का हिसाब दिया और प्रधानमंत्री नेहरू ने 15 आना प्रतिदिन का। इस पर लोहिया ने प्रतिवाद किया और आंकड़ों की प्रस्तुति को लेकर उन्होंने नेहरू मंत्रिमंडल की संसद में खिंचाई भी की। 6 सितम्बर, 1963 के अपने वक्तव्य में उन्होंने लोकसभा में साफ कहा कि:

"यह विशेषज्ञों की सरकार हो गई है और दिशाहीन विशेषज्ञों की। कोई भी पुर्जा मंत्री को बढ़ा देता है और मंत्री बेचारों को कुछ पता ही नहीं होता है कि क्या खेती है, क्या कारखाने हैं, क्या राष्ट्रीय आमदनी है। मंत्रियों को खुद अपना दिमाग लगाना चाहिए। इन बातों के ऊपर सोच-विचार कर उन्हें दिशा बतानी चाहिए, क्योंकि अंकशास्त्री और अर्थशास्त्री तो विषधर की तरह हैं और बीन जिस तरह बजाओगे, उसी तरह से वे नाचने लग जायेंगे और अगर बीन बजाना ही नहीं जानते हो, तो फिर नतीजा क्या निकल सकता है?" (वही, पृ.सं. 39)

लोहिया जब उत्पादन एवं पैदावार को बढ़ाने की बात करते हैं तो संपत्ति के इकट्ठा होने की स्थिति को भी मंजूर करते हैं। इस पर विचार करते हुए वे लिखते हैं: ''वैसे एक हद तक मैं कट्टर समाजवादी हूँ, लेकिन अर्थशास्त्र में एक विद्यार्थी की हैसियत से मैं इस बात को कबूल करता हूँ कि अगर किसी भी रास्ते से पूँजीवाद ही नहीं सामंतवाद या कोई भी कठोरवाद के रास्ते से आज हिन्दुस्तान की दौलत बढ़ सकती है तो मैं किसी हद तक उस पर सोचने को तैयार हो जाऊंगा। अगर हिन्दुस्तान में धन और दौलत को, राष्ट्रीय आमदनी को बढ़ाने के लिए कुछ लोगों के हाथ में दौलत इकट्ठा हो, तो मैं उस पर भी विचार करने को तैयार हो जाऊंगा। यह है प्रचुरता वाला सिद्धान्त क्योंकि जब दौलत ही नहीं बढ़ेगी तो आखिर बंटवारे के लिए रह क्या जाएगा।" (शरद, 2021, पृ.सं. 51)

लोहिया ने बलपूर्वक कहा कि हिन्दुस्तान के लिए यह अहम् प्रश्न है कि वो किस प्रकार अपनी पैदावार को बढ़ाए। क्योंकि बंटवारे का प्रश्न भी तभी

महत्त्वपूर्ण है जब पैदावार इतनी हो, कि बंटवारा प्रचुरता का हो न कि निर्धनता एवं गरीबी का। लोहिया ने प्रचुरता एवं बंटवारे के सिद्धान्त में सामंजस्य स्थापित करने के लिए न्यूनतम आमदनी को बढ़ाने की बात कही क्योंकि "न्यूनतम आमदनी तय करती है कि कुल आमदनी और औसत आमदनी क्या होगी।" लोहिया के अनुसार, "जब तक न्यूनतम आमदनी ऊँची नहीं होगी, तब तक दौलत की पैदावार बढ़ नहीं सकती।" (शरद, 2021, पृ.स. 51) वह आगे लिखते हैं, "न्यूनतम आमदनी बुनियादी सवाल है इसको ऊँचा उठाने के लिए जरूरी हो जाता है कि जो बड़े-बड़े लोग हैं, ऊपर के लोग है, मुनाफा वगैरह करते हैं या और तरह से ज्यादा आमदनी और खर्चा कर रहे हैं उनका खर्चा कम करो। तभी तो यह तीन आना (न्यूनतम आमदनी) बढ़ाओगे। नहीं तो बढ़ा कैसे सकोगे, क्योंकि जो खर्चा आज खपत में हो जाता है, वह खर्चा पैदावार में, पूँजी के हिसाब से लगना चाहिए। एक तरफ तो तीन आने वाले 27 करोड़ हैं और दूसरी तरफ 33 रुपये वाले 50 लाख आदमी। ये जो 33 रुपये वाले 50 लाख आदमी हैं, ये खपत के आधुनिकीकरण पर खर्चा करते हैं।" (शरद, 2021, पृ.सं. 55) इसको कम करने से ही जो पूँजी का निर्माण होगा, उससे उत्पादन बढ़ेगा और फिर लोगों की न्यूनतम आमदनी भी बढ़ेगी।

लोहिया इस बात से अवगत थे कि हिन्दुस्तान में दौलत बढ़ाने में कुछ सामाजिक कठिनाईयाँ भी हैं। मसलन, जाति प्रथा ने समाज को न केवल ऊँची एवं नीची जातियों में विभाजित कर दिया है, बल्कि जाति प्रथा के दुष्परिणाम के कारण देश की जनसंख्या के लगभग एक चौथाई हिस्से, यानी सवर्ण जातियों में न तो शारीरिक परिश्रम करने की आदत है, न ही संस्कार दूसरी ओर नीची जातियों का एक बड़ा भाग इस तरह गरीबी में डूबा हुआ है कि वह शारीरिक परिश्रम करने में असमर्थ है। ऐसी स्थिति में प्रश्न यह है कि शारीरिक श्रम कौन करेगा, जिससे हिन्दुस्तान में धन-दौलत की बढ़ोतरी होगी।

लोहिया भारत में समाजवाद के लिए इन दोनों प्रश्नों को एक बड़ी चुनौती मानते थे। इसलिए उन्होंने कहा भी कि, ‘‘जब तक (हिन्दुस्तान में) कठोर समाजवादी सरकार नहीं आएगी, जो भाषा और जाति के मामले में कठोरता से व्यवहार करे तब तक इस प्रश्न का तो कोई निराकरण है ही नहीं।" (शरद, 2021, पृ.सं. 53) लोहिया के अनुसार सामाजिक संरचना, खासकर जाति प्रथा के नाश के बिना आर्थिक मसलों का हल भी मुश्किल है। भारत में समाजवाद के लिए यह दोहरी चुनौती है।

लोहिया का समाजवाद न्याय एवं बंटवारे के सिद्धान्तों में सामंजस्य स्थापित करता है। "न्याय के सिद्धान्त के मुताबिक तो जिन लोगों को आज ज्यादा मिल जाता है उनका कम करके और जिनको आज कम मिलता है, उनको (ज्यादा) दे दो, तो न्याय का सिद्धान्त हल हो जाता है।" यह तो न्याय की बात हुई, "लेकिन में खाली न्याय की बात नहीं कर रहा है। अब मैं प्रचुरता वाले सिद्धान्त को लाता हूँ कि जो पैसा आज खपत के आधुनिकीकरण में खर्च हो जाता है, उस रुपये को पूरा नहीं तो कुछ हिस्सा पैदावार के आधुनिकीकरण में लगाओ। उससे नये-नये कारखाने कायम करो। जो पुरानी खेती है उसको सुधारने में लगाओ।" (शरद, 2021, पृ.सं. 56)

## निजी बनाम सार्वजनिक क्षेत्र

चूंकि समाजवाद में सार्वजनिक क्षेत्रों की अहमियत है, निजी एवं सार्वजनिक क्षेत्रों के दायरे का निर्धारण भी होना चाहिए। खासकर सार्वजनिक क्षेत्रों के क्षेत्राधिकार, संगठन एवं उद्देश्यों के प्रति दृष्टिकोण स्पष्ट होने चाहिए। इसी संदर्भ में उन्होंने 19-20 नवंबर, 1963 को सार्वजनिक उद्योगों की कमेटी के प्रस्ताव पर बहस में भाग लेते हुए, निजी एवं सार्वजनिक उद्योगों के गुण-अवगुण का अवलोकन किया और हिन्दुस्तान में मौजूद निजी एवं सार्वजनिक उद्योगों पर सारगर्भित टिप्पणी की। सबसे पहले उन्होंने निजी एवं सार्वजनिक उद्योगों के बारे में एक सामान्य टिप्पणी की जो उल्लेखनीय है: "दुनिया भर में निजी दायरा इन्तजाम के मामले में ज्यादा अच्छा होता है, लेकिन लालच के मामले में ज्यादा खराब होता है, और सार्वजनिक दायरा, सरकारी कारखाने, बदइंतजामी बहुत ज्यादा करते हैं, लेकिन उनमें कर्तव्य की भावना ज्यादा होती है।" (लोकसभा, 1990, पृ.सं. 40) लेकिन हिन्दुस्तान में सार्वजनिक एवं निजी जीवन के बीच ऐसा समन्वय हुआ है कि, "निजी धंधों ने सार्वजनिक धंधों से बदइंतजामी सीखी है और सरकारी धंधों ने निजी धंधों से लूट सीखी है जिसका नतीजा यह हुआ है कि मुझे श्री बिड़ला के धंधों में और श्री नेहरू के धंधों में कोई अंतर नहीं दिखाई पड़ता। निजी धंधों की आत्मा और इसका शरीर सरकारी धंधों के अंदर है।" (वही, पृ.सं. 43)

इस प्रस्ताव पर बहस के दौरान उन्होंने सार्वजनिक उपक्रमों के लिए एक सिद्धान्त भी दिया कि, "लोक दायरे के कारखाने तभी अच्छे चल सकते हैं जब लोक भावना हो और जो हमारे सभी जीवन लक्ष्य हैं वे बदल जाते हैं, तब तक

ये कारखाने कुछ फायदा नहीं पहुँचाएँगे।" (वही, पृ.सं. 41) फिर उन्होंने लोक कारखानों के लिए कुछ कसौटियों का वर्णन किया जो निम्नलिखित हैं:

क) पहली कसौटी यह है कि, ''औद्योगीकरण के फैलाव में सरकारी कारखानों की ज्यादा मदद हो सकती है बनिस्बत करोड़पतियों के कारखाने के। हमारी उन्नति की दर बहुत नीची है। पूँजी इकट्ठा नहीं हो पाती इसलिए जो कुछ सरकारी कारखानों का मुनाफा हो वह और ज्यादा कारखाना खोलने में इस्तेमाल हो सकता है, और इसलिए सरकारी कारखानों की पहली कसौटी है कि हिन्दुस्तान के औद्योगीकरण में वह कितनी ज्यादा मदद पहुँचाते हैं।" (वही, पृ.सं. 41)

ख) "दूसरी कसौटी है कि लोक कारखानों के जरिए देश मैं समाजवाद को बढ़ाने का मौका होना चाहिए। बंटवारा ज्यादा बराबरी के आधार पर होना चाहिए। जिस तरह से करोड़पतियों के कारखानों में मजदूर और मालिक के बीच में या उपभोक्ता और मालिक के बीच में फर्क लूट के कारण हो जाता है वह लोक कारखानों में न होना चाहिए और वहां जो बंटवारे के इंतजाम किये जाते हैं वे ऐसे होने चाहिए कि जिसमें बराबरी को प्रोत्साहन मिले।'' (वही, पृ.सं. 42)

ग) तीसरी कसौटी यह रखना चाहता हूँ कि, ''जो मजदूर और मालिक का रिश्ता है, वैसे खैर करोड़पतियों के कारखानों में भी अच्छा ही होना चाहिए , लोक कारखानों में ज्यादा लोकतंत्री होना चाहिए और देश के पूरे लोकतंत्र को भी इन कारखानों को मदद देना चाहिए।'' (वही, पृ.सं. 42)

घ) चौथी कसौटी यह है कि लोक कारखाने लोकहित को बढ़ावा देने वाला हो। लोकहित में सार्वजनिक कारखानों के उत्पादों पर दामों का नियंत्रण एवं जनता की सुविधा में बढ़ोतरी जैसी चीजों पर ध्यान रखना चाहिए।

ङ) लोक कारखानों का इंतजाम अच्छे होने चाहिए। योग्यता आधार पर नियुक्तियां हों और उन कारखानों को वैसे लोग चलाएँ जो नियम नहीं तोड़ें तथा व्यापार एवं उद्योगों को बढ़ावा दें।

अंत में उन्होंने कई लोक कारखानों का उदाहरण देकर यह सिद्ध किया कि वे न केवल बदइंतजामी का शिकार हैं, बल्कि व्यवस्था के रूप में गैर-बराबरी को भी बढ़ावा दे रहे हैं। उदाहरणस्वरूप राउरकेला का इस्पात कारखाना है जिसमें एक हजार आफिसर करीब बीस लाख रुपये हर महीने नौकरी और सुविधा के रूप में पा जाते हैं और तीस हजार मजदूर महीने भर में तीस लाख

रुपया पाते हैं। (वही पृ.सं. 42) लोहिया ने स्पष्ट कहा कि यदि सार्वजनिक क्षेत्र के उद्योगों में इसी प्रकार की व्यवस्था बनी तो इससे समाजवाद तो नहीं आ सकता।

लोकसभा के सदन पर उन्होंने सरकार का ध्यान इस ओर आकर्षित करते हुए कहा कि इस प्रकार की गैर-बराबरी तो निजी कारखानों में भी नहीं चलती। उन्होंने कहा कि, ''मैं तो एक उदाहरण दे रहा हूँ कि किस तरह से आप गैर-बराबरी के आधार पर इंतजाम चलाते हैं। बिड़ला और टाटा के कारखानों में अगर ऐसी गैर-बराबरी होती है तो हम उसके ऊपर आपत्ति करते हैं, और यह सरकार जिन कारखानों को और जिन प्रकरणों को चलाती है वहां पर गैर-बराबरी को देख कर तो बहुत तकलीफ और दुख होता है।''

'रूढ़िवादी समाजवाद' ने सम्पत्ति के राष्ट्रीयकरण को एक महत्त्वपूर्ण लक्ष्य बनाते हुए सार्वजनिक क्षेत्र में कल-कारखानों एवं उत्पादन के साधनों को बढ़ाने पर ही सारा जोर लगाया। लेकिन सार्वजनिक क्षेत्रों के कल-कारखानों के प्रबंधन की ओर ध्यान नहीं दिया। नतीजतन इन कल-कारखानों से न तो धन एवं सम्पत्ति की बहुत ज्यादा वृद्धि हुई और न ही समाजवाद का प्रबंधन का सिद्धान्त स्थापित हुआ।

लोहिया के अनुसार राष्ट्रीयकरण के साथ-साथ सरकारी कारखानों के प्रबंधन के तौर-तरीकों में भी एक समाजवादी दृष्टिकोण होना चाहिए अन्यथा निजी कारखानों की बुराइयां सार्वजनिक कारखाने अपना लेंगे तथा सरकारी कारखानों की बुराइयां निजी कारखाने अपना लेंगे। निजी कारखाने सरकारी कारखाने की बदइंतजामी सीख जाएँगे और सरकारी कारखाने निजी कारखाने की लूट- खसोट की प्रवृत्ति। इसलिए सार्वजनिक कारखानों को चलाने के लिए भी एक स्पष्ट दृष्टिकोण की आवश्यकता है जिससे कि न केवल देश की उत्पादन क्षमता बढ़े, बल्कि 'समाजवादी आर्थिक जीवन' को भी मजबूती मिले।

सम्पत्ति एवं कल-कारखानों के राष्ट्रीयकरण के साथ-साथ सरकारी एवं सार्वजनिक सम्पत्ति से उत्पन्न लाभ एवं उत्पादन के बंटवारे का प्रश्न भी अति महत्त्व का है। एकदम से सरलीकरण करते हुए मजदूरों एवं मैनेजरों का क्या हिस्सा होगा और सरकार के खाते में क्या जाएगा जिसका सरकार किस प्रकार उपयोग करेगी। उनके अनुसार सार्वजनिक संपत्ति से उत्पादन की बढ़ोतरी एवं उसके बंटवारे का प्रश्न समाजवादी अर्थनीति का एक महत्त्वपूर्ण अंग है। लोहिया कहते हैं: ''सम्पत्ति का मालिक राज और सरकार बन जाने के बाद

भी जो सम्पत्ति एवं श्रम के कारण से फल मिलता है, आमदनी होती है उसका बंटवारा किस ढंग से हो यह सवाल भी उतना ही महत्त्वपूर्ण है, बराबर का है। यह हमको अच्छी तरह से अब समाजवादी अर्थनीति में समझ लेना पड़ेगा।" (शरद, 2021, पृ.सं. 59) अंत में उन्होंने यह बात जोर देकर कहा कि "समता का मन कायम किए बिना हिन्दुस्तान में सार्वजनिक धंधों को चलाने से बहुत ज्यादा नुकसान होगा।" (वही पृ.सं. 45)

## समाजवाद का सगुण एवं निर्गुण रूप

लोहिया समाजवाद के दो रूपों का वर्णन करते हैं: एक है 'सगुण' एवं दूसरा है 'निर्गुण'। 'सगुण' से अर्थ समाज में ऐसी बराबरी से है जो स्थापित हो सकती है। 'निर्गुण' से मतलब ऐसी बराबरी से है जो सम्पूर्ण एवं व्यापक है और व्यवहार में उतारना कठिन है। लोहिया के समाजवाद को समझने के लिए 'सगुण' एवं 'निर्गुण' के सिद्धान्त को समझना जरूरी है जिसकी व्याख्या लोहिया ने 29-31 दिसम्बर, 1955 को, हैदराबाद में सोशलिस्ट पार्टी की स्थापना अधिवेशन के समय की :

"दुनिया में प्रत्येक उसूल के दो रूप है, एक सगुण और दूसरा निर्गुण, साधारण तथा व्यापक और दूसरा ठोस ऐसा कोई उसूल नहीं है; जिसके ये दो रूप नहीं होते हों। सिर्फ धर्म या दर्शन में ही सगुण और निर्गुण नहीं हुआ करते। दुनिया की राजनीति, समाजवादी-एक्ट, सादी जिन्दगी, हरेक में जो कोई उसूल आप ढूंढें, उसकी ये दो शक्लें होती हैं। एक आम व्यापक शक्ल और दूसरी ठोस, जिंदा शक्ल।" (रचनावली, भाग 4, 2012, पृ. सं. 11)

समाजवाद के सगुण एवं निर्गुण रूप की लोहिया बराबरी के संदर्भ में ही व्याख्या करते हैं। सम्पूर्ण बराबरी निर्गुण है और संभव बराबरी सगुण है। "सम्पूर्ण बराबरी का मतलब है हर प्रकार से सब बराबर हो।" लेकिन ऐसी बराबरी आमतौर पर दुर्लभ है। एक आदर्श है, सपना है। हाँ, इसके कुछ अपवाद जरूर हैं। उदाहरणस्वरूप परिवार के अंदर हर सदस्य बराबर है और यह एक प्रकार से परिवार के संगठन एवं संचालन का स्थूल नियम है। लेकिन इसका मतलब यह नहीं है कि सम्पूर्ण बराबरी का सपना देखना छोड़ दें और इसे प्राप्त करने के लिए कोई प्रयास न करें। अगर परिवार के छोटे-छोटे दायरे में सम्पूर्ण बराबरी आज भी संभव है तो संसार के दूसरे क्षेत्रों में भी यह कायम हो सकता है। लोहिया एक आदर्श देते हैं कि, "आखिर जो बात परिवार में हो सकती है वह सारे संसार में क्यों नहीं हो सकती। हां, यह अवश्य है कि इसमें

शायद 400-500 वर्ष लग जाएँ। सब बातों में सम्पूर्ण बराबरी चाहे न भी हो, किंतु रोटी-कपड़ा-मकानों के मामले में तो संसार भर में सम्पूर्ण बराबरी का सपना देखा ही जा सकता है।" (वही, पृ. सं. 71)

अगर लोगों की मूलभूत आवश्यकताओं में संपूर्ण बराबरी आ जाए, तो अन्य क्षेत्रों में तुलनात्मक गैर-बराबरी कुछ सीमा तक चल सकती है। उन्होंने सम्पूर्ण एवं तुलनात्मक गैर-बराबरी में फर्क करते हुए काल एवं परिस्थिति के हिसाब से लक्ष्य निर्धारित करने की बात की और कहा कि पहले तुलनात्मक गैर-बराबरी की सीमा निर्धारित हो जाए, तो फिर धीरे-धीरे सम्पूर्ण गैर-बराबरी की ओर भी बढ़ा जा सकता है।

भारत के सदर्भ में उन्होंने कहा कि शुरुआत में गैर-बराबरी का लक्ष्य एक और दस का निर्धारित हो और जब यह लक्ष्य प्राप्त हो जाए तो इसे बढ़ाकर एक एवं पांच कर देना चाहिए। इस प्रकार धीरे-धीरे हो सकता है कि गैर-बराबरी पूरी तौर पर भी खत्म हो जाए और हम सम्पूर्ण बराबरी को प्राप्त कर लें।

जहां उन्होंने गैर-बराबरी की सीमा 1-10 की रखी, वहीं हिन्दुस्तान जैसे देश में गैर-बराबरी का फर्क आसमान-जमीन का है जिसको उन्होंने 'रईसी का कैलाश' और 'गरीबी का पाताल' की उपमा से व्याख्या की है। (वही, पृ. सं. 72) इसको स्पष्ट करते हुए उन्होंने कहा कि एक तरफ ऐसे खेत-मजदूर और मजदूरिनें हैं, जिनकी रोज की आमदनी किसी भी तरह आठ-दस आने (1956 की बात है) से अधिक नहीं होती। दूसरी ओर करोड़पति हैं, जिनकी आय 20 हजार रुपये रोज तक की है।" (रचनावली, 4, पृ. सं. 72) ऐसी स्थिति में गैर-बराबरी को एकदम से 1-5 पर लाना मुश्किल है। इसीलिए यहां संभव बराबरी का प्रयास करना चाहिए जो 1-10 की हो।

लोहिया व्यावहारिकता के प्रति सजग थे और स्थूल सिद्धान्त की जगह व्यावहारिक सिद्धान्त पर बल देते थे। इस संदर्भ में उन्होंने एक व्यावहारिक सिद्धान्त प्रतिपादित किया कि, "देशकाल की अवस्था की जांच करके, कितनी बराबरी, जिस समय संभव हो, उसे ही तात्कालिक लक्ष्य बनाना आवश्यक है। अगर उससे अधिक बराबरी का लक्ष्य बनाया तो, वह केवल एक आदर्शवादी पागलपन भर होगा, और अगर उससे कम को लक्ष्य माना, तो यथास्थितिवाद का समर्थन मात्रा।" (रचनावली, 4, पृ. स. 72)

परंपरागत एवं रूढ़िवादी समाजवाद केवल आमदनी की गैर-बराबरी को खत्म करने की बात करता है जबकि लोहिया का समाजवाद खर्च की गैर-बराबरी को भी समाप्त करने की बात करता है। भारत के संदर्भ में उन्होंने

आमदनी की गैर-बराबरी को खत्म करने के साथ-साथ खर्च की गैर-बराबरी को कम करने का भी लक्ष्य रखा। इसी संदर्भ में उन्होंने सरकार के मंत्रियों, मुलाजिमों पर खर्च को कम करने का लक्ष्य रखा। भारत के संदर्भ में उन्होंने दो प्रकार के करोड़पतियों की बात की है। एक जो व्यापार वाणिज्य से पैसा कमाकर करोड़पति बना हुआ है और दूसरे सरकारी मुलाजिम जो ऊपरी तौर पर तो वेतन कम लेते हैं, हालांकि आज वह भी कम नहीं है, लेकिन अपनी सुख-सुविधाओं पर जितना खर्च कर लेते हैं वो किसी करोड़पति के खर्च से कम नहीं है। ऐसे में केवल आमदनी की गैर-बराबरी को खत्म करने को लक्षित करने के साथ-साथ खर्च की गैर-बराबरी को भी लक्षित करना सार्थक होगा।

खर्च को कम करने के पीछे लोहिया की एक और भी धारणा है, वह है पूँजी का सृजन करना। भारत जैसे राष्ट्र में खर्च में कटौती कर ही पूँजी का सृजन किया जा सकता है और पूँजी का सृजन उत्पादन को बढ़ाने के लिए आवश्यक है। चूंकि भारत की मूल समस्या उत्पादन की अप्रचुरता है, जिसे बढ़ाने के लिए पूँजी की आवश्यकता है, और पूँजी का संचय करना है तो खर्च को कम करना होगा।

अगर समाजवाद का कोई सिद्धान्तकार पूँजी की कमी को गरीबी का मुख्य कारण बताये तो यह एक विरोधाभास-सा लगता है। लेकिन लोहिया के अनुसार भारत में गरीबी का मुख्य कारण पूँजी का अभाव है। ऐसा इसलिए है कि भारत में पूँजी की कमी के कारण प्रति व्यक्ति उत्पादकता बहुत कम है। विडंबना यह है कि भारत का आम व्यक्ति अमेरिका एवं यूरोप की तुलना में ज्यादा शारीरिक मेहनत करता है, और कोई-कोई तो पशुवत् शारीरिक श्रम करता है, लेकिन फिर भी प्रति व्यक्ति उत्पादकता कम है। चूंकि प्रति व्यक्ति पूँजी, अमेरिका एवं यूरोप की तुलना में, कम लगी हुई है, उत्पादकता भी कम है। उदाहरणस्वरूप जहां एक अमेरिकी के पीछे दस हजार रुपये की मशीन लगी हुई है, एक यूरोपियन के पीछे पांच हजार की, वहीं एक भारतीय के पीछे मात्र डेढ़ सौ रुपये की। यह आंकड़े 1950 के दशक का एक अनुमान है। नतीजतन एक अमेरिकी एवं यूरोपियन की उत्पादकता, एक भारतीय की तुलना में कई गुना ज्यादा है। लोहिया के अनुसार भारत की गरीबी का यह एक स्थूल कारण है।

जब लोहिया ने अमीरी एवं गरीबी की खाई को कम करने की बात की तो, बहुत सारे लोगों ने यह तर्क दिया कि गरीब की आमदनी को बढ़ाओ, अमीर को क्यों छेड़ते हो? इसके जवाब में उन्होंने यह तर्क दिया कि अमीरों को गिराये

बगैर गरीबों को उठाना मुश्किल है: ''बिना कैलाश को गिराये पाताल को उठाना एकदम असंभव है। गरीब कभी उठ ही नहीं सकते, अगर अमीरों को अपनी दौलत से खेलने दिया जाए।" उन्होंने यह भी स्पष्ट किया कि उनके मन में अमीरों के प्रति कोई ईर्ष्या नहीं है। "यह बात नहीं है कि अमीरों से जलन है इसलिए उन्हें गिराना चाहते हैं। बात यह है कि उन्हें गिराये बिना दूसरों को उठाना संभव नहीं। अब सवाल यही रह जाता है कि कितना गिराया और कितना उठाया जाए? इसी पर बहस होनी चाहिए।" (रचनावली, 4. पृ. सं. 72)

लोहिया ने आमदनी एवं खर्च दोनों को बांधने की आवश्यकता पर बल दिया, क्योंकि अमीरी एवं गरीबी की खाई तभी कम होगी। अगर केवल आमदनी को बांधा और खर्च को खुला छोड़ दिया तो, भ्रष्टाचार फैलेगा, जैसे आजाद हिन्दुस्तान के शासक वर्ग कर रहे हैं। आमदनी तो कम लेते हैं, लेकिन भत्ते एवं सुविधाओं से खर्च इतना बढ़ जाता है कि वह आमदनी का कई गुना पार कर जाता है। अगर आमदनी को खुला छोड़ दिया, तो खर्च बांधना मुश्किल हो जाएगा। अत: आमदनी को भी कम करो और खर्च भी कम करो। क्योंकि जब तक, ''पदमत सिंहानिया लोग करोड़पति रहेंगे, तब तक सम्पूर्णानंद जी और मि. नेहरू जैसे लोग ईमानदार नहीं रह सकते।" (रचनावली, 4, पृ. सं. 75)

इसी प्रकार लालच से भरे समुद्र में नौकरशाहों का ईमानदार रहना मुश्किल है: "चारों तरफ लालच का समुद्र लहरें मारता रहे और बीच में सरकारी नौकरों के लिए कर्त्तव्य का टापू बना दिया जाए तो निश्चित है कि समुद्र उस टापू को बहाए बिना न रहेगा। सरकारी नौकरों से अपना जीवन-स्तर न बढ़ाने की अपेक्षा तभी की जा सकती है, जब दूसरे लोग भी उसी सीमा में रहें। आज, इसी वजह से सरकारी नौकरों में भ्रष्टाचार का बोलबाला है।" (रचनावली, 4, पृ. सं. 74)

जहां तक 'कैलाश-पाताल' की गैर-बराबरी को खत्म करने की बात है, 'कैलाश' को गिराने का काम तत्काल शुरू हो जाना चाहिए क्योंकि 'पाताल' को तो उठाने में समय लग सकता है, लेकिन 'कैलाश' को गिराने में नहीं।

## पंचवर्षीय योजनाओं का उद्देश्य

लोहिया जब लोकसभा में प्रवेश किए तो तृतीय पंचवर्षीय योजना अपने मध्य काल में थी। तृतीय पंचवर्षीय योजना के मध्यावधि मूल्यांकन पर लोकसभा में बहस हुई जिसमें भाग लेते हुए उन्होंने 9 दिसम्बर, 1963 को आर्थिक नीतियों संबंधी कई महत्त्वपूर्ण सवाल उठाये जो समाजवाद के लिए अहम् हैं।

उन्होंने एक महत्त्वपूर्ण स्थापना दी कि योजनाओं के मूल्यांकन के तीन प्रमुख आधार होने चाहिए:

क) खर्च की सीमा एवं खर्च का तौर-तरीका,

ख) खर्च का लाभ अर्थात् भौतिक परिणाम, एवं

ग) मनुष्य के कल्याण में वृद्धि।

सबसे पहले उन्होंने खर्च पर नियंत्रण रखकर फिजूलखर्ची और सरकारी पैसे की लूट-खसोट को रोकने पर बल दिया, जिससे कि जो पैसा बचेगा उससे पूँजी का निर्माण हो और फिर अर्थव्यवस्था मजबूत हो। यहां पर उन्होंने साफ कहा कि, "मैं खपत के बारे में कह रहा था कि खपत की इमारत तो है रूस और अमेरिका की और पैदावार की नींव है हिन्दुस्तान की।" (लोकसभा, 1990, पृ.सं. 47) वही पुराने औजार एवं हथियार जिनके कारण हमारी प्रति व्यक्ति उत्पादकता बहुत ही कम है। योजना के मूल्यांकन का दूसरा उद्देश्य यह होना चाहिए कि व्यय का उत्पादन पर क्या प्रभाव पड़ा, अर्थात् खर्च की भौतिक उपलब्धि क्या है। केवल खर्च के आंकड़े देने से योजना की उपलब्धि दिशाहीन दिखती है। अंत में उन्होंने योजना के मूल्यांकन का जो तीसरा उद्देश्य बताया, वह है मनुष्य के कल्याण में वृद्धि। उन्होंने साफ कहा कि: ''खर्च का लक्ष्य न रखकर चीजों का लक्ष्य ज्यादा रखना चाहिए, और सबसे ज्यादा लक्ष्य रखना चाहिए मनुष्य का जिसको कि यह सरकार बिल्कुल भुला बैठी है।" (वही, पृ.सं. 49) यही कारण है कि हिन्दुस्तान के लोगों की स्थिति बहुत ही दयनीय है, "हिन्दुस्तान में मनुष्य की पसलियां पिघल चुकी हैं, यहां का मनुष्य मेहनत नहीं कर सकता, फावड़ा नहीं चला सकता, मिट्टी नहीं काट सकता, बन्दूक की बात तो छोड़ दीजिए। मुझे पता चला कि बीस आदमियों में से खाली एक आदमी बन्दूक को यों तान सकता है, बाकी लोग ऐसा नहीं कर सकते। खैर मुझे बन्दूक से तो कोई ज्यादा मतलब नहीं है। यही बात फावड़े पर भी लागू होती है। तो हिन्दुस्तान का मनुष्य कमजोर होता जा रहा है। तो आप ऐसी योजना बनाइए कि जो उस मनुष्य को मेहनत के लायक बनाये।" (वही, पृ.सं. 49) उन्होंने योजना के मूल्यांकन की तीन कसौटियों पर अपना वक्तव्य इस प्रकार रखा: "हमको अपने सामने योजना के मामले में तीन कसौटियां रखनी चाहिए। एक कसौटी तो यह हो कि हमने कितनी तरक्की की है भूत के मुकाबले में, दूसरी यह कि हमने अपने पड़ोसियों और दुनिया के दूसरे देशों के मुकाबले में कितनी तरक्की की है, और तीसरी यह कि हमारी आशाएँ क्या हैं।" (वही, पृ.सं. 51)

खर्च की गैर-बराबरी एवं फिजूलखर्ची को पाटना, भारत में आर्थिक नीतियों एवं पंचवर्षीय योजना का एक प्रमुख उद्‌देश्य होना चाहिए। जब उन्होंने 27 करोड़ जनता की प्रतिदिन तीन आने पर गुजर-बसर करने की बात कही तो उनका उद्‌देश्य केवल गरीबी की स्थिति का वर्णन करना नहीं, बल्कि उसका समाधान भी निकालना था, जैसा कि उन्होंने तृतीय पंचवर्षीय योजना के मूल्यांकन के वक्त कहा:

"मैंने जो कहा कि इस देश में 27 करोड़ आदमी रोजाना तीन आने पर जिन्दगी बसर करते हैं, उसमें मेरा उद्‌देश्य सरकार का नंगा चित्र आपके और हिन्दुस्तान के सामने रखने का था। लेकिन मेरा खाली यही इरादा नहीं था। मैं चाहता था कि जहां मैं रोग को दिखाऊँ वहीं रोग का इलाज भी दिखा दूं। रोग के दरस में इलाज का परस शामिल था। रोग क्या है? रोग यह है कि 27 करोड़ आदमी तीन आने रोज पर जिन्दगी काटते हैं। मैं यह औसत बता रहा हूँ, और 50 लाख आदमी 33 रुपये रोज खर्च करते हैं।" (वही, पृ. सं. 52) उन्होंने रोग का इलाज बताया :

"जो लोग 33 रुपये रोजाना खर्च करते हैं उनको मैं यह नहीं कहता कि उन को तीन आने रोज पर ले आया जाए 15 या 16 रुपये रोज पर ले आया जाए, तो आसानी से आमदनी में 25 अरब रुपये और सरकार के करों के आंकड़ों के हिसाब से 15 अरब रूपया बच जाएगा, जो एक पंचवर्षीय योजना में 75 अरब से लेकर एक खरब तक पहुँच जायेगा और उससे योजना ठीक-ठाक चल सकेगी।" (वही, पृ. सं. 53)

इसी बहस में उन्होंने हिन्दुस्तान में अमीरों एवं गरीबों के बीच विभिन्न सीढ़ियों का जिक्र किया और बताया कि भारत का समाज विभिन्न स्तरीय है। गरीबों की अपनी सीढ़ियां हैं और अमीरों की अपनी। ''गरीबों में भी लाखों सीढ़ियां हैं और अमीरों में भी लाखों सीढ़ियां हैं, अगर लाखों नहीं तो हजारों सीढ़ियां तो जरूर हैं। इन सीढ़ियों के सबब से किसी भी समाज की पुनर्रचना मुश्किल हो गई है।"

लोहिया के समाजवाद के 'सगुण' एवं 'निर्गुण' रूपों को अलग अलग समझना गलत होगा। दोनों लक्ष्य उपलब्धेय हैं और इसे प्राप्त करने की कोशिश करनी चाहिए। 'सगुण' से 'निर्गुण' की ओर बढ़ना ही लोहिया के समाजवाद का कृतसंकल्प है। लोहिया ने कहा :

"संपूर्ण बराबरी का आदर्श तो शायद हमेशा ही निराकार रहेगा। लेकिन इस तक पहुँचने की कोशिश भी चलती रहेगी। इस कोशिश की सफलता का मार्ग यही है कि हर समय देशकाल की परिस्थिति के अनुरूप संभव बराबरी का साकार आदर्श सामने रहे। यह आदर्श, समय-समय पर, जैसे-जैसे आगे बढ़ेगा, बदलता

जाएगा और संभव है कि किसी दिन संपूर्ण बराबरी के लक्ष्य तक पहुँचा दे।" (रचनावली, 4, पृ. सं. 74)

## बराबरी की दिशाएँ

लोहिया जब गैर-बराबरी को मिटाने की बात करते हैं तो बराबरी की तीन दिशाओं की बात करते हैं:

क) भौतिक या माली बराबरी,

ख) दिमागी बराबरी, एवं

ग) सुख-दुख, सर्दी-गर्मी इत्यादि की ओर समभाव।

भौतिक एवं माली बराबरी के दो रूप हैं, एक राष्ट्र के अंदर, दूसरा राष्ट्रों के बीच। राष्ट्रों के अंदर की गैर-बराबरी से ज्यादा राष्ट्रों के बीच की गैर-बराबरी गहरी है। अतः यह आवश्यक है कि इन दोनों को एक साथ समाप्त किया जाना चाहिए, क्योंकि वे एक-दूसरे पर असर डालते हैं।

आर्थिक गैर-बराबरी को खत्म करने के साथ-साथ विचार एवं सोच की गैर-बराबरी को भी मिटाना होगा। ''दिमागी बराबरी के बिना भौतिक बराबरी की नींव बिल्कुल कच्ची रहेगी। विशेषकर हिन्दुस्तान में तो दिमागी गैर-चराबरी उतनी ही प्रबल है, जितनी भौतिक गैर-बराबरी। और यहां तो दिमागी गैर-बराबरी का भौतिक गैर-बराबरी से कोई बड़ा संबंध नहीं रहता। दिमागी बराबरी को प्राप्त किये बगैर भौतिक बराबरी को प्राप्त नहीं किया जा सकता।"

लोहिया ने एक और बराबरी का जिक्र किया है जो कि भाव से संबंधित है, और मानव के विकास की चरम सीमा भी है। वह है सुख-दुख, सर्दी-गर्मी, उतार-चढ़ाव में समभाव से रहना। अर्थात् मानव इन दोनों चरम समभाव से जीना सीख जाए तो इससे बड़ी कोई और बराबरी नहीं हो सकती।

गैर-बराबरियों के कई सोपान हैं जिन्हें एक-एक कर के खत्म करने से ही बराबरी का समाज स्थापित हो सकता है। इसमें कुछेक में तो सम्पूर्ण बराबरी भी आसानी से हासिल की जा सकती है। उदाहरणस्वरूप प्राथमिक शिक्षा में तो सम्पूर्ण बराबरी होनी ही चाहिए। इसको स्थापित करने में कोई ज्यादा मुश्किलें भी नहीं हैं।

'सम्पूर्ण समता' एवं 'संभव समता' का सिद्धान्त, लोहिया के समाजवाद का एक अनूठा योगदान है। उन्होंने भारत के समाजवादी दलों को इन दोनों में

तालमेल स्थापित करने के लिए कुछ ठोस कार्यक्रम चलाने का परामर्श दिया, और तात्कालिक संदर्भों में पांच कार्यक्रमों का जिक्र किया जो उस वक्त के हिसाब से लाजिमी थे।

1) आमदनी एवं खर्च का अंतर की सीमा बांधना। अगर किसी आदमी की आमदनी या खर्च 100 रुपये महीना है तो दूसरे किसी भी आदमी की आमदनी एवं खर्च 1000 प्रति महीना से ज्यादा नहीं होनी चाहिए अर्थात् एक और दस के अनुपात से ज्यादा नहीं।

2) कृषि जमीन का बंटवारा इस प्रकार किया जाए कि किसी भी पांच आदमी के कुटुम्ब के पास तीन यूनिट से ज्यादा जमीन न हो। एक यूनिट से मतलब उतनी जमीन से है, जिसे पांच आदमियों का कुटुम्ब बिना किसी मजदूर को लगाये एवं बिना किसी बड़ी मशीन के प्रयोग से कर सकता है।

3) उद्योग-धंधों का राष्ट्रीयकरण होना चाहिए।

4) अलाभकर जोत यानी बिना नफे की खेती से लगान माफ होना चाहिए।

5) समान स्कूली शिक्षा: 5 से 10 वर्ष के बच्चों को बिना किसी भेदभाव के एक ही स्कूल में प्रारंभिक शिक्षा दी जानी चाहिए। चाहे भंगी का बच्चा हो, चाहे राष्ट्रपति का, सबके लिए एक ही प्रकार का स्कूल होना चाहिए।

हालांकि समाजवाद के ये पांच सूत्र तात्कालिक परिस्थितियों के हिसाब से थे और इसमें देशकाल के हिसाब से परिवर्तन होने की गुंजाइश भी है। मसलन जमीन पर लगान आज उतनी बड़ी समस्या नहीं है, जितनी कि 1950 एवं 1960 के दशकों में थी। हाँ, समान स्कूली शिक्षा एक चिरस्थाई लक्ष्य है, और इसे हर समय एवं काल में लागू होना चाहिए। उसी प्रकार गैर-बराबरी के समाज की स्थापना के लिए आमदनी एवं खर्च की सीमा भी बंधी रहनी चाहिए।

अध्याय 3

# सप्तक्रांति से समाजवाद

लोहिया का समाजवाद एक वैचारिक आंदोलन है जिसकी मुख्य ऊर्जा गैर-बराबरी एवं अन्याय के खिलाफ सतत् संघर्ष है और जिसके गर्व में सात क्रांतियों के बीज अंत:श्लील है जिनको स्फुटित कर सच्चे समाजवाद की स्थापना की जा सकती है। ये सात क्रांतियां 'अमीरी-गरीबी की असमानता', 'परराष्ट्र की गुलामी', 'जाति एवं वर्ग की असमानता', 'नर-नारी की असमानता', नस्ल-भेद, अस्त्र एवं हथियार के खिलाफ एवं निजी स्वतंत्रता की रक्षा की लड़ाई है।

लोहिया ने बीसवीं शताब्दी को एक अद्‌भुत युग कहा है जिसमें ये सातों क्रांतियां एक साथ दुनिया के हर कोने में किसी न किसी रूप में चली हैं। कहीं सुशुप्त तो कहीं जागृत। वह वर्णन करते हैं: "बीसवीं शताब्दी के दो गुण हैं। एक तो यह दुनिया का शायद सबसे बेरहम युग है, बिल्कुल निर्दयी, और दूसरे, अन्याय के खिलाफ जितना यह युग लड़ रहा है, उतना शायद पहले वाला और कोई नहीं लड़ा। एक तरफ निर्दयता में यह सदी बहुत बढ़ी हुई है, तो दूसरी तरफ न्याय की इच्छा में भी।" (रचनावली, खंड 4, पृ. सं. 442) सप्तक्रांति की व्यापकता के बारे में लोहिया लिखते हैं: ''पहले तो ऐसा होता था कि किसी एक देश में न्याय की भावना जागती थी, और दूसरे देशों में वह दबी हुई रहती थी। अबकी बार ऐसा नहीं है। सभी देशों में न्याय की भावना करीब-करीब एक साथ उमड़ी हुई है, कहीं किसी बारे में कम कहीं किसी बारे में ज्यादा। एक अंतर यह भी है कि अन्याय कई किस्म का होता है, और सब किस्मों के साथ लड़ना पहले कभी नहीं हुआ है। किसी एक प्रकार की लड़ाई तो पहले भी मनुष्य ने की है, लेकिन अबकी बार सभी प्रकार, जो मनुष्य सोच सकता है या है, उनके खिलाफ कभी उस अन्याय के खिलाफ, एक ही देश में कई अन्यायों के खिलाफ लड़ रहा है।'' (वही, पृ.सं. 442)

बीसवीं शताब्दी में गैर-बराबरी एवं अन्याय के खिलाफ जो लड़ाइयां चली हैं उसका लोहिया निम्नलिखित सप्तक्रांति के रूप में वर्णन करते हैं:

1) गरीबी-अमीरी से उत्पन्न अन्याय एवं आर्थिक असमानता के खिलाफ की लड़ाई।

2) परराष्ट्र गुलामी के खिलाफ प्रभुदेश एवं गुलाम देशों के बीच स्वतंत्रता की लड़ाई।

3) जाति एवं वर्ग से उत्पन्न अन्याय के खिलाफ लड़ाई।

4) नर-नारी समता की लड़ाई।

5) रंग एवं नस्ल-भेद के खिलाफ बराबरी की लड़ाई।

6) अस्त्र एवं हथियार के खिलाफ सत्याग्रह की लड़ाई।

7) निजी स्वतंत्रता की लड़ाई।

**1) गरीबी-अमीरी की लड़ाई**—लोहिया के अनुसार गरीबी-अमीरी की लड़ाई जितनी व्यापकता से बीसवीं शताब्दी में चली है उतनी शायद ही किसी काल में चली हो। यह लड़ाई राष्ट्रीय स्तर पर चली है; अंतर्राष्ट्रीय स्तर पर भी। ऐसे तो गरीबी-अमीरी की खाई हरेक काल में रही है और कुछ न कुछ बराबरी की लड़ाई भी चली है, लेकिन बीसवीं शताब्दी में इस लड़ाई ने बहुत जोर पकड़ा है जिसके मूल में बराबरी की भावना है और जो इस शताब्दी का विलक्षण गुण रहा है।

ऐसे तो लोहिया हर प्रकार की गैर-बराबरी के खिलाफ थे, फिर भी अमीरी-गरीबी के फर्क से उत्पन्न अन्याय को 'बड़ा वाला अन्याय' मानते थे। उनके अनुसार अमीरी-गरीबी की लड़ाई के पीछे मनुष्य में कोई न कोई प्राकृतिक भावना भी छिपी हुई है। जिस प्रकार से मनुष्य में स्वाभाविक तौर पर कुछ असमानताएँ प्रतिभा एवं शारीरिक क्षमता के आधार पर छुपी हुई हैं, उसी प्रकार से गैर-बराबरी की भावना भी कहीं न कहीं निहित है। लोहिया के शब्दों में: "मैं मानता हूँ कि यों आदमी में बराबरी की प्राकृतिक भावना है: पूरी न हो थोड़ी-बहुत हो।" (शरद, पृ.स. 61) लेकिन इसके विपरीत भी एक तर्क है कि प्रकृति ने ही सबको बराबर नहीं बनाई है, जिसको लोग अक्षरश: उद्धरित कर असमानता एवं गैर-बराबरी की भावना को आधार मानते हैं। इस भावना का प्रतिकार करते हुए लोहिया कहते हैं कि, "प्रकृति का नियम जो भी हो, मनुष्य का नियम होना चाहिए समता।" (शरद, पृ. स. 61) समता के सिद्धान्त

पर समाजवाद का घरातल टिका है और इसे आधार बनाकर लोहिया राष्ट्रीय एवं अंतर्राष्ट्रीय स्तर पर हरेक प्रकार की गैर-बराबरी को मिटाने को ही सच्चे समाजवाद के रूप में परिभाषित करते हैं।

लोहिया कहते हैं कि, ''जहाँ मनुष्य में दोनों प्रवृत्तियां बराबर हैं, वहीं समतामूलक समाज की स्थापना के लिए गैर-बराबरी के खिलाफ की प्रवृत्ति को जगाने से ही क्रांति की आग लगती है। लेकिन इसमें एक बड़ी बाधा यह है कि इस गैर-बराबरी के विरुद्ध संघर्ष की भावना के विपरीत की भावना भी मनुष्य में वर्तमान है। मसलन, हिन्दुस्तान के समाज में बहुत दबे हुए लोगों को भी प्रसन्नता इस बात की रहती है कि उनके नीचे भी तो कोई न कोई है।... अकबर न सही, मानसिंह है, तो मानसिंह को खुशी इस बात की रहती है कि उसकी अपनी एक जगह है।" (शरद, पृ. सं. 61) उसी तरह से अमीर-गरीब की लड़ाई में एक बड़ा खतरा इस बात से है कि गरीबों में संघर्ष की बजाय बख्शीश की भावना प्रबल हो जाती है और ऐसे में गैर-बराबरी के विरूद्ध संघर्ष की भावना दब जाती है। लोहिया लिखते हैं:

''जो समाज बहुत गरीब बन जाता है उसमें बराबरी की भूख इतनी ज़ल्दी नहीं लगती है, क्योंकि उसकी इच्छा और उद्देश्य, प्राय: केवल पेट भरने का हो जाता है या पेट भरने से थोड़ा ज्यादा हो जाता है। इसलिए हिन्दुस्तान जैसे देश में साधारण जनता यानी गरीब आदमी क्रांति को इतना नहीं समझेगा जितना कि राहत वाली राजनीति को। वह बराबरी को इतना नहीं समझेगा जितना कि बख्शीश को। उसको अगर थोड़ा-बहुत पैसा मिलता रहे, जितने की उसकी आकांक्षा है, तो वह इसे ज्यादा पसन्द करेगा, चाहे वह पैसा और समाज में उसका स्थान बहुत नीचे दर्जे का हो।" (शरद, पृ.सं. 61)

बख्शीश की भावना क्रांति की ज्वाला को रोकती है जिसने हिन्दुस्तान की जमीन पर क्रांतिकारी परिवर्तन की धार को शिथिल कर दिया है। यही कारण है कि हिन्दुस्तान की जनता की अति-गरीबी निराशा का भाव भी उत्पन्न करता है। ''जहां आदमी बहुत भूखा, बहुत नंगा है, बहुत दबा और गिरा हुआ है, वहां वह थोड़ी-बहुत छोटी-मोटी राहत चीजों से प्रसन्न हो जाया करता है और उसकी बराबरी की इच्छा कोई ऐसे सपने के जगत की काल्पनिक चीज मालूम होती है कि उसके लिए वह कुछ बहुत चिन्ता या सोच-विचार करने को तैयार नहीं होता।" (वही पृ. सं. 61) लेकिन इसे एक सतत् नियम नहीं मानना चाहिए, नहीं तो समाज में कभी बदलाव नहीं आते। इसको ''ऐसा न समझना कि हमेशा के लिए एक भूखे और बहुत गरीब देश का गरीब आदमी क्रांति कें बजाय राहत

की राजनीति को, बराबरी के बजाय बख्शीश वाली को पसन्द करेगा। अगर ऐसा हो तो संसार में बदलाव कभी आ ही नहीं सकता। समय बीतते-बीतने, ठोकर खाते-खाते दूसरी बातें भी दिमाग में आने लगती हैं।" (वही पृ. सं. 62)

अमीरी-गरीबी की गैर-बराबरी राष्ट्रीय स्तर पर एवं अंतर्राष्ट्रीय स्तर पर भी देखने को मिलती है। जिस प्रकार राष्ट्र के अंदर विभिन्न लोगों की आमदनी में अंतर बहुत ज्यादा है, उसी प्रकार अंतर्राष्ट्रीय स्तर पर विकसित एवं पिछड़े राष्ट्रों के बीच आय एवं आमदनी का गहन अंतर है। लेकिन यह इसलिए नहीं है कि पिछड़े राष्ट्रों के लोग कम काम करते हैं बल्कि इसलिए है कि पिछड़े राष्ट्रों के मजदूरों के पीछे प्रति व्यक्ति पूँजी की मात्रा सीमित है। इसकी तुलना में विकसित राष्ट्रों के मजदूरों के पीछे पूँजी की मात्रा कई गुना ज्यादा लगी हुई है। एक प्रकार से विकसित एवं पिछड़े राष्ट्रों के बीच प्रति व्यक्ति आमदनी का जो फासला है उसका मुख्य कारण प्रति व्यक्ति पूँजी का अंतर है। जब तक पूँजी की इस गैर-बराबरी को दूर नहीं किया जा सकता, तब तक अंतर्राष्ट्रीय स्तर की गैर-बराबरी बनी रहेगी।

जहां विकसित राष्ट्रों में आमदनी की गैर-बराबरी उच्च एवं निम्न वर्गों के बीच है, वहीं हिन्दुस्तान में निम्न स्तर पर भी आय एवं आमदनी की गैर-बराबरी चुभने वाली है। एक मजदूर एवं एक कारखाने के मालिक की आमदनी की गैर-बराबरी तो यूरोप एवं अमेरिका में भी देखने को मिलती है, लेकिन हिन्दुस्तान में साधारण लोगों के बीच की गैर-बराबरी भी कुछ कम नहीं है। मसलन् एक प्राथमिक शिक्षक एवं विश्वविद्यालय के शिक्षक के बीच आमदनी की गैर-बराबरी।

हिन्दुस्तान में आय एवं आमदनी की गैर-बराबरी का एक और भी कारण है निम्न स्तर का उत्पादन। अतः हिन्दुस्तान जैसे राष्ट्र में इस अमीरी-गरीबी की गैर-बराबरी को मिटाने के लिए अन्य चीजों के अलावा उत्पादन को बढ़ाना भी जरूरी है। यह तभी संभव है जब हिन्दुस्तान इसके पीछे पड़ जाए, ठीक उसी तरह "जिस तरह से पुराना हिन्दुस्तान, 3-4 हजार या दो हजार बरस पहले का, आध्यात्मिक बराबरी की तरफ झुका और उस दिशा में उसने बहुत कुछ हासिल किया। उसी तरह आधुनिक यूरोप, सामाजिक एवं आर्थिक बराबरी की ओर झुका और उसने बहुत कुछ हासिल किया है।" (शरद, पृ. सं. 68)

लोहिया यूरोप की इस बात की प्रशंसा भी करते हैं कि इसने आर्थिक-सामाजिक बराबरी में एक मिसाल स्थापित किया है। आगे लिखते हैं: ''मनुष्य ने अपनी तमाम सभ्यता में सामाजिक और आर्थिक बराबरी के मामले में कभी

भी उतना नहीं हासिल किया जितना यूरोप वालों ने हासिल किया है। साधारण से साधारण आदमी को उसने (यूरोप) इज्जत दी है।" (वही, पृ. सं. 68) यही कारण है कि पूँजीवाद तमाम कमजोरियों के बावजूद अपने को यूरोप में बचाए रखा। मार्क्स की सर्वहारा वर्ग की क्रांति की परिकल्पना फलीभूत नहीं हुई क्योंकि पूँजीवाद ने सर्वहारा वर्ग को भी सम्मानजनक जीवन प्रदान किया।

**2) प्रभु एवं गुलाम देश की लड़ाई—** ऐसे तो आज के संदर्भ में यह प्रश्न अप्रासंगिक हो चुका है क्योंकि अब दुनिया के सभी मुल्क आजाद है, लेकिन लोहिया के समय में प्रभु देश एवं गुलाम देश की लड़ाई जारी थी। लोहिया इस बात पर भी बल देते है कि भविष्य में कोई राष्ट्र गुलाम हो जाए इसकी संभावना बहुत कम है। ''किसी भी देश का नये सिरे से गुलाम होना संभव नहीं दिखाई पड़ता। पिछले 10-15 बरस में (1945 के बाद) कोई भी देश गिरा नहीं, खत्म नहीं हुआ है, टूटा नहीं है, किसी के कब्जे में नहीं गया है।" (शरद, पृ. सं. 71)

लोहिया जब यह बात कर रहे थे तो शीतयुद्ध पराकाष्ठा पर था। संयुक्त राज्य अमेरिका एवं सोवियत संघ की प्रतिद्वंद्विता अपने चरम पर थी। ऐसे में जैसे ही किसी राष्ट्र पर कोई आधिपत्य की कोशिश करता तो दूसरा उसके बचाव में सामने आ खड़ा होता। यह तो एक ठोस सामरिक कारण हुआ। लेकिन सबसे प्रमुख बात यह है कि प्रभु एवं गुलाम देशों की लड़ाई में स्वतंत्रता की भावना इतनी प्रबल हो चुकी है कि अब कोई भी राष्ट्र किसी दूसरे की पराधीनता स्वीकार नहीं कर सकता।

प्रभु एवं गुलाम देशों की लड़ाई में औपनिवेशिक शोषण से मुक्ति का भाव भी प्रबल था। आज कोई भी देश अपने आर्थिक एवं अन्य संसाधनों को दूसरे के लिए इस्तेमाल के लिए नहीं छोड़ता। प्रभु देश पूँजीवादी अर्थव्यवस्था के प्रतीक थे और उपनिवेशों से आर्थिक संसाधनों को लूटकर अपनी पूँजीवादी अर्थव्यवस्था को मजबूत करने में लगे हुए थे। यह व्यवस्था अब पूरी तरह से गैर-औचित्य हो चुकी है और इसको उसी रूप में दुबारा स्थापित करना नामुमकिन है। यह जरूर है कि पूँजीवाद विकसित देशों पिछड़े राष्ट्रों के शोषण का नया तरीका अपना लिया है। यूरोप का पूँजीवाद तो प्रत्यक्ष रूप से उपनिवेशों के शोषण से पला-बढ़ा। लेकिन आज का पूँजीवाद एक प्रकार से अप्रत्यक्ष उपनिवेशवाद पर पल-बढ़ रहा है।

इस दिशा में बहुराष्ट्रीय कंपनियों का उदय महत्त्वपूर्ण घटना है। वह राष्ट्रीय सरकारों एवं अंतर्राष्ट्रीय संगठनों को प्रभावित कर विश्व को एक बाजार के रूप

में तब्दील करने में सफल रहा है। इन कंपनियों का क्षेत्राधिकार किसी एक राष्ट्र की सीमा नहीं है, बल्कि ये पूरे विश्व के स्तर पर कार्य करती हैं जिसमें कच्चे माल किसी एक राष्ट्र से, श्रम किसी दूसरे राष्ट्र से, तकनीक किसी तीसरे से, लेकिन बाजार पूरे विश्व को बना दिया है। देशों के बीच द्विपक्षीय, बहुपक्षीय मुक्त व्यापार की संधियों एवं विश्व व्यापार संगठन ने इन कंपनियों को आसान शर्तों पर विश्व बाजार उपलब्ध कराया है। राजनीतिक उपनिवेशवाद खत्म हो चुका है, और आर्थिक उपनिवेशवाद ने राजनीतिक उपनिवेशवाद के कंधों पर प्रत्यक्ष तौर पर चलना बंद कर दिया है। लेकिन नये ढंग का सूक्ष्म एवं अदृश्य उपनिवेशवाद आज भी जारी है।

**3) जाति एवं वर्ग से उत्पन्न अन्याय के खिलाफ—** जाति एवं वर्ग की व्यवस्था भारतीय समाज का अकेले का मामला नहीं है, "जाति के जो बीज हैं, तत्त्व हैं वे किसी न किसी रूप में संसार के हर देश में मौजूद हैं।" (शरद, पृ. सं. 71) लोहिया कहते हैं: ''ढीली जाति या वर्ग सारे संसार में है।" (वही, पृ. सं. 71) यूरोप, अमेरिका में भले ही मजदूर वर्गों की आमदनी में जबरदस्त इजाफा हुआ है, उनका जीवन स्तर भी काफी ऊंचा हुआ है और कई मामलों में जैसे खान-पान, कपड़े-लत्ते को लेकर मजदूर एवं मालिक वर्ग में कोई विशेष अंतर, भी नहीं रहा है। फिर भी मजदूरों का एक वर्ग है और मालिकों का एक वर्ग है और दोनों की आमदनी के अनुपात में अंतर बना हुआ है।

जाति एवं वर्ग का भेद पूरे संसार की प्रवृत्ति है जिसका वर्णन करते हुए लोहिया कहते हैं। ऐसा मेरा विचार है कि मनुष्य का इतिहास जहां और कई किस्म की पेंग लेता रहा है, वहां वर्ग और जाति की दो धुरियों के बीच में या कोनों के बीच में झूला झूलता रहा है, पेंग लेता रहा है। वर्ग है ढीली जाति, और जाति है जकड़ा हुआ वर्ग किसान, मजदूर, खेत-मजदूर जैसे वर्ग आर्थिक स्थितियों, आर्थिक बराबरी गैर-बराबरी और आर्थिक लेन-देन, दांव-पेंच, कम-ज्यादा, कमकश, पैदावार, मशीन वगैरह इस प्रकार से बनते हैं। ये तो हैं ढीले-ढाले, पर एकदम ढीले हो तो फिर जाति बनने की गुंजाइश न रहे।" (वही, पृ. सं. 72)

चूंकि जाति एवं वर्ग का भेद असमानता एवं गैर-बराबरी के भाव को बढ़ावा देता है जाति भी खत्म होनी चाहिए और वर्ग भी, और इस दिशा में मानव समाज को प्रयास करते रहना चाहिए। हो सकता है दो-तीन सौ वर्ष लग जाएँ परन्तु इसका अर्थ यह नहीं निकालना चाहिए कि समाज में तत्काल संपूर्ण

एवं व्यापक समानता आ जाएगी। लोहिया कहते है कि, "मैं यह नहीं कहता कि कोई ऐसा संसार बन पायेगा जिसमें पूर्ण बराबरी हो जाएगी। यह तो स्वप्न है; इच्छा, संकल्प और सपना। लेकिन इसको हासिल करना है। हो सकता है दो सौ, तीन सौ बरस के बाद यह सचमुच हर एक दिशा में संभव हो जाए ।" (वही, पृ. सं. 73)

लेकिन सम्पूर्ण गैर-बराबरी की एक दिशा जरूर है जो आज भी संभव दिख रही है, और वह है रोटी-अनाज एवं कपड़े-लत्ते के बारे में। ऐसा आज भी संभव है कि दुनिया इतना अनाज एवं कपड़े-लत्ते पैदा कर दे कि जो चाहे जितना खाए और पहने। हरेक के लिए पर्याप्त मात्रा में उपलब्ध हो जाए। लोहिया का समाजवाद बुनियादी आवश्यकताओं की पूर्ति में सम्पूर्ण बराबरी का सिद्धान्त प्रतिपादित करता है।

**4) नर-नारी की बराबरी—** लोहिया नर-नारी की गैर-बराबरी को उतना ही बड़ा नाइंसाफ मानते है जितना कि अमीरी-गरीबी वाली गैर-बराबरी को। इसलिए नर-नारी की बराबरी खत्म किए बगैर दूसरी नांइसाफी भी खत्म नहीं होगी। लेकिन जिस प्रकार से गरीबों में संघर्ष करने की वजह, बख्शीश प्राप्ति की इच्छा प्रबल हो गई है, उसी प्रकार से नारी समाज में भी गैर-बराबरी के खिलाफ संघर्ष करने की इच्छा-शक्ति कम हो गई है। लोहिया कहते हैं: "जिस तरह से गरीब आदमी गैर-बराबरी को समझने की इच्छा प्रबल नहीं रखता, उसको बख्शीश चाहिए, उसी तरह से औरत को गहना चाहिए, बराबरी नहीं। मैं सब औरतों के लिए यह नहीं कह रहा हूँ। साधारण तौर से ऐसा ही है और हिन्दुस्तान की औरत के लिए तो ज्यादातर लागू ही है।" (वही, पृ. सं. 74) बख्शीश पाने की इस प्रवृत्ति से लोहिया इतना निराश हो जाते हैं कि आगे लिखते है: ''समाज में पिछले 2-4-5 हजार बरस में ऐसी परिस्थितियां पैदा हो गई है कि जिससे उन लोगों को जिन्हें इन्कलाब करना है, उन लोगों के दिमाग इतने बिगाड़ दिये गये हैं कि कई दफे तो दिल बैठ-सा जाता है।" (वही, पृ. सं. 74)

लोहिया जहां एक ओर नर-नारी की गैर-बराबरी को एक बड़ा नाइंसाफ मानते हुए उसे खत्म करने की बात करते हैं वहीं यह भी स्वीकार करते हैं कि नर-नारी की गैर-बराबरी में कुछ स्वाभाविकता भी है जिसका आधार केवल प्राकृतिक है न कि मानसिक क्षमता एवं किसी प्रकार की मानसिक दुर्बलता। लोहिया कहते हैं कि इसका भी समाधान है। इस प्राकृतिक गैर-बराबरी से उपजे नर-नारी भेद को दूर करने के लिए 'विशेष अवसर का सिद्धान्त' लागू करना

चाहिए। इस पर विचार करते हुए उन्होंने कहा कि: ''औरतों की जो स्वाभाविक गैर-बराबरी है उसको दूर करने का उपाय है कि उनको कुछ ज्यादा मौका दिया जाए। विशेष अवसर दिये बिना ये ऊँची उठ नहीं सकतीं। यह सृष्टि रहेगी तब तक थोड़ा बहुत देना पड़ेगा, क्योंकि शरीर-संगठन के मामले में औरत कमजोर है और मालूम होता है कि कुदरती तौर पर कमजोर है। इसलिए उसे कुछ स्वाभाविक तौर पर ज्यादा स्थान देना ही पड़ेगा।'' (वही, पृ. सं. 75) अंत में लोहिया इस बात पर बल देते हैं कि, ''नर और नारी की गैर-बराबरी को खत्म किये बिना, मेरी समझ में, दूसरी भी गैर-बराबरी खत्म करना असंभव है और यह गैर-बराबरी खत्म तभी होगी जब कि नारी को, शायद हमेशा के लिए, संगठन के मामले में ज्यादा मौका, विशेष अवसर दिया जाए।" (वही, पृ. सं. 76)

**5) रंग-भेद एवं नस्ल-भेद के खिलाफ—** लोहिया के समय में रंग-भेद एवं नस्ल-भेद की लड़ाई भी चल रही थी। ऐसे तो आज के संदर्भ में रंग-भेद एवं नस्ल-भेद की समस्या में काफी कमी हुई है फिर भी यह कहना कि नस्ल भेद पूरी दुनिया से खत्म हो गया है, गलत है। गोरी चमड़ी का आकर्षण एवं इसके विपरीत काली चमड़ी का अवमूल्यन एक मानसिक कुष्ठ रोग है जो प्रत्यक्ष एवं अप्रत्यक्ष रूप में मानव समाज में बना हुआ है। अमेरिका में तो आज भी रंग-भेद के आधार पर काले वर्ण के लोगों के साथ भेदभाव होते हैं। नस्ल-आधारित हिंसा की घटनाएँ भी घटती रहती हैं।

भारत के संदर्भ में नस्ल-भेद की समस्या उतनी गंभीर नहीं है जितनी कि यूरोप एवं अमेरिका में, क्योंकि यहां पर जाति-भेद की समस्या रंग एवं नस्ल भेद का ही एक रूप है। सामाजिक विमर्श में इसे ऊँची एवं नीची जाति के रूप में भी देखने को मिलता है। दूसरी बात कि भारत में भी गोरे रंग के प्रति आकर्षण उतना ही गहरा है जितना कि दूसरे देशों में जो एक प्रकार से नस्ल-भेद का ही रूप है। भारतीय समाज में गोरेपन को ऊँची जाति, तीव्र बुद्धि, संस्कार, सुन्दरता इत्यादि से जोड़ा जाता है जो एक प्रकार का नस्ल भेद है। लोहिया कहते हैं, "अब रंग की बात, आर्थिक, राजकीय, श्रृंगार-शास्त्र से यह लड़ाई चल रही है। बहुत लोगों के दिमागों में यह खयाल घुसा हुआ है कि जिसका रंग साफ है वह दिमाग का भी तेज है। जो रंग के काले हैं उनके दिमाग में भी कुछ न कुछ हीनता रहती है।" (शरद, पृ. सं. 77)

लोहिया रंग एवं नस्ल-भेद की जड़ को सत्ता से भी जोड़कर देखते हैं। जिन लोगों के हाथों में सत्ता रही है उनके रंग एवं कद-काठी की प्रशंसा होती रही है।

कवियों, लेखकों एवं सौंदर्य-शास्त्रियों ने उसी के बारे में लिखा है जिसके पास राजकीय ताकत रही है। लोहिया कहते हैं: "जिसके पास राज है, जिसके पास दौलत है, उसका रंग-रूप कवियों के लिए, लेखकों के लिए, शास्त्रियों के लिए अच्छा बन जाता हैं। हमेशा से संसार का यह नियम रहा है।" (शरद, पृ. सं. 78)

**6) हथियार बनाम सत्याग्रह—** लोहिया का युग अणुबम की प्रतिस्पर्धा का समय था। सोवियत संघ और अमेरिका के बीच अणुबम के विस्तार की जबरदस्त होड़ लगी हुई थी। इसमें कुछ अन्य राष्ट्र भी शामिल हो गये थे। फ्रांस एवं ब्रिटेन के अलावा चीन ने भी अपनी अणुबम बनाने की क्षमता की घोषणा कर दी थी। जहां एक ओर अणुबम एवं प्रक्षेपास्त्रों की होड़ लगी हुई थी, वहीं अणुबम एवं अन्य विध्वंसक हथियारों के खिलाफ मानव समाज में इसकी खिलाफत करने की चेतना भी जागी थी। कई राष्ट्रों में लोगों के द्वारा अणुबम के खिलाफ विरोध एवं प्रदर्शन किये जा रहे थे।

लोहिया अणुबम एवं अन्य अस्त्र-शस्त्र को एक हथियार के रूप में देखते थे, तो वहीं पर शांतिपूर्ण तरीके से सिविलनाफरमानी एवं सत्याग्रह को भी एक हथियार के रूप में ही देखते थे और दोनों को एक-दूसरे के आमने-सामने रखकर तुलना करते थे। लोहिया ने सिविलनाफरमानी एवं सत्याग्रह के हथियार को अणुबम एवं अन्य अस्त्र-शस्त्र के खिलाफ खड़ा कर इसके उत्तरोतर प्रयोग में वृद्धि की बात कर रहे थे। वे न केवल अणुबम के विरोधी थे, बल्कि किसी भी प्रकार के हथियार, छोटे हथियार, जैसे तलवार, पिस्तौल इत्यादि के भी विरोधी थे और इसके खिलाफ सिविलनाफरमानी एवं सत्याग्रह रूपी हथियार को अपनाने की अपील की जिससे कि संसार हिंसा-मुक्त सिविलनाफरमानी के रास्ते पर चल पड़े। लोहिया कहते हैं: ''अणुबम के ही खिलाफ नहीं, बल्कि तलवार- पिस्तौल जैसे छोटे हथियारों के खिलाफ भी वृत्ति बनाना है। वह वृत्ति तब तक नहीं बन सकती जब तक हथियार के मुकाबले में सत्याग्रह का यंत्र नहीं पकड़ा जाता।" (शरद, पृ. सं. 80) आगे लिखते हैं कि, ''सत्याग्रह के हथियार का इस्तेमाल धीर-धीरे बढ़ रहा है और यही दुनिया को हिंसा एवं विनाश से भी बचाएगा। मैं समझता हूँ अगर मानव समाज में हर मनुष्य की सत्याग्रह की आदत बन जाए तो वही दुनिया को बचाएगी।" (शरद, पृ. सं. 80)

**7) व्यक्तिगत स्वतंत्रता की लड़ाई—** लोहिया व्यक्तिगत स्वतंत्रता के प्रबल समर्थक थे और यह कहना अतिशयोक्ति नहीं होगी कि व्यक्तिगत स्वतंत्रता की धारणा में ब्रिटेन के प्रमुख उदारवादी विचारक जे. एस. मिल से भी थोड़ा

आगे जाते हैं। लोहिया के अनुसार व्यक्ति का निजी जीवन पूरी तौर पर अस्पर्श रहना चाहिए। राज्य, सरकार, राजनीतिक दल और यहां तक कि समाज का भी हस्तक्षेप नहीं होना चाहिए। इसको स्पष्ट करते हुए वे लिखते हैं कि, ''जीवन के ऐसे कुछ दायरे होने चाहिए कि जिनमें राज्य का, सरकार का, संगठन का, गिरोह का दखल न हो।" (शरद, पृ. सं. 83) वे व्यक्तिगत स्वतंत्रता के क्षेत्र के दायरे को काफी व्यापक मानते हैं और यहां तक कि दया-हत्या एवं आत्महत्या के अधिकार को व्यक्तिगत स्वतंत्रता का अधिकार मानते हैं। अगर कोई व्यक्ति अपना जीवन समाप्त करना चाहता है तो उसका यह व्यक्तिगत अधिकार है और उसमें राज्य एवं सरकार की कोई दखलंदाजी नहीं होनी चाहिए। लोहिया यह भी मानते हैं कि कुछ लोग व्यक्तिगत स्वतंत्रता की इस परिभाषा का दुरुपयोग भी कर सकते हैं, लेकिन वैसी परिस्थिति में भी राज्य एवं समाज को चुप ही रहना चाहिए। हां, अगर व्यक्ति की निजी स्वतंत्रता का दायरा सार्वजनिक जीवन को प्रभावित करता है तो वहां पर राज्य एवं समाज का हस्तक्षेप वांछनीय है। लोहिया व्यक्तिगत स्वतंत्रता के दायरे में न केवल शादी- विवाह का मामला रखते हैं, बल्कि सरकारी नौकरों को राजनीतिक दल को चुनने का भी अधिकार देते हैं। अलबत्ता उनका आचरण सरकारी कार्यों के निष्पादन के समय दलीय भावना से दूषित नहीं होना चाहिए।

अंत में इन सात क्रांतियों के स्वप्न को इस प्रकार से संजोते हैं: "मोटे तौर से ये है सातों क्रांतियां। सातों क्रातियां संसार में एक साथ चल रही हैं। अपने देश में भी उनको एक साथ चलाने की कोशिश करनी चाहिये। जितने लोगों को भी क्रांति पकड़ में आई हो उसके पीछे पड़ जाना चाहिये और बढ़ाना चाहिये। बढ़ाते-बढ़ाते शायद ऐसा संयोग हो जाये कि आज का इन्सान सब नाइंसाफियों के खिलाफ लड़ता-जूझता ऐसे समाज और ऐसी दुनिया को बना पाये कि जिसमें आंतरिक शांति और बाहरी या भौतिक भरा-पूरा समाज बन पाये।" (शरद, पृ. सं. 83)

अध्याय 4

# सिविलनाफरमानी से लोकतंत्र

राममनोहर लोहिया लोकतंत्र के सच्चे हिमायती थे, जिन्होंने 'वाक्य की स्वतंत्रता' एवं 'कर्म की मर्यादा' पालन करते हुए विश्वव्यापी लोकतंत्र की कामना की और जिसकी आधारशिला राष्ट्र के अंदर 'चौखंभा राज' एवं विश्व के स्तर पर 'विश्व पंचायत' के रूप में रखी। लोहिया के लोकतंत्र की परिकल्पना में सिविलनाफरमानी जनता का मुख्य हथियार है, जिसके प्रयोग से ही लोकतंत्र की दीवारें मजबूत होती है। वे किसी भी प्रकार की हिंसा, चाहे पुलिस की गोली बारी हो या जनता की पत्थरावबाजी, के खिलाफ थे। यहां तक कि लाठी को भी हिंसक हथियार मानते थे। इसके बदले सिविलनाफरमानी के माध्यम से ही अन्याय, अत्याचार एवं गलत कानूनों की खिलाफत के पक्षधर रहे हैं।

लोहिया ने सिविलनाफरमानी को एक नैतिक विरोध के रूप में परिभाषित किया, जिसका मुख्य उद्‌देश्य प्रतिकार है। इसका प्रयोग हर प्रकार के अन्याय, असमानता, एवं अत्याचार के खिलाफ होना चाहिए। अन्याय एवं अत्याचार करने वाला कोई कानून हो सकता है, कोई व्यवस्था हो सकती है, जैसे जाति प्रथा, कोई संस्था, शासक या कोई व्यक्ति। जहां सिविलनाफरमानी प्रतिकार का एक हथियार है, वहीं इसका सकारात्मक रूप भी है, जो न्याय, समानता, स्वतंत्रता एवं अधिकारों की स्थापना के लिए है। सिविलनाफरमानी का प्रयोग व्यक्ति अकेले भी कर सकता है और समूह में भी।

## नागरिक स्वतंत्रता एवं सिविलनाफरमानी

सन् 1936 में, कांग्रेस के विदेश विभाग के सचिव के रूप में लोहिया ने The Struggle for Civil Liberties (नागरिक स्वतंत्रता के लिए संघर्ष) नामक

पुस्तिका अंग्रेजी में लिखी[1], जिसमें उन्होंने न केवल नागरिक स्वतंत्रता का अर्थ बताया, बल्कि ब्रिटेन, अमेरिका एवं फ्रांस में नागरिक स्वतंत्रता के अधिकारों की व्यापकता एवं उसे बचाये रखने के लिए जारी संघर्षों का भी वर्णन किया। साथ ही साथ उन्होंने उपनिवेशिक भारत में नागरिक स्वतंत्रता की कमी एवं उसका ब्रिटिश शासन के द्वारा दिन-प्रतिदिन हनन की ओर ध्यान आकर्षित करते हुए उसकी रक्षा के लिए हर संभव प्रयास करने की अपील की और कहा कि नागरिक स्वतंत्रताओं की रक्षा के लिए हर प्रकार के किले बनाओ और इस पर आक्रमण को रोकने के लिए हर प्रकार की खाई खोदकर[2] इसकी सुरक्षा करो।

---

1 सन् 1936 में भारतीय राष्ट्रीय कांग्रेस का 49वां अधिवेशन 12 से 14 अप्रैल के बीच उत्तरप्रदेश के लखनऊ में सम्पन्न हुआ, जिसमें जवाहरलाल नेहरू को एक बार फिर अध्यक्ष नियुक्त किया गया जिन्होंने अखिल भारतीय कांग्रेस कार्यसमिति के विदेश विभाग की स्थापना की। इसका मुख्य उद्देश्य अन्य देशों के राजनीतिक एवं मजदूर संगठनों से संपर्क एवं संबंध स्थापित करना तथा कांग्रेस की नीतियों एवं संदेशों को विदेशों में फैलाना था। इस महत्त्वपूर्ण जवाबदेही के निष्पादन के लिए उन्होंने डॉ. राममनोहर लोहिया जिन्हें 'उदयोन्मुख तारा' कहकर संबोधित किया, को चुना, और उन्हें विदेश विभाग का सचिव नियुक्त किया। नेहरू के निमंत्रण पर एवं आचार्य नरेन्द्र देव के आग्रह पर डॉ. लोहिया ने इस जवाबदेही को अप्रैल-मई 1936 से लेकर अगस्त, 1938 तक संभाला।

नेहरू लोहिया को सन् 1928 से जानते थे और लोहिया के तेज एवं मेधा से प्रभावित भी थे। लोहिया पर भी नेहरू का प्रभाव था। लेकिन, नेहरू के प्रस्ताव पर जिसमें इलाहाबाद में आकर कार्य करना था, एकदम सहमत नहीं हुए, तो उन्होंने आचार्य नरेन्द्र देव को मनाने के लिए कहा। जब नरेन्द्र देव ने आग्रह किया, तो लोहिया तैयार हो गये और इलाहाबाद में कांग्रेस कार्यसमिति के कार्यालय से विदेश विभाग का कार्य संचालन किया।

सन् 1934 में कांग्रेस सोशलिस्ट पार्टी की स्थापना से ही लोहिया इसके सक्रिय सदस्य थे और अप्रैल 1938 में कांग्रेस सोशलिस्ट पार्टी का लाहौर में अधिवेशन हुआ जिसमें लोहिया राष्ट्रीय कार्यकारिणी के सदस्य चुने गये। उसी वक्त कांग्रेस ने एक नियम बना दिया कि कांग्रेस सोशलिस्ट पार्टी की राष्ट्रीय कार्यकारिणी का सदस्य कांग्रेस कार्यसमिति के किसी विभाग का मंत्री (सचिव) नहीं हो सकता। तदोपरांत लोहिया को कांग्रेस कार्यसमिति के विदेश विभाग के सचिव का पद छोड़ना पड़ा।

2. पुराने जमाने में बहुत सारे शासक अपने किले के चारों तरफ खाई खोदकर रखते थे जिससे शत्रुओं को आक्रमण करना आसान नहीं होता। यहां पर खाई खोदने का अर्थ नागरिक स्वतंत्रता की सुरक्षा के उपाय के रूप में है।

लोहिया ने नागरिक स्वतंत्रताओं के हनन के कुछ ज्वलंत उदाहरण भी प्रस्तुत किए।

नागरिक स्वतंत्रता को परिभाषित करते हुए उन्होंने कहा कि, ''नागरिक स्वतंत्रताओं की उत्पत्ति राज्य के साथ संघर्ष के परिणामस्वरूप हुई है। नागरिक स्वतंत्रता राज्य की अधिसत्ता को बांधता है। इसका मूल अर्थ व्यक्ति की जीवन की रक्षा की स्वतंत्रता, रहने वाले आश्रय/घर/मकान की सुरक्षा, विचारों की अभिव्यक्ति एवं संगठन की स्वतंत्रता, समान न्याय, सरकार पर नियत्रंण एवं राजनीतिक अभियुक्तों की रिहाई से है।'' नागरिक स्वतंत्रता की परिभाषा के दायरे को बढ़ाते हुए, उन्होंने कहा कि सरकार पर नियत्रंण एवं राजनीतिक कैदियों की रिहाई भी इसमें शामिल है।

गांधी की ही तरह, लोहिया भी एक प्रकार से राज्य की सत्ता को नागरिक स्वतंत्रता में हनन मानते थे। लेकिन जहां गांधी राज्य की सत्ता को अनावश्यक मानते थे, लोहिया ने उस पर नियंत्रण को आवश्यक माना। इसी सिलसिले में उन्होंने राजनीतिक कैदियों की रिहाई को नागरिक स्वतंत्रता का ही अंग करार दिया और फिर राज्य सत्ता पर नियंत्रण के लिए विरोध, प्रतिकार जैसे सिविलनाफरमानी के हथकंडे को नागरिक स्वतंत्रता का ही हिस्सा माना।

लोहिया के लिए नागरिक स्वतंत्रता समाज की प्रगति के लिए भी आवश्यक है, क्योंकि समाज बराबर स्थितिपरकता एवं परिवर्तन के द्वंद्व में फंसा रहता है। नागरिक स्वतंत्रता ही समाज को इस द्वंद्व से निकालकर विकास के रास्ते पर ले जाता है।

नागरिक स्वतंत्रता आतातायी राज्य एवं जनविप्लव के क्रूर परिणामों को कम करने में भी मदद पहुँचाती है। एक प्रकार से राज्य की सत्ता को स्थायित्व प्रदान करती है। अत: नागरिक स्वतंत्रता केवल व्यक्ति के लिए ही नहीं, बल्कि समाज एवं राज्य के लिए भी उपयोगी है। नागरिक स्वतंत्रता राज्य को स्थायित्व प्रदान करती है और इसे विप्लव एवं विद्रोह से बचाती है।

जब लोहिया 'नागरिक स्वतंत्रता के लिए संघर्ष' नामक पुस्तक 1936 में लिखी, तो उनके राजनीतिक जीवन के ये प्रारंभिक दिन थे। सिविलनाफरमानी के बारे में उनकी सोच विकसित हो रही थी। आजादी की लड़ाई में उनकी भागीदारी, विशेषकर 1942 का भारत छोड़ो आंदोलन, 1946 का गोवा मुक्ति संघर्ष, आजादी के पश्चात् भू-लगान, जमीन के बंटवारे, सरकारी खर्च में कटौती, दाम बांधों, नहर लगान जैसे मुद्दों पर सतत् संघर्ष ने उनके सिविलनाफरमानी के विचार को और परिपक्व किया और उन्होंने इसके दायरे का विस्तार किया।

इसकी एक झलक मैनकाइण्ड के 4 नवंबर, 1956 के अंक में मिलती है जिसमें उन्होंने बिहार में गरीब किसानों एवं मजदूरों द्वारा आर्थिक मुद्दों पर चलाए जा रहे सिविलनाफरमानी पर अपने विचारों को रखा। उन्होंने लिखा कि, ''बिहार के आंदोलनकारी चाहते थे कि दामों की लूट बंद हो, अलाभकर खेती पर लगान न हो, खेत मजदूर को उचित मजदूरी मिले, बेकारी बीमा कराया जाए, हैरान करने वाले टिकस (कर) जैसे बैलगाड़ी पर और पेशा-कर हटाये जाएँ, सरकारी फिजूलखर्ची बंद हो, आमदनियों की हदें बांधी जाएँ।'' हालांकि बिहार का यह आंदोलन बहुत व्यापक नहीं था, लेकिन इसका दूरगामी प्रभाव पड़ा जिसके बारे में लोहिया लिखते हैं:

''यह बिल्कुल सत्य है कि बिहार में सिविलनाफरमानी करने वाले बेहद गरीब हैं और उनमें से कुछ को तो भूखे ही अवज्ञा करनी पड़ती है। उनमें से ज्यादातर कृषक वर्ग के हैं, छोटे किसान और शहर के गरीब से गरीब लोग उनके कपड़े भी अच्छे नहीं हैं। परन्तु बिहार के प्रतिकारी खुशी से उछल सकते हैं कि उन्होंने भारतीय इतिहास के मंच पर पहली बार शोषित लोगों को सामने आने में मदद दी। शोषित लोगों की ऐसी जागृति से लाजमी तौर पर समूचा राष्ट्र जागृत होगा।" (लोहिया, समता ट्रस्ट, 2020, पृ. सं. 19)

## नजरबंदी कानून के खिलाफ

लोहिया नजरबंदी कानून को नागरिक स्वतंत्रता का हनन मानते थे। 18 दिसम्बर, 1963 को 'निवारक नजरबंदी कानून' को जारी रखने संबंधी विधेयक पर लोकसभा में बहस करते हुए उन्होंने कहा कि यह कानून संविधान की 21 वीं एवं 22वीं धाराओं के विपरीत है, और जनता के स्वतंत्रता के अधिकारों में बाधा उत्पन्न करने वाला है। लोहिया के इस वक्तव्य पर जब सत्ता पक्ष के लोगों ने यह कहा कि ब्रिटेन एवं अमेरिका में लोगों को अधिकार प्राप्त करने में 200-300 बरस लग गये हैं, तो उस पर उन्होंने पलटवार करते हुए कहा कि हिन्दुस्तान का इतिहास अलग रहा है। हमने आजादी भी अलग तरीके से हासिल की है।

उन्होंने कहा कि, ''हमने यह राज्य सत्याग्रह, सिविलनाफरमानी के जरिये बनाया है। सिविलनाफरमानी से बने हुए राज्य के अलग नियम होते हैं, अलग कानून होते हैं, वे कानून वैसे नहीं हो सकते जैसे कि अमेरिका या इंग्लैंड में हैं।'' (वही, पृ.सं. 58) सत्तापक्ष को इतिहास बोध कराते हुए उन्होंने कहा कि, ''अगर आप इतिहास की चर्चा करेंगे तो आपको इस बात को भी जानना होगा कि इंग्लैंड ने कितने राजा, रानियों, मंत्रियों और प्रधानमंत्रियों को फांसी

पर लटकाकर अपने अधिकार हासिल किये थे। अगर आप उस इतिहास की पुनरावृत्ति करना चाहेंगे तो उसके बहुत बुरे नतीजे निकलेंगे। हमें तो अपना इतिहास अलग से बनाना है।" (वही, पृ.स. 58)

## सिविलनाफरमानी का नैतिक हथियार

लोहिया के अनुसार सिविलनाफरमानी एक नैतिक संकल्प है। सिविलनाफरमानी के द्वारा प्रतिकार करने वालों की संख्या कितनी है उसका उतना महत्त्व नहीं है जितना कि सिविलनाफरमानी के उद्देश्य का। सिविलनाफरमानी करने वालों की संख्या कितनी भी कम हो; उसका आंदोलन क्षेत्र कितना ही सीमित क्यों न हो, दूरगामी प्रभाव छोड़ता है। लोहिया लिखते हैं: ''जब हजारों तकलीफ उठाते हैं, तो लाखों जाग जाते हैं। जब हजारों कष्ट में तपते हैं, तो उनकी पवित्रता और शक्ति निखरती है। भारतीय इतिहास के सामने प्रश्न उठ खड़ा हुआ है कि देश कत्ल की भावना के अधीन होगा या कष्ट भोगने की भावना का।'' (पृ.सं. 13)

लोहिया को सिविलनाफरमानी से बहुत उम्मीदें थीं। उनकी यह धारणा थी कि लोग अगर सिविलनाफरमानी करना सीख जाएँ, तो चमत्कारिक परिवर्तन हो सकते हैं। जिस दिन लोग जाग जाएँ और सिविलनाफरमानी का प्रयोग करना जान जाएँ, उसी समय दुनिया से अन्याय एवं समर्पण भी खत्म हो जाएगा। क्योंकि ''आदमी में न्याय की सहजबुद्धि के साथ-साथ, अन्याय करने का स्वभाव भी होता है। वह अन्याय सहन भी कर लेता है। अत्याचार इसीलिए है कि समर्पण है। जिस दिन लोग अत्याचारी की सविनय अवज्ञा करना सीख जाएँगे, उस दिन अत्याचार खत्म हो जाएँगे।" (पृ.सं. 16) लेकिन इसके लिए जनता को जागरूक करना होगा, तैयार करना होगा, और यही सिविलनाफरमानी का मूल मंत्र है।

लोहिया के अनुसार, ''सिविलनाफरमानी जनता के संकल्प को शिक्षित और परिवर्तित करने का रास्ता है।" इसका मतलब है जनता को अन्याय एवं समर्पण के खिलाफ बगावत करने के लिए शिक्षित करना। लोहिया थोरो को उद्धरित करते हुए कहते हैं: "थोरो की यह बात शायद आने वाली कई पीढ़ियों तक सही साबित होगी कि सदाचारिता के हर 999 सरपरस्तों के मुकाबले सिर्फ एक आदमी सदाचार वाला होता है। अगर सदाचार वाला यह एक आदमी भी सदाचार के लिए लगातार कष्ट भोगने के बजाय उससे आनन्द प्राप्त करता रहा, तो चलते-चलते दूसरे 999 सदाचार और अनाचार के बीच भेद करना ही छोड़ देंगे।" (पृ. स.16)

सिविलनाफरमानी का उत्प्रेरक स्थानीय हो सकता है, लेकिन उसका महत्त्व राष्ट्रीय एवं अन्तर्राष्ट्रीय होता है। सिविलनाफरमानी किसी एक जगह हो रही है लेकिन उसका असर दूसरी जगह के लोगों पर भी होता है। सिविलनाफरमानी से दुनिया में एक सोच विकसित होती है कि वह सशस्त्र विद्रोह की जगह ले सकती है। लोहिया कहते हैं कि जिस किसी ने सशस्त्र विद्रोह की मुसीबतों को महसूस किया है, वह लाजिमी तौर पर सिविलनाफरमानी के तरीके अपनाएगा।

इसके महत्त्व की व्याख्या करते हुए, उन्होंने कहा कि: "सिविलनाफरमानी का दायरा केवल स्थानीय संघर्ष के लिए नहीं है बल्कि अन्तर्राष्ट्रीय महत्त्व का भी है। जब आदमी स्वभावतः राष्ट्रीय और अन्तर्राष्ट्रीय अन्याय का सामना इस हथियार से करेगा तो वह महान दृश्य भी समुपस्थित है जब विश्वपंचायत की स्थापना के लिए एवं शोषण के क्रूर कर्मों के विरोध में और राज्यों के विस्तार के खिलाफ संसार के सभी लोग सिविलनाफरमानी करेंगें।" (पृ. स. 15)

चूंकि सिविलनाफरमानी हिंसा एवं सशस्त्र विद्रोह का विकल्प है, यह सरकार के लिए भी लाजिमी है कि जनता को सिविलनाफरमानी का अधिकार बखूबी प्रदान करे। साथ ही साथ सरकार को भी यह अधिकार होना चाहिए कि सविनय प्रतिकारियों को गिरफ्तार करे, लेकिन उनके साथ सभ्य व्यवहार करे। अर्थात् सिविलनाफरमानी के दायरे में जनता प्रतिकार करेगी और सरकार भी उन प्रतिकारियों के साथ मर्यादापूर्ण व्यवहार करेगी, तभी सिविलनाफरमानी कामयाब भी होगी। लोहिया इस सिद्धान्त को स्पष्ट करते हैं: ''सरकार को मजबूर कर देना चाहिए कि वह जनता के सिविलनाफरमानी के अधिकार को मान ले। सिविलनाफरमानी के विकल्प हो सकते हैं: एक तरफ सुस्ती और समर्पण और दूसरी तरफ साजिश और सशस्त्र विद्रोह की तैयारी। अगर समुचित ध्येय को लेकर और गलत तरीके से भी सिविलनाफरमानी की जाती है, तो उससे सिर्फ करने वालों का नुकसान पहुँचता है, और किसी को नहीं। कभी भी उसमें जान-माल के साथ हिंसा के तरीके मिलाकर उसे दूषित नहीं करना चाहिए। ऐसे सिविलनाफरमानी करने वालों का मुकाबला करने के लिए सरकार को केवल गिरफ्तारी और चालान करने के अलावा, दूसरे रास्ते नहीं अपनाने चाहिए।" (पृ. सं. 17) क्योंकि "सिविलनाफरमानी, अगर गलत भी हो, तो सिवाय करने वाले के और किसी को नुकसान नहीं हो सकता। करना सिर्फ इतना पड़ता है कि ऐसा वातावरण बनाया जाए जो सिविलनाफरमानी में शरारती तत्त्वों के घुसने के खिलाफ हो।" (पृ. सं. 15)

लोहिया ने इस बात पर बल दिया कि सिविलनाफरमानी का तरीका कोई नया नहीं है। प्राचीन यूनान में सुकरात एवं भारत में प्रह्लाद का उदाहरण है, जिन्होंने सिविलनाफरमानी की थी। सुकरात ने विष का प्याला पी कर अपनी जान दे दी, लेकिन मौत की सजा का उल्लघंन नहीं किया। प्रह्लाद ने अपने अत्याचारी एवं अन्यायी पिता का प्रतिकार करते हुए मौत को गले लगाया। 20वीं शताब्दी में, सिविलनाफरमानी का प्रयोग कर गांधी ने यह स्थापित कर दिया है, कि हर व्यक्ति सुकरात एवं प्रह्लाद बन सकता है, बशर्ते उसमें सिविलनाफरमानी करने की नैतिक शक्ति हो। यदि सामान्य जन सिविलनाफरमानी की शक्ति को समझ जाए तथा इसका प्रयोग करना सीख जाए तो दुनिया से अन्याय, अत्याचार, एवं हिंसा का खात्मा हो सकता है।

सिविलनाफरमानी अहिंसा एवं तर्क का अनोखा मिश्रण है जिसकी लोहिया ने प्रभावशाली व्याख्या की है: "मानवीय इतिहास के दो ढूह हैं: तर्क एवं हथियार। सिविलनाफरमानी में तर्क एवं हथियार दोनों का मिश्रण है। इसमें एक ओर तो तर्क का माधुर्य है, दूसरी ओर हथियार का बल भी।" लोहिया तर्क एवं हथियार की 'गाय' एवं 'शेर' की उपमा से तुलना करते हैं और बताते हैं कि जनता के ये दोनों रूप 'गाय' एवं 'शेर' अच्छी बात नहीं है। इसकी तुलना में दोनों के सम्मिश्रण से जो रूप निकलता है वह सिविलनाफरमानी का है। लोहिया के अनुसार: "इतिहास में अब तक जनता के दो रूप देखने को मिले हैं: गाय या शेर का। गाय बन कर या तो वह जालिम के जुल्म को सहती है या शेर की तरह हिंसक बन जाती है।" (शरद, 1969, पृ. सं. 211) लोहिया जनता के इन दोनों रूपों को नापसंद करते हैं, क्योंकि इससे "कोई बुनियादी परिवर्तन नहीं हो सकता।'' (वही, पृ. सं. 211) 'गाय' एवं 'शेर' के बीच का रास्ता है सिविलनाफरमानी जिसका "मतलब है मामूली इन्सान की मामूली वीरता के साथ काम चलाना।" (वही, पृ. स. 211) सिविलनाफरमानी 'गाय' एवं 'शेर' के गुणों के सम्मिश्रण से ऐसा इन्सान पैदा करती है, ''जो जालिम के सामने घुटने नहीं टेकता, लेकिन साथ ही उसकी गर्दन भी नहीं काटता।" (वही पृ. सं. 211) वह आगे लिखते हैं कि, ''सिविलनाफरमानी के प्रयोग से एक नई सभ्यता का निर्माण हो सकता है।'' जहां न तो जालिम का जुर्म चलता हो न ही जालिम का जुर्म सहने वाला। क्योंकि "जालिम वहीं होते हैं जहां दब्बू होते हैं। जालिम का कहा मत मानो, यही सिविलनाफरमानी का मतलब है।" (वही, प.सं. 211)

सिविलनाफरमानी के प्रयोग को लेकर लोहिया बहुत आशावान थे। वे यह मानते थे कि इसके रास्ते ही संसार से अन्याय एवं अत्याचार समाप्त किया जा

सकता है। इन्सान हिंसक क्रांति को आजमा कर देख चुका है, जिसके परिणाम अच्छे नहीं रहे हैं।

इन्सान ने दब्बू बन कर भी समर्पण किया है जिसके परिणाम भी अच्छे नहीं रहे हैं। अब यह जरूरत है कि इन्सान न तो हिंसक हो न ही दब्बू बन कर जिये। बल्कि सिविलनाफरमानी के माध्यम से एक नई सम्यता का निर्माण करे। इस पर वे कहते हैं: "संसार में जब तक नाइंसाफी होगी, उसका विरोध भी होगा। भले इसमें थोड़ी देर लगे। यह अटल सत्य है। अब अन्याय का विरोध करने के, या परिवर्तन लाने के दो हथियार हैं; हथियारवाला या खूनी क्रांतिवाला रास्ता और सिविलनाफरमानी का रास्ता। पहला रास्ता तो इतिहास कई बार आजमा चुका है। उसके पुनरावर्तन से कोई लाभ नहीं। दूसरा रास्ता सिविलनाफरमानी का है।" (वही, पृ.सं. 212)

सिविलनाफरमानी के प्रयोग से किसी का कोई नुकसान नहीं होता, न कोई अव्यवस्था फैलती है और न ही कोई अराजकता उत्पन्न होती है। "महज थोड़ी-बहुत गड़बड़ी हो सकती है, क्योंकि पथ नया है। लेकिन यदि लोग इस पथ पर चले तो निःसंदेह नया मनुष्य पैदा होगा।" (वही, पृ. सं. 212) सिविलनाफरमानी दुनिया को न केवल हिंसा एवं रक्तपात का विकल्प देती है बल्कि "हिन्दुस्तान को और दुनिया को खून और रक्तपात से बचाएगी।" (वही, पृ. सं. 212)

लोहिया सिविलनाफरमानी से हिन्दुस्तान की तस्वीर बदलने की अपील भी करते हैं। उनका कहना है कि केवल तर्क एवं प्रचार से बदलाव नहीं आता, क्योंकि, "सिर्फ प्रचार एवं तर्क नपुसंक होता है। प्रचार एवं तर्क में ताकत तब आती है जबकि सिविलनाफरमानी उससे जुड़ जाती है।" (वही, पृ. सं. 212)

## सिविलनाफरमानी एवं कर्तव्यपरायणता

लोहिया के अनुसार सिविलनाफरमानी न केवल अधिकार है बल्कि एक कर्तव्य भी है। जो लोग सिविलनाफरमानी के नतीजे को लेकर सवाल खड़ा करते हैं उनको आगाह करते हुए उन्होंने कहा कि "सिविलनाफरमानी अथवा अन्याय से शांतिपूर्ण लड़ना अपने आप में एक कर्तव्य है। कर्तव्य में आगा-पीछा या नफा-नुकसान नहीं देखा जाता।" (वही, पृ. सं. 212) अंत में वे कहते हैं कि, "सच पूछो तो सिविलनाफरमानी के संबंध में हिसाब लगाना गैर-जरूरी है। सिविलनाफरमानी अपने आप में एक नतीजा है।" (वही, पृ. सं. 212)

लोहिया सिविलनाफरमानी को हिन्दुस्तान में परिवर्तन के एक बड़े हथियार के रूप में देख रहे थे और इच्छा जाहिर की:

"अच्छा तो यह है कि हिन्दुस्तान में सिविलनाफरमानी ऐसे ढंग की हो कि केवल ऐसे पचास आदमी सिविलनाफरमानी नहीं करें, बल्कि उनके साथ हजारों लोग, दस-बीस, पचास हजार लोग चलें। अगर चार लाख आदमी ने भी सिविलनाफरमानी की, यानी कि जेल की लाठी की तकलीफ उठाने को तैयार हो गये, तो बिल्कुल तय बात है कि हिन्दुस्तान में ऐसी सरकार (जन-विरोधी) का रहना नामुमकिन हो जाएगा जो अनाचार और अत्याचार करे। सिविलनाफरमानी के इस सिद्धान्त को जनता को समझना है।" (पृ. सं. 215)

खंड-3

# वैचारिक पहलू

अध्याय 5

# मार्क्सवाद, गांधीवाद और समाजवाद

लोहिया का समाजवाद मार्क्सवाद और गांधीवाद के बीच सेतु है, जो दोनों के अतिवाद से तो बचता है, लेकिन उसकी अच्छाइयों को स्वीकार भी करता है। उदाहरणस्वरूप, जहां एक ओर मार्क्सवाद से संपत्ति के मोह को खत्म करने की सीख लेता है, तो दूसरी ओर गांधीवाद से सिविलनाफरमानी के माध्यम से बदलाव का संकल्प दुहराता है। मार्क्सवाद के वर्ग-संघर्ष को नकारता है तो गांधीवाद के वर्ग-समन्वय (ट्रस्टीशिप) को अपर्यापत मानता है। एक तरफ पूँजीवाद के विकास एवं विनाश की ऐतिहासिक प्रक्रिया की व्याख्या को सैद्धान्तिक एवं व्यावहारिक धरातल पर खारिज करता है, तो दूसरी तरफ गांधी के ट्रस्टीशिप सिद्धान्त, जो पूँजीपतियों के हृदय परिवर्तन के विश्वास पर आधारित है, को भी अधूरा प्रयास मानता है।

मार्क्सवाद का सारा जोर पूँजीवादी पैदावार के रिश्तों को खत्म करने पर रहा है, जबकि लोहिया ने 'पूँजीवादी पैदावार की व्यवस्था' एवं 'पूँजीवादी पैदावार के रिश्तों' दोनों को एक साथ खत्म करने पर बल दिया है। साथ ही साथ लोहिया का समाजवाद, जहां एक ओर, मार्क्सवाद के वर्ग संघर्ष एवं खूनी क्रांति के द्वारा बदलाव के सिद्धान्त को मानवता के लिए खतरनाक करार देता है, वहीं दूसरी ओर, गांधीवाद के आदर्शवादी अहिंसा के सिद्धान्त को भी बदलाव के लिए अपर्याप्त मानता है।

लोहिया मार्क्सवाद एवं गांधीवाद के प्रति अंधभक्ति को भी सिद्धान्त के हिसाब से गलत मानते हैं। मार्क्सवाद एवं गांधीवाद के सिद्धान्तों की चाहे जो भी अच्छाइयां एवं बुराइयां रहीं हों, उनके अनुयायियों में अंधविश्वासी भक्ति की प्रवृत्ति उनकी एक बड़ी कमजोरी रही है। लोहिया इससे बचने की सलाह देते हुए कहते हैं: "किसी एक व्यक्ति के विचार को राजनीतिक कार्यों का आधार

नहीं बनाना चाहिए; उसके विचारों की मदद लेनी चाहिए न कि उसके मोहपाश में बंध जाए।" (लोहिया, 2010, पृ. सं. 7) वह आगे और स्पष्ट करते हैं: "मैं मानता हूँ कि पूरी तौर पर गांधीवाद या मार्क्सवाद के प्रति समर्पित होना उतना ही मूर्खतापूर्ण है जितना संपूर्ण रूप में गांधीवाद या मार्क्सवाद को नकारना। गांधी एवं मार्क्स से सीखने के लिए अमूल्य निधि है, लेकिन इसके लिए न तो मार्क्स के प्रति अंधी भक्ति होनी चाहिए न ही गांधी के प्रति।'' (वही, पृ. सं. 7)

लोहिया मार्क्सवाद और समाजवाद को दो अलग-अलग विचारधाराओं के रूप में देखते हैं और दोनों में अंतर भी स्पष्ट करते हैं:

''मार्क्सवाद या साम्यवाद सिर्फ आधी दूर तक जाते हैं। वे केवल पैदावार के रिश्तों को खत्म करने की बात सोचते हैं। जबकि किसी सच्चे समाजवादी को पैदावार के पूँजीवादी रिश्तों के साथ-साथ पैदावार की पूँजीवादी शक्तियों को भी खत्म करने की या कम से कम बड़ी हद तक उन्हें नया रूप देने की बात सोचनी होगी।" (लोहिया, समता ट्रस्ट, 2020, पृ. सं. 25)

लोहिया के अनुसार जहां मार्क्सवाद और गांधीवाद का एक शत्रु है, वहीं समाजवाद के दो शत्रु हैं, पूँजीवादी पैदावार की शक्तियां एवं पूँजीवादी पैदावार के रिश्ते। लोहिया[1] कहते हैं: "पूँजीपति वर्ग को समाप्त करने के साथ-साथ पैदावार की उन पद्धतियों को भी समाप्त करना होगा जो पूँजीवाद ने दुनिया को दी है।" (वही, पृ. सं. 25) मार्क्सवादियों की सबसे बड़ी कमजोरी यह है कि वे पूँजीपति से लड़ते हैं लेकिन पूँजीवादी पैदावार की व्यवस्था को अपनाते हैं जो इनके सिद्धान्त एवं व्यवहार की एक बड़ी त्रुटि रही है।

---

1. लोहिया जब जर्मनी से पीएचडी करने के बाद भारत लौटे तो परिवारवालों की अपेक्षा थी कि या तो कोई नौकरी-चाकरी ढूंढ़ें, या फिर कोई व्यवसाय शुरू करें। उनके पिता हीरालाल लोहिया ने तो अपना व्यापार धंधा पहले ही बंद कर दिया था और फिर पूरी तरह से राष्ट्रीय कांग्रेस की सेवा में आजादी के आंदोलन में कूद पड़े थे। लेकिन उनके छोटे भाई रामकुमार लोहिया कलकत्ता में व्यापार में जम चुके थे। जब उन्होंने लोहिया को भी अपने पिता के नक्शे कदम पर देखा, तो एक दिन पूछ ही बैठे कि, "तुम भी कुछ करोगे या पिता की ही तरह इधर-उधर घूमते रहोगे?'' साथ-साथ उन्होंने यह भी प्रस्ताव रखा कि अगर नौकरी करने का दिल नहीं करता है तो कुछ व्यापार धंधे शुरू करो और उसके लिए पैसे की जो जरूरत है उसको हम प्रदान करेंगे। जब चाचा ने व्यापार करने का प्रस्ताव रखा तो उन्होंने स्वीकृति दी, जिस पर उनके चाचा ने उत्साह के साथ पूछा कि किस चीज का व्यापार करना चाहते हो? लोहिया ने कहा, "करोड़पतियों का नाश करने का।'' हतप्रभ होकर उनके चाचा ने वार्तालाप वहीं समाप्त कर दी।

लोहिया पूँजीवाद और आधुनिकीकरण में भी फर्क करते हैं। इसी संदर्भ में उन्होंने भारत के लिए समाजवाद की परिकल्पना में पूँजीवाद की समाप्ति की तो बात की, लेकिन उत्पादन के साधनों के आधुनिकीकरण को उतना ही महत्त्व दिया। इसीलिए वह जहां एक तरफ पूँजीवाद का खात्मा करना चाहते हैं, तो दूसरी तरफ भारत जैसे देश में उत्पादन के साधनों में पूँजी लगाने की भी बात करते हैं जिससे कि पैदावार का आधुनिकीकरण हो। लोहिया के अनुसार भारत जैसे गरीब आबादी वाले देश में तो पैदावार की शक्तियों को बढ़ाना ही समाजवाद की अहम् शर्त है। इसके लिए किसानों एवं मजदूरों को आधुनिक औजार प्रदान करना होगा, जिससे कि पैदावार की लगातार बढ़ोतरी हो "लेकिन जिसमें रहन-सहन के स्तर को लगातार बढ़ाते रहने का न तो व्यक्तिगत लोभ हो, न लगातार बढ़ते स्तर की बाहरी असलियत।" (वही, पृ. सं. 25) उनके अनुसार उत्पादन को बढ़ाना है, लेकिन खर्च को नियंत्रण में रखना है, जिससे भ्रष्टाचार पैदा न हो। अन्यथा बढ़ते उत्पादन का हिस्सा भ्रष्टाचारी अपनी सुख-सुविधा की बढ़ोतरी में लगा देंगे।

## मार्क्सवाद के बाद अर्थशास्त्र

सन् 1943 में लोहिया भारत छोड़ो आन्दोलन के दौरान जेल में बंद हुए तो, जेल के अन्दर से 'मार्क्सवाद के बाद अर्थशास्त्र' (Economics After Marx) नामक पुस्तक की रचना की, जिसमें मार्क्सवाद के सिद्धान्तों एवं उसकी कमजोरियों की व्याख्या प्रस्तुत की गई है। इस पुस्तक में उन्होंने मार्क्सवाद और समाजवाद में अंतर को भी स्पष्ट किया है।

सबसे पहले उन्होंने मार्क्सवाद की सैद्धान्तिक कमजोरियों की ओर ध्यान आकर्षित किया और फिर उसके व्यावहारिक पक्ष की अपूर्णता की व्याख्या की। मार्क्सवाद के सिद्धान्तों में मजदूरों के दो मूल्यों का विश्लेषण किया गया है। एक है 'उपयोग मूल्य' और दूसरा है 'विनियम मूल्य' उपयोग मूल्य वह है जो एक मजदूर की पैदावार को बाजार में बेचने से मिलता है और 'विनियम मूल्य' वह है जो एक मजदूर को उसके काम के बदले में मजदूरी स्वरूप प्रदान किया जाता है। इन दोनों मूल्यों के अंतर को 'अतिरिक्त मूल्य' कहते हैं। मार्क्स के अनुसार पूँजीपति वर्ग 'अतिरिक्त मूल्य' को हड़प कर ही पूँजी का संचय करता है। 'अतिरिक्त मूल्य' के लालच में पूँजीपति विनिमय मूल्य को कम करने की कोशिश करता है और 'उपयोग मूल्य' को बढ़ाने की प्रवृत्ति रखता है, जिससे कि पूँजी का ज्यादा से ज्यादा संचय हो। नतीजतन, पूँजीपतियों की धन संपदा

तो बढ़ती है, लेकिन मजदूरों में गरीबी बढ़ती है। इसके तीन परिणाम फलीभूत होते हैं:

क) पूँजी का संचय,

ख) श्रमिकों का समाजीकरण, यानी वर्ग चेतना का विकास, और फिर

ग) श्रमिकों की गरीबी।

मार्क्सवाद के सिद्धान्त के अनुसार पूँजीवाद की इस प्रक्रिया के परिणामस्वरूप, पूँजीवाद एक दिन अपने को ही संकट में डाल देता है, जिसकी परिणति 'सर्वहारा वर्ग' की क्रांति और पूँजीवाद की समाप्ति में निहित है।

लोहिया ने मार्क्सवाद की इस व्याख्या को तथ्यों एवं संदर्भों के आधार पर त्रुटिपूर्ण पाया और यह स्थापना दी कि पूँजीवाद ने पूँजी का संचय, श्रमिकों का समाजीकरण, एवं श्रमिकों में गरीबी को अलग-अलग जगहों पर पैदा किया है। जहां पूँजी का संचय यूरोप में हुआ, वहीं श्रमिकों का समाजीकरण एवं श्रमिकों की गरीबी एशिया एवं अफ्रीका के उपनिवेशिक मुल्कों में हुई। यही कारण है कि पूँजीवाद अपनी सबसे कमजोर कड़ी पर टूटी। 'सर्वहारा क्रांति' कृषि प्रधान रूस में हुई। औद्योगिक रूप से उन्नत ब्रिटेन एवं जर्मनी ने जो औद्योगीकरण के शिखर पर पहुँच चुके थे, श्रमिकों के जीवन स्तर को ऊँचा उठाया और सर्वहारा क्रांति की संभावनाओं को टाल दिया। 'सर्वहारा क्रांति' की पुनरावृत्ति चीन में हुई, जो रूस की ही तरह मूल रूप से कृषि प्रधान देश था। अतः ऐतिहासिक तथ्य के आधार पर लोहिया ने मार्क्सवाद की सर्वहारा क्रांति के सिद्धान्त को गलत साबित किया।

मार्क्सवाद के इस तथ्यात्मक विरोधाभास की व्याख्या करते हुए लोहिया ने यह स्थापना दी कि यूरोप का पूँजीवाद एशिया एवं अफ्रीका के उपनिवेशों के शोषण पर पला-बढ़ा है। उपनिवेशवाद के परिणामस्वरूप पूँजी का संचय तो यूरोप में हुआ, लेकिन गरीबी एशिया एवं अफ्रीका के उपनिवेशों में बढ़ी। उपनिवेशों का शोषण कर यूरोप अपनी पूँजी को लगातार बढ़ाता रहा मार्क्स का 'विनिमय' और 'उपयोग मूल्य' का अंतर उपनिवेशिक मुल्कों से वसूला गया। यूरोप में पूँजी का संचय होने से नये-नये कारखाने लगे, लेकिन उपनिवेशों में उद्योग-धंधे चौपट हो गए। उपनिवेशों से कच्चे माल को सस्ते दामों पर खरीदकर उससे बने उत्पादों को ऊँची कीमतों पर इन्हीं मुल्कों में बेच कर यूरोप के पूँजीवाद ने अप्रत्याशित मुनाफा कमाया। परिणामस्वरूप, मार्क्स की व्याख्या के विपरीत यूरोप एवं अमेरिका के मजदूरों की स्थिति में तेजी से सुधार हुआ और उनका जीवन स्तर ऊँचा हुआ। पूँजीवाद की प्रगति में उन्हें भी हिस्सेदारी मिली। सर्वहारा

वर्ग पूँजीवाद का एक प्रमुख लाभार्थी बन गया। नतीजतन जिस सर्वहारा वर्ग की क्रांति की परिकल्पना यूरोप में की गई थी, वहां का सर्वहारा वर्ग पूँजीवाद का लाभार्थी बन गया। क्रांति का बीज झुलस गया। क्रांति रूस एवं चीन में हुई, जो पूँजीवाद से मीलों दूर थे।

इस प्रकार लोहिया ने 'अतिरिक्त मूल्य' के सिद्धान्त की एक नई व्याख्या प्रस्तुत की और यह स्थापना दी कि पूँजीवाद का उपनिवेशवाद के साथ गहरा संबंध है। पूँजीवाद केवल यूरोप की अंदरूनी घटना नहीं है, बल्कि यूरोप एवं उपनिवेशों के अंतर्संबंधों की घटना है। यूरोप में तो पूँजी का संचय हुआ, पर उपनिवेशों में गरीबी बढ़ी। यूरोप में तो समृद्धि आई, परन्तु, उपनिवेशों में गरीबी एवं दरिद्रता बढ़ी।

लोहिया पूँजीवाद की व्याख्या उसके अंदरूनी एवं बाहरी घेरे के रूप में भी करते हैं। पूँजीवाद का एक अंदरूनी घेरा है जो यूरोप के अंदर का है और एक बाहरी घेरा है जो उपनिवेशों को मिलाकर बनता है, इसलिए उन्होंने कहा कि, पूँजीवाद का साम्राज्य के साथ समझौता है। लोहिया के शब्दों में, ''ऐसा लगता है जैसे पूँजीवाद का साम्राज्य के साथ समझौता रहा है कि सारी प्रगति तो प्रमुख (औद्योगिक) देशों में होगी और सारी पीड़ा और तकलीफ उपनिवेशों को झेलनी पड़ेगी।'' (लोहिया, समता ट्रस्ट, 2020, पृ.सं. 13)

लोहिया ने केवल यह स्थापना दी कि पूँजीवाद उपनिवेशवाद से सिंचित हुआ है, बल्कि ब्रिटेन, जर्मनी और अमेरिका के उदाहरणों से यह स्थापित किया कि पूँजीवाद का विकास उपनिवेशों के शोषण से संभव हुआ है। पूँजीवाद की साम्राज्यवाद से साझेदारी थी। इसलिए लोहिया ने पूँजीवाद और साम्राज्यवाद को 'जुड़वाँ संतानें' बताया, जो उपनिवेशों का शोषण कर पैदा हुई है। नतीजतन, पूँजी का संचय साम्राज्यशाही राष्ट्रों में हुआ और गरीबी एवं पिछड़ापन एशिया एवं अफ्रीका के उपनिवेशिक मुल्कों में बढ़ा। पैदावार की शक्तियाँ यूरोप एवं अमेरिका में बढ़ीं, लेकिन वर्ग-संघर्ष की स्थिति एशियाई एवं अफ्रीकी देशों में पैदा हुई। पूँजीवाद के इस रूप को समझने की गलती 'रूढ़िवादी समाजवादियों' ने की है और भारत के समाजवादी भी उसी गलती को दोहराते रहे हैं, जिससे लोहिया सावधान करते हैं।

लोहिया ने इस तर्क का भी खंडन किया कि, ''उपनिवेशवाद पूँजीवाद का अंतिम चरण है।'' उनके अनुसार यह तथ्य के आधार पर गलत है। तथ्य यह सिद्ध करता है कि पूँजीवाद एवं साम्राज्यवाद एक साथ पैदा हुए और एक दूसरे को परिपोषित किया।

लोहिया कहते हैं कि यूरोप के पूँजीवाद ने उपनिवेशों से गति प्राप्त की, और अपने विकास की इस प्रक्रिया में एक-एक कर पिछड़े देशों को बर्बाद करता चला गया। पूँजीवाद ने दो विश्व तैयार किये एक समृद्धि एवं खुशहाली का, दूसरा गरीबी एवं बदहाली का। पहली दुनिया यूरोप और अमेरिका की थी, और दूसरी दुनिया उपनिवेशिक मुल्कों की थी। पूँजीवाद ने मजदूरों की भी दो दुनिया तैयार की। एक पूँजीवादी देशों के मजदूरों का, एवं दूसरा उपनिवेशों के मजदूरों का। पूँजीवादी देशों के मजदूरों का जीवन-स्तर ऊँचा उठता गया और उपनिवेशिक दुनिया के मजदूरों का जीवन स्तर गिरता चला गया। मजदूरों की जो दो दुनिया बनीं उनके हितों में टकराहट भी थी। ऐसे में मार्क्स की यह पुकार कि 'दुनिया के मजदूर एक हो' फलीभूत नहीं हुई। पूँजीवादी दुनिया के एवं उपनिवेशों के मजदूरों में न केवल रहन-सहन एवं जीवन स्तर का अंतर हो गया, बल्कि दोनों के हित टकराने लगे। पूँजीवादी देशों के मजदूरों की खुशहाली उपनिवेशों के मजदूरों के शोषण से बढ़ रही थी। पूँजीवाद के 'अंदरूनी घेरे का मजदूर', 'बाहरी घेरे के मजदूरों' से अलग हितार्थी बन गया।

## मार्क्सवाद और समाजवाद में अंतर

मार्क्सवाद की सैद्धान्तिक एवं व्यावहारिक त्रुटियों के विश्लेषण के बाद लोहिया मार्क्सवाद एवं समाजवाद में अंतर स्पष्ट करते हैं। लोहिया के अनुसार जहां मार्क्सवाद पूँजीवाद के विनाश की स्वतः प्रक्रिया आधारित परिकल्पना है, वहीं समाजवाद प्रयास एवं संघर्ष से ही स्थापित किया जा सकता है। मार्क्सवाद हिंसक क्रांति से बदलाव का पक्षधर है, जबकि समाजवाद लोकतांत्रिक तरीकों से जन शक्ति को राजनीतिक शक्ति में बदलकर परिवर्तन लाने का हिमायती है।

लोहिया मार्क्सवाद को कोसते भी हैं, क्योंकि इसने झूठी उम्मीदें जगायीं जिससे समाजवाद को लाने की इच्छाशक्ति कमजोर हुई है। वे लिखते हैं: "मार्क्सवाद ने समाजवादी उत्पादन व्यवस्था को विकसित करने का कोई प्रयास नहीं किया है बल्कि पूँजीवाद के स्वतः एवं स्वाभाविक विनाश के सिद्धान्त से लोगों की समाजवादी उत्पादन व्यवस्था को लाने की इच्छाशक्ति को भी कमजोर कर दिया है। समाजवादी अर्थव्यवस्था पूँजीवाद के विनाश के बाद का कोई स्टेज नहीं है जो स्वतः प्राप्त हो जाएगी, बल्कि इसे प्राप्त करने के लिए सक्रिय रूप में राजनीतिक शक्ति का प्रयोग करना होगा।'' (लोहिया, 2010, पृ. स. 94)

लोहिया ने मार्क्सवाद को इसलिए भी आड़े हाथों लिया कि इसने पूँजीवाद की उत्पादन व्यवस्था को बदलने का कोई प्रयास नहीं किया। सोवियत संघ का साम्यवाद या फिर साम्यवादी चीन (डेंग जियायोपिग के बाद) यूरोप एवं अमेरिका की ही तरह पूंजी आधारित उत्पादन व्यवस्था को कायम किया। फिर पूँजीवाद एवं साम्यवाद में अंतर क्या रह गया?

लोहिया ने समाजवाद के तहत एक ऐसी उत्पादन की व्यवस्था कायम करने की बात की, जिसमें उस स्तर की पूँजी नहीं लगेगी जिस स्तर की पूँजी यूरोप, अमेरिका एवं यहां तक कि साम्यवादी रूस में लगी हुई थी। दूसरी तरफ पूँजी की मात्रा उतनी भी कम न होगी जितनी कि हिन्दुस्तान में लगी हुई थी। लोहिया स्पष्ट करते हैं: "मेरे दिमाग में एक ऐसी अर्थव्यवस्था है जिसमें प्रति मजदूर पूँजी रूस या अमेरिका के मुकाबले नहीं होगी। लेकिन हिन्दुस्तान की तरह कम भी नहीं होगी, बल्कि इतनी ज्यादा बढ़ेगी, जिससे अच्छा रहन-सहन हासिल किया जा सके और आधुनिकीकरण के दबावों से मुक्ति मिले।" (लोहिया, समता ट्रस्ट, 2020, पृ.सं. 22) लोहिया ने पूँजी की उतनी ही मात्रा लगाने की बात की ''जिससे हमारी अर्थव्यवस्था का लाभ सिर्फ एक छोटे-से हिस्से को न मिले और बाकी लोग उससे वंचित रह जाएँ।" (वही, 2020, पृ.सं. 22) ''छोटी-छोटी मशीनों का प्रयोग कर न्यूनतम पूँजी का प्रयोग कर हम दुनिया के दो-तिहाई हिस्से की अर्थव्यवस्था का पुनः निर्माण कर सकते हैं, जिसे पूँजीवाद ने अपने इतिहास के दौरान तबाह कर डाला है।'' (वही, 2020, पृ.सं. 22)

लोहिया मार्क्सवाद और समाजवाद में अंतर करते हैं, जिसकी व्याख्या उन्होंने इस प्रकार की है: "अगर हम मार्क्सवाद और समाजवाद में फर्क देखें तो यह मानना होगा कि मार्क्सवाद या साम्यवाद सिर्फ आधी दूर तक जाते हैं। वे केवल पैदावार के पूँजीवादी रिश्तों को खत्म करने की बात सोचते हैं। जबकि किसी सच्चे समाजवादी को पैदावार के पूँजीवादी रिश्तों के साथ-साथ पैदावार की पूँजीवादी शक्तियों को भी खत्म करने की, या कम से कम बड़ी हद तक उन्हें नया रूप देने की बात सोचनी होगी।" (वही, 2020, पृ.सं. 25) इसलिए समाजवाद को "ऐसे समाज या सभ्यता की रचना के बारे में सोचना होगा, जिसमें मजदूर और किसान और अन्य पेशों के लोगों को ऐसे औजार तो हासिल होंगे जिनसे वे अधिक धन पैदा कर सकें, लेकिन जिसमें रहन-सहन के स्तर को लगातार बढ़ाते रहने का न तो व्यक्तिगत लोभ हो, न लगातार बढ़ते स्तर की बाहरी असलियता।" (वही, 2020, पृ.सं. 25) "समाजवादियों को एक साथ

दो काम करने हैं। अभी समाजवादी एक काम करता है। वह पूँजीपति को समाप्त कर देता है और बात वहीं खत्म हो जाती है।'' (वही, 2020, पृ.सं. 25) अत: लोहिया के समाजवाद में पूँजीपति वर्ग को समाप्त करने के साथ-साथ पैदावार की उन पद्धतियों को भी समाप्त करना होगा, जो पूँजीवाद ने दुनिया को दी है।

मार्क्सवाद और समाजवाद में एक तीसरा फर्क यह भी है कि जहां मार्क्सवाद ने समाज के व्यापक लक्ष्यों, जैसे लोकतंत्र, सद्भावना, सदाचार, मानवता, शांति, को आर्थिक उद्देश्यों का अनुचर बना दिया, वहीं समाजवाद इन सिद्धान्तों की स्थापना को उतनी ही अहमियत देता है, जितनी कि आर्थिक व्यवस्था में बदलाव को। मार्क्सवाद एक विश्वास पर टिका रहा कि जब आर्थिक बदलाव हो जाएँगे तो बाकी सारे बदलाव या तो स्वत: हो जाएँगे अथवा उसकी आवश्यकता ही नहीं रहेगी। इसके विपरीत समाजवाद यह लक्षित करता है कि आर्थिक एवं सामाजिक क्षेत्रों की जो खाई है, उसको भी पाटना जरूरी है। लोहिया का समाजवाद लोकतंत्र, सच्चाई, सदाचरण, मन और दुनिया की शांति और संस्कृति की रक्षा करने को उतनी ही उतावला है, जितनी कि आर्थिक गैर- बराबरी की।

## समाजवाद में बदलाव का हथियार

अब प्रश्न यह है कि समाजवादी व्यवस्था को लाने के लिए वर्ग-संघर्ष की रूपरेखा कैसी होगी? वर्ग संघर्ष होगा भी या नहीं होगा, और होगा तो कैसा होगा? साथ ही साथ, समाजवादी क्रांति का वाहक कौन होगा?

लोहिया ने मार्क्सवादियों के वर्ग संघर्ष के तौर-तरीकों को खारिज करते हुए कहा कि, समाजवाद के अंतर्गत बदलाव के तौर-तरीके अलग होंगे। उन्होंने कहा कि "हमें झूठ के द्वारा सत्य की, हत्या के द्वारा स्वास्थ्य की साधना नहीं करनी। समाजवादी वर्ग संघर्ष में क्रांतिकारी कार्यकलाप की उग्रता किसी भी तरह कम नहीं होनी चाहिए। हिन्दुस्तान में अब जरूरत उस किस्म के आदमी की है जो तेज एवं उग्र हो, जो मुमकिन है पूँजीशाही, सामंतशाही और मौजूदा सरकारों से लड़ते हुए कभी गलतियां कर जाए, जिसे इसकी बहुत ज्यादा फिक्र ना हो कि उसे क्या कुछ सहना पड़ता है, लेकिन जो इस बात का ध्यान रखे कि उसके वर्ग संघर्ष का एक-एक काम अपने आप में उचित हो। हड़ताल, सिविलनाफरमानी, कानून तोड़ना या बहुत बड़ी संख्या में लोगों की जमीन पर

कब्जा कर लेना, यह सब काम इस तरह से किये जाएँ कि उनमें झूठ बोलना या हत्या करना शामिल न हो।" (वही, 2020, पृ.सं. 30)

लोहिया रूढ़ि समाजवादियों के ढर्रे को छोड़ने की भी बात करते हैं जिसमें मार्क्सवाद के आर्थिक सिद्धान्तों एवं लोकतंत्र के राजनीतिक सिद्धान्तों का मिश्रण कर दिया जाता है। लोहिया कहते हैं कि, "कुछ नासमझ समाजवादी और गांधीवादी शायद ऐसा सोचते हैं कि साम्यवाद और गांधीवाद या समाजवाद में फर्क सिर्फ इतना ही है कि अहिंसा या लोकतंत्र चलते हैं या नहीं। पूँजीवादी विकास, वर्ग-संघर्ष, विश्व-क्रांति जैसे सिद्धान्तों पर गांधीवाद के अहिंसात्मक आचरण तथा पश्चिमी यूरोप के लोकतांत्रिक आचरण को थोप देते हैं।" (वही, 2020, पृ.सं. 30) भारत के समाजवादियों ने भी यही गलती की है। लोहिया कहते है कि, ''भारतीय समाजवाद में अरसे से यह रोग रहा है कि वह लोकतांत्रिक या गांधीवादी सिद्धान्त की किसी एक चीज को साम्यवादी या मार्क्सवादी सिद्धान्त की किसी दूसरी चीज से जोड़ने की कोशिश करता रहा है। ऐसे बेकार के प्रयत्नों में समाजवाद को अब बिल्कुल नहीं पड़ना चाहिए जिसमें दिमाग मार्क्सवाद के एक सूत्र और गांधीवाद के दूसरे सूत्र को लेकर एक कुरूप और बेकार रस्सी बांटने की कोशिश करता है।" (वही, 2020, पृ.सं. 30)

## मार्क्सवाद एवं गांधीवाद के बीच सेतु

लोहिया का समाजवाद मार्क्सवाद और गांधीवाद के कुछ उद्देश्यों को लेकर समाजवाद की रूपरेखा बनाता है, जिसमें आर्थिक व्यवस्था के लक्ष्यों के अनुरूप सामाजिक एवं राजनीतिक व्यवस्था कायम करनी होगी और दोनों एक-दूसरे को परिपूर्ण भी करेंगे। इसके विपरीत, मार्क्सवाद के अनुयायी मानते हैं कि आर्थिक व्यवस्था को केवल बदल देने से ही सामाजिक एवं राजनीतिक व्यवस्था भी ठीक हो जाएगी, जो गलत व्याख्या है। लोहिया कहते हैं कि, "कुछ लोग सोचते हैं कि विशाल कारखानों वाली पूँजीवादी व्यवस्था भी चलती रह सकती है और उसके साथ ही लोकतंत्र, सदाचार और नैतिक मूल्य भी रह सकते हैं। यह बिल्कुल गलत है। हजारों-लाखों पूँजीपतियों को अपनी सम्पत्ति का ट्रस्टी बनाया ही नहीं जा सकता।" (वही, 2020, पृ.सं. 31)

लोहिया मार्क्सवाद को सैद्धान्तिक एवं व्यावहारिक त्रुटियों के आधार पर खारिज करते हैं, लेकिन उसकी एक विशेषता को अपनाते हैं। मार्क्सवाद ने संपत्ति के मोह को खत्म किया है। लोहिया लिखते हैं कि, ''मार्क्सवादी सिद्धान्त के जिन शास्त्रीय और अर्थशास्त्रीय दोषों की चर्चा पहले की जा चुकी है उनको

छोड़कर व्यवस्था के रूप में निजी संपत्ति को समाप्त करने की उसकी महान उपलब्धि को स्वीकार करना चाहिए और यह उम्मीद रखनी चाहिए कि उससे भी बेहतर एक सिद्धान्त फैलेगा जो व्यवस्था के रूप में निजी सम्पत्ति को खत्म करने के साथ-साथ व्यक्ति के मन में उसके मोह को भी मिटायेगा और व्यक्ति तथा व्यवस्था दोनों को एक साथ सुधारेगा।" (वही, 2020, पृ.सं. 32)

लोहिया अपने प्रारम्भिक दिनों में मार्क्सवाद के अन्य विचारों से भी प्रभावित थे, "लेकिन आज मुझे मार्क्सवाद का सबसे आकर्षक गुण यह लगता है कि अगर किसी ने इस सिद्धान्त को गहराई तक समझा है, और इसे स्वीकार कर लिया है तो फिर उसमें सम्पत्ति का कोई मोह नहीं रह जाता।" (वही, 2020, पृ.सं. 19) लोहिया के अनुसार, मार्क्सवाद की यह सबसे महत्त्वपूर्ण उपलब्धि रही है। लोहिया के शब्दों में, "मार्क्सवाद एक ऐसा नचिकेता है जो स्वयं ही कंचन का त्याग करता है। मुमकिन है कि यह सिद्धान्त, गीत या सौन्दर्य या राजदंड का परित्याग न कर सके, लेकिन इसमें शक नहीं है कि यह कंचन का परित्याग करता है। यही उसका आकर्षण है।" (वही, 2020, पृ.सं. 19)

लोहिया मार्क्सवाद एवं गांधीवाद दोनों से सीख लेते हैं। जहां मार्क्सवाद से संपत्ति के मोह को खत्म करने की सीख लेते हैं, वहाँ गांधीवाद से सिविलनाफरमानी, ग्राम स्वराज्य, स्वायत्त गांव, एवं व्यक्ति के कर्मों एवं चरित्र में सुधार जैसे उद्देश्यों को भी अपनाने की बात करते हैं, जिससे कि व्यक्ति संपत्ति के मोह का भी त्याग करे, और सिविलनाफरमानी के हथियार से अन्याय का प्रतिकार करना भी सीख जाए। यह तभी संभव है जब व्यक्ति त्याग करना एवं सीमित जीवन जीना सीख जाए। इन आदर्शों को प्राप्त करने के लिए, ग्राम स्वराज्य, जो राजनीतिक व्यवस्था का प्रतीक है, स्वायत्त गांव, जो आर्थिक व्यवस्था का, और एक अनुशासित व्यक्ति, जो योग्य नागरिक का प्रतीक है, को साथ-साथ स्थापित करना होगा।

लोहिया गांधी के वचनों से ज्यादा उनके कर्मों से सीखने की बात करते हैं और फिर समाजवाद के आदर्शों पर आधारित नये समाज के निर्माण के लिए कर्म की प्रतिष्ठा पर बल देते हैं। जब गांधी के कर्मों से सीखने की बात करते हैं, तो उनका मुख्य उद्‌देश्य सिविलनाफरमानी से है जो हर प्रकार के अन्याय का प्रतिकार करने की शक्ति देता है। लोहिया ने गांधी के इस गुण को "जो व्यक्ति को किसी मदद के बिना अन्याय का विरोध करने की क्षमता देता है", उनके जीवन एवं कार्यों की महानतम विशेषता बताई। (रचनावली, 1, पृ. सं. 249)

लोहिया का सिविलनाफरमानी का सिद्धान्त 'वोट एवं बन्दूक' का विकल्प देता है, क्योंकि न तो 'वोट' बदलाव के लिए पर्याप्त है, और न 'बन्दूक' परिहार्य है। ऐसे में इन दोनों के बीच का रास्ता "जिसमें कानून तोड़ना, जेल जाना और दंड को आमंत्रित करना परिवर्तन लाने का एकमात्र संतोषजनक रास्ता है।" (रचनावली, 1, पृ. सं. 253) वह आगे बताते हैं कि विकल्प संसद और विद्रोह के बीच, गोली या वोट के बीच नहीं, जो एक जहरीला सिद्धान्त है...। विकल्प है सत्याग्रह। (वही, 1, पृ. सं. 254) "यदि हमारी सदी अपने अवसान से पहले यह सबक सीख ले कि दुनिया के सभी भागों में, व्यक्तियों और समूहों के साथ में सिविलनाफरमानी का अद्भुत हथियार है जिससे वे अपने अत्याचारी को परास्त कर सकते हैं तो हम एक नई सभ्यता का सूत्रपात कर रहे होंगे।" (वही, 1, पृ. सं. 254)

लोहिया इस बात पर बल देते हैं कि महात्मा गांधी ने दुनिया को सिविलनाफरमानी के रूप में एक अनोखी भेंट दी है। गांधी से पहले भी दुनिया अन्याय से लड़ी है, लेकिन विद्रोह एवं बन्दूक के हथियार से। गांधी ने इसका अनोखा विकल्प दिया है सिविलनाफरमानी के हथियार के रूप में जिसका प्रयोग इस पृथ्वी पर "तब तक रहेगा जब तक अन्याय और अत्याचार रहेगा और इसे रहना भी चाहिए, क्योंकि यदि यह नहीं रहा तो गोली या बंदूक रहेगी।" (वही, 1, पृ. सं. 254)

लोहिया गांधी से ग्राम स्वराज्य एवं स्वायत्त गांव की अवधारणा को भी लेते हैं क्योंकि ये दोनों विकेन्द्रीकरण पर आधारित हैं, जो लोकतंत्र एवं सीमित उपभोग की जीवन पद्धति को प्रोत्साहित करते हैं। ग्राम स्वराज्य प्रत्यक्ष लोकतंत्र की स्थापना की ओर भी एक कदम है। हालांकि आज के संदर्भों में बड़े राष्ट्रीय राज्य एवं बढ़ती जनसंख्या की पृष्ठभूमि में प्रत्यक्ष लोकतंत्र को अगर सीमित क्षेत्रों एवं कार्यों में भी हासिल कर ली जाए, तो यह एक बड़ी उपलब्धि होगी। इसकी रूपरेखा को स्पष्ट करते हुए लोहिया बताते हैं कि देश की एकता एवं अखंडता को बिना किसी तरह की आंच पहुँचाए, अगर गांवों को जीवन के अधिकांश क्षेत्रों में निर्णय लेने का अधिकार मिल जाए, तो प्रत्यक्ष लोकतंत्र के क्षेत्र में यह एक महत्त्वपूर्ण कदम होगा। आगे लिखते हैं कि, ''यह बात स्थापित हो जाए कि गांव (एवं शहर) में रहने वाले लोगों को इतना अधिकार मिल जाए कि वे अपने भाग्य का निर्माण कर सकें, तो ग्राम स्वराज्य स्थापित हो जाएगा।''

स्वायत्त गांव केवल राजनीतिक शक्ति के विकेन्द्रीकरण का प्रतीक नहीं है, बल्कि उसे आर्थिक मोर्चे पर भी बड़े परिवर्तन लाने होंगे। जीवन की

आवश्यकताओं की अधिकांश वस्तुओं के उत्पादन को छोटी-छोटी मशीनों एवं आधुनिक औजारों के प्रयोग से इतना बढ़ाना होगा, जिससे सभी लोगों की मूलभूत आवश्यकताएँ बिना किसी भेदभाव के पूरी हो जाएँ। आवश्यकता पड़ने पर दूसरे गांवों एवं बाहरी दनिया से भी कुछ चीजों को मंगाने की आवश्यकता हो सकती है। स्वायत्त गांव का आर्थिक संबंध बाहरी दुनिया से भी बना रहेगा। गांधी की तरह, लोहिया ने जीवन-शैली में परिवर्तन पर बल दिया है। जब तक मानव अपनी उपभोग की वस्तुओं को सीमित नहीं करता, तब तक बड़ी मशीनों एवं दैत्याकार कल-कारखानों की जरूरतें बनी रहेंगी। जब इस प्रकार की उत्पादन की व्यवस्था बनी रहेगी, तो लोकतंत्र के सिद्धान्त भी खतरे में पड़ जाएँगे, क्योंकि इससे ऐसी सभ्यता कायम होगी, जो आय एवं उपभोग की गैर-बराबरी को जन्म देती है और फिर गैर-बराबरी का सिद्धान्त राजनीतिक एवं सामाजिक जीवन में स्थापित हो जाता है, जो लोकतंत्र के सिद्धान्तों के विपरीत है।

लोहिया के अनुसार जीवन की आवश्यकताओं को सीमित रखते हुए, सम्मानजनक जीवन-स्तर के लक्ष्य को प्राप्त करना, समाजवाद का उद्देश्य होना चाहिए। लोहिया कहते हैं: "हम जो भारत बनाने की कोशिश कर रहे हैं, वह भिन्न स्वरूप का होगा। सतत् बढ़ते उत्पादन के स्थान पर हमें सम्मानजनक जीवन-स्तर को अपना लक्ष्य बनाना चाहिए। देश की सीमाओं के भीतर व्यक्ति की इच्छाओं में सतत् वृद्धि के स्थान पर हमें कोशिश करनी चाहिए कि मनुष्य, सारी दुनिया के लिए जो सुविधाएँ वांछित हो उन्हें प्राप्त करे। गांधीजी का जीवन और उनके कार्य इसमें हम सबके लिए बहुत उपयोगी होंगे, बशर्ते उनके कामों को ठीक प्रकार से समझा जाए।" (वही, 1, पृ. सं. 258) गांधी ने व्यक्ति में परिवर्तन पर बल दिया और साधन की पवित्रता को प्राथमिकता दी। इसके विपरीत, मार्क्सवाद ने साध्य की पवित्रता पर सारा ध्यान केन्द्रित कर दिया और साधन की अपवित्रता को साध्य की खातिर गले लगाया।

लोहिया का समाजवाद गांधी के साधन की पवित्रता एवं मार्क्सवाद की साध्य की प्राथमिकता के बीच सामंजस्य स्थापित करता है। व्यक्ति को अपना उपभोग सीमित करने के अलावा उत्पादन के साधनों को भी सीमित रखना है। ऐसा नहीं हो सकता है कि एक ओर तो बड़े-बड़े कल-कारखानों में इफरात की चीजें बन रही हैं, और दूसरी ओर लोगों को उपभोग सीमित रखने को कहा जाए। लोहिया कहते हैं:

"महात्मा गांधी ने व्यक्ति पर जरूरत से अधिक जोर और पर्यावरण पर जरूरत से कम जोर दिया है। लेकिन यह भी समझ लेना चाहिए कि समाजवाद ने पर्यावरण पर जरूरत से ज्यादा जोर दिया है और व्यक्ति पर जरूरत से कम। यदि विचार की तर्कसंगत प्रणाली हो, तो दोनों पर समान जोर देना पड़ेगा, क्योंकि आदमी साधन भी है और साध्य भी, और यद्यपि यह शाश्वत गुणों का प्रतिपादन करता है, उसे परिवर्तन का औजार भी बनना चाहिए।" (रचनावली, 1, पृ. सं. 261)

लोहिया ने समाजवाद को गांधीवाद के साथ मिलकर ही चलने को सर्वथा उचित समझा। गांधी की सिविलनाफरमानी, स्वायत्त गांव, ग्राम स्वराज जैसी अवधारणाओं को समाजवाद के विचारों, जैसे उपभोग को सीमित करना, उत्पादन की प्रक्रिया को सरल एवं छोटे-छोटे वैज्ञानिक औजारों पर आधारित बनाना, सम्पत्ति के मोह को कम करना को मिलाकर ही नये समाज की रचना की जा सकती है। लोहिया दुहराते हैं:

"कुछ व्यक्तियों ने गांधी और मार्क्स के कुछ-कुछ प्रभाव लेकर सिद्धान्त की रस्सी बुनने के बौद्धिक व्या।थाम अक्सर किए हैं। लेकिन यदि एक सुसंगत कपड़ा बुना जा सके जिसके धागे भले ही कहीं से लिए गये हों लेकिन बुनने वाले का एकमात्र लक्ष्य ऐसा पर्यावरण बनाना हो, जिसमें व्यक्ति चाहे तो अच्छा बन सकता है तो मुझे यकीन है कि सिविलनाफरमानी के अद्धितीय हथियार के साथ उस सिद्धान्त को समाजवाद में शामिल किया जा सकता है और इसमें मानव जाति का बड़ा लाभ हो सकता है।"

अंत में उन्होंने गांधीवाद की शरण लेते हुए कहा कि, ''गांधीजी के जीवन तथा कार्यों की कुछ बातें समाजवाद के सुसंगत वस्त्र में बुनी जाएँ तो एक नई सभ्यता का उदय हो सकता है और मानव जाति शांति तथा सम्मानजनक जीवन के युग की उम्मीद कर सकती है।" (रचनावली, 1, पृ. सं. 262)

अध्याय 6

# एशियाई समाजवाद

द्वितीय विश्वयुद्ध के विध्वंस के पश्चात् विश्व के समाजवादियों का एक सम्मेलन 3 जुलाई, 1951 को जर्मनी के फ्रैंकफर्ट शहर में शुरू हुआ, जिसमें भाग लेने भारत से राममनोहर लोहिया पहुँचे। सम्मेलन की शुरुआत 3 जुलाई को हो गई थी, लेकिन एक दिन विलम्ब से पहुँचने के कारण, लोहिया 4 जुलाई 1951 को शामिल हुए। सम्मेलन के प्रथम दिन, यानी 3 जुलाई, 1951 को, अटलांटिक गुटों के पक्ष में कोरियाई युद्ध को लेकर एक प्रस्ताव रखा गया था, जिसमें अटलांटिक गुट के हितों की बात थी। लोहिया इस प्रस्ताव से काफी क्षुब्ध हुए, और 4 जुलाई को अपने संबोधन में न केवल इसका प्रतिकार किया, बल्कि समाजवाद को तीसरी दुनिया की आवाज बताया। लोहिया इस बात पर बल दिया कि तीसरे खेमे के राष्ट्रों को दोनों गुटों से अलग रहकर, पूँजीवाद एवं साम्यवाद की बुराइयों से बचकर, समाजवाद के रास्ते पर चलना चाहिए। साथ ही, उन्होंने यह भी कहा कि अगर तीसरे खेमे के राष्ट्र, समाजवाद के रास्ते पर चलने में असमर्थ हैं, तो उन्हें कम से कम अपनी आवाज को बिना दबे रखना चाहिए।

लोहिया ने अपने संबोधन में कहा कि, "जिस दुनिया में चंद हाथों में तेल और फौलाद के कारखाने केन्द्रित हैं, क्या हम उसी का समर्थन करना चाहते हैं? हम दुनिया का अटलांटिक और सोवियत गुटों में विभाजन स्वीकार नहीं करते। एक तीसरी भी दुनिया है, जो इन दोनों गुटों में शामिल नहीं है। यह दुनिया इंडोनेशिया, नेपाल, भारत, मिस्त्र तक फैली है और उसमें यूगोस्लाविया और स्वीडन जैसे देश भी शामिल हैं।" (शरद, 2021, जीवनी, पृ. सं. 173)

समाजवादियों के इस सम्मेलन में जहां अधिकांश प्रतिनिधियों ने अटलांटिक एवं सोवियत खेमे के विभाजन की बात कही, वहीं लोहिया ने अमीर और

गरीब दुनिया के विभाजन की बात को प्रमुखता से उजागर किया और कहा कि तीसरे खेमे के देशों की अलग दुनिया है, जो गरीबी, भुखमरी जैसी बीमारियों से जूझ रही है और इसे इन दोनों गुटों के हितों के टकराव से बचकर अपनी नई दुनिया को बनाने के लिए नये प्रयास करने चाहिए। उन्होंने स्पष्ट कहा कि: "अमीर और गरीब राष्ट्रों का फर्क महत्त्वपूर्ण अन्तर्राष्ट्रीय प्रश्न है। अमीर राष्ट्र अपनी दौलत बचाना चाहते हैं और गरीब राष्ट्र अपनी पैदावार बढ़ाना चाहते हैं, लेकिन उसके लिए पूँजी और प्रवीणता नहीं है। निर्माण और रक्षण का यह फर्क अन्तर्राष्ट्रीय प्रश्नों पर हमारी भूमिका की पृष्ठभूमि है।" (शरद, 2021, वही, पृ. सं. 173)

द्वितीय विश्व युद्ध के पश्चात् अटलांटिक एवं सोवियत खेमे के विभाजन का एक सैद्धान्तिक आधार 'रोटी' और 'स्वतंत्रता' का प्रश्न भी था। साम्यवादी सोवियत रूस 'रोटी' को सुनिश्चित करने वाली व्यवस्था का प्रतिनिधित्व कर रहा था तो अमेरीकी गुट 'स्वतंत्रता' को प्रोत्साहन देने वाली लोकतांत्रिक व्यवस्था का नेतृत्व कर रहा था। 'रोटी' और 'स्वतंत्रता' के इस सैद्धान्तिक विभाजन पर प्रतिक्रिया करते हुए लोहिया ने कहा कि यह विभाजन गलत है, क्योंकि 'रोटी' भी जरूरी है और 'स्वतंत्रता' भी। अंत में इस बात पर बल दिया कि समाजवाद इन दोनों प्रश्नों का उत्तर देता है:

"ऐसा कहा जाता है कि सोवियत दुनिया रोटी की है और अटलांटिक आजादी की, पर यह झूठ द्वंद्व है। रोटी और आजादी बहुत निकट से जुड़े हुए हैं। कम्युनिज्म की आशंका गरीब राष्ट्रों में नहीं, बल्कि ऐसे राष्ट्रों में अधिक है जो औद्योगिक सम्पत्ति संचय में लगे हुए हैं। जहां आर्थिक लोकशाही नहीं है, वहां राजकीय लोकशाही भी नहीं हो सकती। इसी तरह जहां राजकीय लोकशाही नहीं है, वहा आर्थिक लोकशाही भी नहीं हो सकती। चीन में कम्युनिस्टों की विजय से आर्थिक लोकशाही और रोटी हासिल करने का रास्ता नहीं खुला है। उसी तरह अटलांटिक गुट को भी आजादी की दुनिया नहीं कहा जा सकता।" (शरद, 2021, वही, पृ. सं. 173)

विश्व के समाजवादियों के इस सम्मेलन में शामिल होने के पश्चात् लोहिया ने अमेरिका, जापान, हांगकांग, इंडोनेशिया, थाईलैंड, मलाया और श्रीलंका का भ्रमण भी किया और जगह-जगह समाजवाद की विचारधारा की वकालत की। अमेरिका में विभिन्न जगहों पर वहां के लोगों से मिलने के बाद, सैनफ्रांससिसको में एक रेडियो भाषण दिया जिसमें उन्होंने रोटी और स्वतंत्रता वाली बात एक बार फिर दुहराई। अमेरिका में यह धारणा प्रबल थी कि सोवियत गुट 'रोटी'

को सुनिश्चित करता है और अटलांटिक गुट 'स्वतंत्रता' को। अमेरिका के समाजवादियों में तो यह भी भाव था कि समाजवाद गरीबी में ही पलता है। अपने संबोधन में उन्होंने कहा: "रोटी और आजादी की बात मैं समझ सकता हूँ, लेकिन जब लोग कहते (पूछते) है कि एशियावासी रोटी ज्यादा चाहते हैं या आजादी, तो मैं जल उठता हूँ। इससे तो ऐसा मालूम होता है कि जब तक एशिया वालों का पेट नहीं भरेगा, उन्हें आजादी और लोकतंत्र में कोई रुचि नहीं है।" (शरद, 2021, वही, पृ. सं. 179)

लोहिया ने केवल एशिया के देशों को पूँजीवादी अटलांटिक तथा साम्यवादी सोवियत खेमों से दूर, समाजवाद के रास्ते पर चलने की अपील की, बल्कि उन्होंने एशियाई देशों को संगठित करने का सुझाव दिया और सजीव प्रयास भी किया। इसी संदर्भ में उन्होंने एशियाई समाजवादी सम्मेलन की स्थापना की पहल की, और एशिया के समाजवादी दलों में एकता स्थापित करने का प्रयास किया। उन्हीं के प्रयास से 25 से 29 मार्च, 1952 को रंगून में एशियाई समाजवादी सम्मेलन का आयोजन किया गया, जिसमें इंडोनेशिया, भारत, बर्मा और जापान के समाजवादी नेता शामिल हुए। लोहिया ने एशियाई समाजवाद पर विचार-विमर्श करते हुए इस सम्मेलन में कहा कि, "रोम से होनोलूलू तक एक दुनिया है और टोकियो से काहिरा तक दूसरी। समस्त एशिया दारिद्रय की बीमारी का शिकार है और ऐशियाई देशों का परस्पर परिचय भी नहीं है। समस्त एशिया को पहले आपस में पहचान करनी चाहिए और परस्पर सहानुभूति प्रेरित एक समान नीति अपनानी चाहिए।" (शरद, 2021, पृ. सं. 188)

## एशियाई समाजवाद का स्वरूप

लोहिया ने एशियाई समाजवाद की व्याख्या स्थानीय परिदृश्य में तथा एक सार्वभौमिक संकल्पना के रूप में की और कहा कि जहां एक ओर एशियाई समाज़वाद को स्थानीय परिस्थितियों के हिसाब से फलीभूत करना है, वहीं समाजवाद की कुछ सार्वभौमिक परिकल्पनाएँ भी हैं, जिनको नजरअंदाज नहीं किया जा सकता है। उदाहरणस्वरूप, अधिकांश एशियाई देशों में सघन आबादी, भूमि की कमी, उत्पादन के साधनों में पूँजी एवं आधुनिक तकनीक एवं मशीनों के प्रयोग की कमी, एक स्थानीय, लेकिन मौलिक समस्या है। एशियाई समाजवाद इन प्रश्नों को नजरअंदाज नहीं कर सकता। दूसरी तरफ समाजवाद के कुछ सार्वभौमिक सिद्धान्त भी हैं, जैसे सम्पत्ति के सामूहिकरण के साथ-साथ

सम्पत्ति के मोह को खत्म करना, उत्पादन के साधनों के साथ-साथ उत्पादन के रिश्तों को बदलना, जिसके प्रति प्रतिबद्धता उतनी ही आवश्यक है।

एशियाई समाजवाद के खाके को खींचने से पहले, लोहिया ने पूँजीवाद एवं साम्यवाद की विशेषताओं का एक बार फिर से विश्लेषण किया, और इस बात पर बल दिया कि ये दोनों विचारधाराएँ एशियाई मुल्क के लिए उपयुक्त नहीं हैं। सबसे पहले उन्होंने पूँजीवाद की विशेषताओं की ओर ध्यान दिलाया और फिर साम्यवाद की ओर।

आम विश्लेषण में पूँजीवाद को लाभ की प्रेरणा पर आधारित उत्पादन की व्यवस्था के रूप में देखा जाता है, जिसको लोहिया ने पूँजीवाद की अधूरी व्याख्या कहा। उन्होंने कहा कि पूँजीवाद की चार मुख्य विशेषताएँ हैं:

क) लाभ का प्रलोभन और निजी संपत्ति,

ख) केन्द्रीकरण और बड़े पैमाने पर उत्पादन,

ग) उत्पादन के साधनों का विभाजन, और सतत् विकासशील प्रौद्योगिकी और बड़े-बड़े कारखाने एक-तिहाई विश्व में, तथा

घ) दो-तिहाई विश्व की निम्न राजनैतिक और आर्थिक स्थिति।

उसी प्रकार उन्होंने साम्यवाद की विशेषताओं का भी वर्णन किया और कहा कि साम्यवाद भी उत्पादन की शक्तियों को बढ़ाने में पूँजीवाद के रास्ते पर ही चला है। यह जरूर है कि पूँजीवाद निजी लाभ को प्रोत्साहित करता है, इसके विपरीत साम्यवाद सामूहिक लाभ के सिद्धान्त पर आधारित है। लेकिन जहां पूँजीवाद व्यक्तिगत स्वतंत्रता को अक्षुण्ण बनाये रखता है, वहीं साम्यवाद उसकी तिलांजलि दे देता है।

यूरोप के समाजवाद ने इन दोनों का मिश्रण कर एक रास्ता निकाला है जिसमें साम्यवाद के आर्थिक उद्देश्यों के साथ लोकतंत्र के सिद्धान्त को जोड़ दिया गया है। लेकिन यूरोप की समाजवाद की यह परिकल्पना पूरे विश्व के लिए उपयोगी नहीं हो सकती। लोहिया ने कहा कि एशिया एवं अफ्रीका के गरीब मुल्कों में तो 'रोटी' का प्रश्न इतना अहम् है कि लोग इसके लिए स्वतंत्रता की कुर्बानी भी दे देते हैं। उन्होंने साफ कहा कि, "एशिया की विशाल जनता को अगर यह यकीन हो जाए कि किसी और अर्थव्यवस्था के अंतर्गत उनकी रोटी की समस्या सुलझ सकती है तो वे अपने लोकतांत्रिक अधिकारों को बेचने के लिए भी तैयार हो जाएँगे।" (रचनावली, 6, पृ. सं. 323)

ऐसे में एशिया के मुल्कों को साम्यवाद के खतरे से भी सावधान रहना चाहिए और पूँजीवाद के प्रलोभन से भी। इन देशों को अपनी स्थानीय परिस्थितियों के

हिसाब से समाजवाद की व्यवस्था को अपनाना चाहिए। पूँजीवाद एवं साम्यवादी व्यवस्था एक ही प्रकार के उत्पादन के तरीके एवं प्रोद्यौगिकी का इस्तेमाल करते हैं, जो एशिया के गरीब एवं सघन आबादी वाले मुल्कों के लिए उपयुक्त नहीं है। इन मुल्कों में बेरोजगारी बहुत ज्यादा है। भूमि की मात्रा कम है और उत्पादन के तौर-तरीके भी पुराने है। ऐसे में न तो पूँजीवाद, न ही साम्यवाद, एशिया के देशों की रोटी एवं स्वतंत्रता की समस्या का समाधान कर सकता है। उन्होंने साम्यवाद के प्रति खास तौर पर सावधान रहने को कहा, क्योंकि ''साम्यवाद आजादी को छीनने के बाद भी रोटी नहीं दे सकता।" (रचनावली, 6, पृ. सं. 324)

एशियाई समाजवाद के स्वरूप पर प्रकाश डालते हुए, लोहिया ने कहा कि, ''एशियाई समाजवाद "प्रशासन के लोकतंत्रीकरण, कम पूँजी परिव्यय जैसी छोटी मशीनें, समाजीकृत संपत्ति और अधिकतम संभव समानता जैसी संकल्पनाओं पर आधारित होना चाहिए।" (रचनावली, 6, पृ. सं. 326) उन्होंने यह भी कहा कि एशियाई समाजवादियों को साम्यवाद के नारे एवं मुद्दों से सावधान रहते हुए अपनी दिशा तय करनी होगी। उदाहरणस्वरूप, समाजवाद की तरह, साम्यवाद भी भूमि के बंटवारे पर बल देता है। लेकिन साम्यवाद के अंदर भूमि बंटवारा का अर्थ है खेती का सामूहिकरण और फिर बड़ी मशीनों, जैसे ट्रैक्टर एवं कम्बाइन हार्वेस्टर से खेती करना जो कि एशिया की सघन आबादी एवं बेरोजगारी की समस्या से जूझने वाले देशों के लिए उपयुक्त नहीं है।

लोहिया के अनुसार, एशियाई समाजवाद को भूमि का वितरण और राजनीतिक सत्ता का विकेन्द्रीकरण साथ-साथ करना चाहिए जिसका तात्पर्य यह है कि आर्थिक एवं राजनीतिक शक्तियों का निचली स्तर की सरकारों के द्वारा समन्वय कर समस्याओं को समाधान किया जाए। शक्ति का हस्तांतरण समुदाय के स्तर पर होना चाहिए, जिससे कि वे अपनी जरूरतों के मुताबिक विधान एवं शासन व्यवस्था बनाएँ तथा स्थानीय परिस्थितियों को ध्यान में रखते हुए उत्पादन के संसाधनों का इस्तेमाल करें।

उदाहरणस्वरूप, भारत जैसे देश में सघन खेती, कृषि सहकारिता, छोटी मशीनों का कृषि एवं उद्योगों में प्रयोग, तथा स्थानीय स्तर पर सामुदायिक विकास की नीतियों को तय करना समाजवाद के क्षेत्र में सार्थक कदम होंगे।

एक प्रश्न यह भी था कि एशियाई समाजवाद लोकतांत्रिक तरीकों से स्थापित हो या क्रांतिकारी तरीकों से? इस पर विचार करते हुए लोहिया ने स्पष्ट किया कि साम्यवाद का क्रांतिकारी तरीका एशिया के लिए उपयुक्त नहीं है। एशिया के समाजवादियों को जन आंदोलन की शक्ति का इस्तेमाल कर सिविलनाफरमानी

के हथियार से बदलाव लाना चाहिए तथा हरेक प्रकार के अन्याय के खिलाफ लड़ाई जारी रखनी चाहिए। उन्होंने स्पष्ट किया: "हमारे पास एकमात्र हथियार है अहिंसात्मक तरीके से जन आंदोलन। जब तक समाजवादी लगातार इस हथियार का इस्तेमाल करने के लिए तैयार नहीं होंगे, वे एक तरफ सरकार की कार्यवाही और दूसरी तरफ साम्यवादियों की विद्रोही हिंसा से दबे रहेंगे।" (रचनावली, 6, पृ. सं. 325)

लोहिया जब रंगून से भारत लौटे तो उन्होंने एशियाई समाजवाद को मूर्त रूप देने की दिशा में आगे बढ़ने के लिए प्रयास शुरू कर दिया। मई 1952 में सोशलिस्ट पार्टी का सम्मेलन हुआ, जिसकी अध्यक्षता करते हुए, लोहिया ने एशियाई समाजवाद पर तीन महत्त्वपूर्ण प्रस्ताव रखे, जो पारित भी किये गये।

क) एशिया की सोशलिस्ट पार्टियों का नवंबर 1952 में रंगून में प्रथम सम्मेलन आयोजित किया जाएगा।

ख) एशिया के देशों को मित्रता के बंधन में बांधते हुए साम्राज्यवाद के खिलाफ एवं स्वतंत्रता की लड़ाई जारी रखने के लिए बंधुत्व की भावना को बरकरार रखने की आवश्यकता है। "एशिया का समाजवादी आंदोलन साम्राज्यवाद के विरुद्ध और स्वतंत्रता के लिए चले संघर्ष के गर्भ से निकला है और अनुभवों तथा कष्टों की इस समानता से एशियाई समाजवादी मित्रता के बंधन में बंधे हैं।"

ग) तीसरा प्रस्ताव भविष्य की परिकल्पना करता है। "सम्मेलन एशिया के सोशलिस्टों को शुभकामना देते हुए आशा करता है कि जनता के स्तर पर दोनों का जुड़ना एक नया युग शुरू करेगा जिसमें सामाजिक और आध्यात्मिक समानता, लोकतंत्र और स्वतंत्रता, आर्थिक और राजनीतिक सत्ता का विकेन्द्रीकरण आदि की नई सभ्यता के लिए सम्मिलित प्रयास होंगे, और तीसरी शक्ति की विचारधारा एवं नीति को अभिव्यक्ति मिलेगी।" (रचनावली, 6, पृ. सं. 329)

एशिया की सोशलिस्ट पार्टियों का पहला सम्मेलन नवंबर 1952 के बजाय, जनवरी 1953 में, रगून में संपन्न अवश्य हुआ, लेकिन विडंबना यह रही कि लोहिया उसमें शामिल नहीं हो पाए। पार्टी की अंदरूनी कलह/प्रतिस्पर्धा के कारण, भारत की ओर से प्रजा सोशलिस्ट पार्टी के प्रतिनिधि के रूप में लोहिया की जगह जयप्रकाश नारायण को भेजा गया। लोहिया, जो इस सम्मेलन के मुख्य आयोजक थे, भाग न ले सके। एशियाई समाजवाद की परिकल्पना ठिठुर सी गई।

## तीसरा खेमा और एशियाई समाजवाद

लोहिया के अनुसार तीसरे खेमे के देशों के लिए समाजवाद की विचारधारा ही सर्वउपयुक्त है। एक प्रकार से कहें तो वे तीसरे खेमे और समाजवाद की संधि को सहज एवं स्वाभाविक मानते थे। इसी संदर्भ में उन्होंने अरब देशों की समस्या, जापान एवं कोरिया की समस्या पर भी विचार-विमर्श किया, और जापान एवं लेबनान के समाजवादी दलों के साथ साझा वक्तव्य भी जारी किया।

अरबी देशों पर टिप्पणी करते हुए उन्होंने यह भाव अभिव्यक्त किया कि: "अरब खुशमिजाज और तर्कप्रिय लोग हैं और स्वतंत्र तथा सुखी मानव-जाति के विकास में उनका योगदान किन्हीं भी अन्य लोगों के समान महान है। उन्हें जरूरत इस बात की है कि अपने सामने की विभिन्न समस्याओं, जैसे वंशवाद, साम्राज्यवाद, यहूदियों से संबंधित, विचारधारा से संबंधित पर मजबूत पकड़ बनाएँ और विभिन्न प्रकार की आवश्यक रणनीतिगत चालों के साथ-साथ अखिल अरब समस्याओं के दीर्घकालिक समाधान के लक्ष्य को नजरों से ओझल न होने दें, क्योंकि ये समाधान मानव-जाति के स्थायी हित से मेल खाते हैं।" (रचनावली, 6. पृ. स. 271)

लोहिया ने अरब देशों को यह परामर्श दिया कि वे दोनों गुटों से अलग रहकर एशियाई एकता को बढ़ाएँ, साथ-ही-साथ उन्हें समाजवाद आधारित नवनिर्माण का प्रयास भी करना चाहिए। उन्होंने स्पष्ट किया कि एशिया एवं अरब देशों की स्थिति यूरोप और अमेरिका तथा सोवियत रूस की स्थिति से बिल्कुल भिन्न है: "एशिया को अरब देशों सहित अटलांटिक-सोवियत संघर्ष से दूर रहना चाहिए न केवल विश्व-स्वतंत्रता एवं शांति के लिए, बल्कि रोटी और अर्थव्यवस्था की अपनी आंतरिक समस्याओं के लिए भी। तीसरे खेमे की समाजवादी विचारधारा ही गैर-यूरोपीय विश्व को रोटी और स्वतंत्रता दोनों की गारंटी दे सकती है, अत: अरब मन को दोनों खेमों के प्रति अपने भावनात्मक ढुलमुलपन से मुक्त होना चाहिए।" (रचनावली, 6, पृ. सं. 274)

उन्होंने अरब देशों को यह परामर्श दिया कि उन्हें पश्चिमी राष्ट्रों पर अपनी आर्थिक निर्भरता कम कर स्वावलंबी होने का प्रयास करना चाहिए। इसके लिए आवश्यक है कि अरब देश अपने अंदरूनी संसाधनों का समुचित उपयोग करें एवं अपना नव-निर्माण स्वयं करें। वैसी स्थिति में उनकी विदेशी सहायता पर निर्भरता भी कम हो जाएगी। इसलिए उन्होंने यह विचार रखा कि, "एशिया के नेताओं को चाहिए कि वे अपने आंतरिक साधनों से राष्ट्रीय गरीबी और

अनुशासनहीनता को ठीक करें। पश्चिम एशिया, बल्कि सारे एशिया के देशों को सामंती संपत्ति खत्म कर भूमि का पुनर्वितरण करना चाहिए। इसी तरह वे अपना नवीनीकरण कर सकते हैं।" (रचनावली, 6. पृ. सं. 273)

उन्होंने अरब एवं एशिया के अन्य देशों के भूमि को प्रश्न को सुलझा लेने के बाद, सार्वजनिक उद्योगों के माध्यम से औद्योगिक पुनर्निर्माण करने की सलाह दी। साथ ही आगाह किया कि इन देशों को यूरोप और अमेरिका की उदारवादी अर्थव्यवस्था की नकल से बचना चाहिए। उद्योगों के प्रश्न पर, लोहिया ने स्पष्ट कहा कि, ''मुक्त उद्योग का विश्व के अन्य भागों में जो भी अर्थ हो, एशिया में उद्यमों पर नियंत्रण तब तक बना रहना चाहिए जब तक निजी संपत्ति को सामाजिक संपत्ति न बना दिया जाए।" (रचनावली, 6, पृ. सं. 273)

उन्होंने बलपूर्वक कहा कि एशिया एवं अरब के देशों के लिए यह आवश्यक है कि वे भूमि का पुनर्वितरण कर कृषि का नव-निर्माण करें, उद्योगों का सार्वजनीकरण कर औद्योगिक विकास करें। तभी अपने को पूँजीवादी अटलांटिक एवं साम्यवादी रूस की खेमेबाजी से दूर रखकर पूँजीवाद एवं साम्यवाद की बुराइयों से बचते हुए, समाजवादी एशिया एवं समाजवादी अरब का निर्माण कर सकते हैं। अरब देशों के लिए तो उन्होंने खास तौर पर कहा कि "अरब की राजनीति तब तक अर्द्धमृत ही रहेगी, जब तक सभी अरब देशों में ऐसे प्रभावशाली ग्रुप तैयार नहीं होते जो भूमि के पुनर्वितरण और उद्योगों के सामाजिक नियोजन एवं नियत्रंण के लिए प्रतिबद्ध हों।" (रचनावली, 6, पृ. सं. 273)

लोहिया के अनुसार तीसरे खेमे के देशों को समाजवाद के रास्ते पर चलना इसलिए भी आवश्यक है, क्योंकि न तो अटलांटिक और न ही साम्यवादी सोवियत खेमे के पास सबको रोटी और सबकी स्वतंत्रता सुनिश्चित करने का कोई तरीका है। उन्होंने कहा कि, "सबको भरपेट भोजन, विचारों की स्वतंत्रता और युद्धों का अंत, इन तीन मुख्य सवालों का सार्थक उत्तर न अटलांटिक खेमे के पास है और न सोवियत खेमे के पास संपत्ति-संबंधों को छोड़कर दोनों खेमों की आर्थिक अवधारणाएँ भी एक जैसी हैं, और वे न भरपेट भोजन दे सकती है और न स्वतंत्र मन।'' (रचनावली, 6, पृ. सं. 285) यहां तक कि दोनों गुटों के देशों के अंदर आर्थिक क्षेत्र की विषमताएँ भ्रमित करने वाली है। उदाहरणस्वरूप, अटलांटिक एवं सोवियत खेमे रोजगार को सुनिश्चित करने में सफल रहे हैं, लेकिन रोजगार की गुणवत्ता में अंतर है। ''सोवियत के लिए रोजगार का मतलब है कोई भी रोजगार, जबकि अटलांटिक खेमे में रोजगार

का मतलब है सम्मानजनक जीवन-स्तर के लिए आवश्यक न्यूनतम वेतन और जिनको यह नहीं मिलता उन्हें बेरोजगार माना जाता है।" (रचनावली, 6, पृ. सं. 285) उन्हें सम्मानजनक बेरोजगारी भत्ता दिया जाता है।

लोहिया एक ओर अटलांटिक एवं सोवियत खेमों की त्रुटियों की ओर ध्यान दिलाते हैं, तो वहीं दोनों की विशेषताओं को भी उदारतापूर्वक स्वीकार करते हैं: "समाजवादी दृष्टि से अटलांटिक गुट की महान विशेषता है लोकतांत्रिक और शांतिपूर्ण ढंग से परिवर्तन की संभावनाएँ। इसी तरह सोवियत गुट की बड़ी विशेषता लगती है राष्ट्र के भीतर और सारे विश्व में रहन-सहन के स्तर में समानता की संभावनाएँ और इस प्रकार निर्धनता तथा युद्ध से अंततः सुरक्षा।" (रचनावली, 6, पृ. सं. 285)

लोहिया तीसरे खेमे के राष्ट्रों की आपसी झगड़े, उनका अटलांटिक या सोवियत खेमे के प्रति झुकाव तथा स्वतंत्रता प्राप्ति के बाद की निष्क्रियता जैसी कमजोरियों से परिचित थे और उस पर उनका ध्यान दिलाना चाहते थे। उन्होंने साफ कहा कि, ''इन राष्ट्रों में न तो कोई राष्ट्रीय स्तर पर देश के अंदर मौलिक परिवर्तन ला पाया है और न ही अंतर्राष्ट्रीय स्तर पर कोई सकारात्मक एवं मजबूत कदम उठाने की प्रतिबद्धता दिखाई है। ऐसे में स्वतंत्रता संग्राम की लड़ाई के दौरान जो जोश एवं उत्साह था, वह ढीला पड़ता चला गया है। अंदरूनी बदलाव के बिना इन राष्ट्रों का अंतर्राष्ट्रीय स्तर पर भूमिका संदिग्ध है।''

### तीसरे खेमे में शामिल राष्ट्र

तीसरे खेमे में कौन-कौन से राष्ट्र शामिल हैं? लोहिया स्पष्ट करते हैं, "तीसरे खेमे के स्वाभाविक घटक हैं सोशलिस्ट, नव-स्वतंत्र देश, साम्राज्य-विरोधी आंदोलन ओर वे सभी उदारवादी जो प्रगति और विश्व-सरकार के समर्थक हैं।" (रचनावली, 6, पृ. सं. 289) इसमें एशिया के नये राज्य और दक्षिण अमेरिका के राज्य शामिल हैं। लेकिन ये आपस में संगठित नहीं है और न ही इनमें यह समझ विकसित हो पाई है कि इसमें कौन शामिल है। आपस की लड़ाइयां इनकी एकता एवं संगठित होने के प्रयास को और कम कर देती हैं। इसके अतिरिक्त, इन राष्ट्रों ने अपने को अंदर से बदलने की पूरी कोशिश भी नहीं की है। आंतरिक बदलाव के प्रति ये शिथिल हैं। लोहिया बेबाक स्वर में कहते हैं कि, ''इन नवोदित राष्ट्रों ने स्वाधीनता के बाद मूर्खता और निरर्थकता का रास्ता अपनाया है। उन्होंने अपनी जनता को न तो खुशी दी है और न आशा।

उन्होंने मानव-स्वतंत्रता और खुशहाली के एक भी विचार का सृजन नहीं किया। उन्होंने खेती से संबंधित स्वतंत्रता या औद्योगिक आयोजन के पुराने ढांचे को भी नहीं खड़ा किया। उनके पास ना तो इस्पात की शक्ति बनी और ना ही विचारों की अपनी चाहत इसमें ज्यादातर दोष एशियाई समाजवादियों का रहा, खासकर भारतीय समाजवादियों का, जिन्होंने अपनी राष्ट्रीय भावनाओं को निष्क्रियता के उजाड़ में फंस जाने दिया।" (रचनावली, 6, पृ. सं. 289)

## अरब-एशिया एकता

लोहिया ने तीसरे खेमे के राष्ट्रों को आपसी झगड़ों को तुरंत सुलझाने की सलाह दी। उदाहरणस्वरूप, अरब-इजराइल का विवाद, भारत-पाकिस्तान का झगड़ा, जो इनकी एकता में बाधा उत्पन्न करता है। साथ ही साथ उन्होंने यह भी परामर्श दिया कि इन राष्ट्रों को जापान से अनुशासन एवं विकास की सीख लेनी चाहिए। उन्होंने कहा कि, "ये (नव-स्वतंत्र) देश समतावादी और समाजवादी समाज के रास्ते ही अनुशासन प्राप्त कर सकते हैं, सामंतवाद और पूँजीवाद को खत्म कर भूमि का पुनर्वितरण कर राजनैतिक और आर्थिक शक्ति का विकेन्द्रीकरण, स्वैच्छिक रचनात्मक कार्य कर, चौखंभा राज की स्थापना कर, छोटी इकाई की मशीन का आविष्कार कर, अहिंसात्मक सत्याग्रह की भावना पैदा कर और विश्व शांति के लिए एक होकर" (रचनावली, 6, पृ. सं. 291)

लोहिया ने जापान को, जो इस खेमे का सबसे समृद्ध राष्ट्र था, और द्वितीय विश्व युद्ध के विनाश के बाद तेजी से पुनर्निमार्ण कर रहा था, यह परामर्श दिया कि नीतियों में बदलाव लाकर इसे अन्य एशियाई देशों की सहायता करनी चाहिए जिससे तीसरे खेमे के देशों की एकता मजबूत होगी। 26 मार्च, 1952 को रंगून में एशियाई समाजवादियों के प्रथम सम्मेलन की तैयारी बैठक में उन्होंने जापान के प्रतिनिधियों को अपनी सरकार एवं वहां की जनता को इस निहित यह संदेश पहुँचाने को कहा कि:

क) जापान की सरकार और जनता अपने को तैयार करे कि वे एशिया के मुल्कों में निर्मित वस्तुओं के बजाय मशीनें और औजारें बेचें।

ख) जापानी प्रौद्योगिकी ऐसे आविष्कर और निर्माण करे जो एशियाई अर्थव्यवस्था के लिए उपयोगी हों।

ग) जापान को एशिया के उन मुल्कों, जिनको जापानी आक्रमण के कारण काफी नुकसान हुआ है, मशीनें एवं औजार, कुछ भेंट के रूप में, कुछ उधार के रूप में, प्रदान करें ताकि वे अपना विकास करें।

घ) जापानी उद्योग को सार्वजनिक नियंत्रण में लाया जाए, जिससे कि उपरोक्त उद्देश्यों की पूर्ति हो सके। (रचनावली, 6, पृ. सं. 327-328)

तीसरे खेमे के देशों में समाजवाद की विचारधारा को स्थापित करने के लिए, लोहिया ने वहां की सोशलिस्ट पार्टियों के साथ संपर्क साधना शुरू कर दिया। एशिया के कुछ राष्ट्रों के समाजवादी दलों के प्रतिनिधियों के साथ वार्तालाप कर संयुक्त वक्तव्य भी जारी किया, जिसमें एशियाई समाजवाद के उद्देश्यों को आगे बढ़ाने का प्रयास दिखता है। उन्होंने जापान की सोशल डेमोक्रेटिक पार्टी की विदेश मामलों की समिति के अध्यक्ष हिरूवाड़ा के साथ टोक्यों में सितम्बर, 1951 में एक संयुक्त वक्तव्य दिया जिसमें उन उद्देश्यों की झलक मिलती है। वक्तव्य के कुछ बिन्दु उल्लेखनीय हैं:

क) हमारे प्रमुख उद्देश्य हैं समाजवाद और लोकतंत्र की उन सभी एशियाई ताकतों के बीच तालमेल स्थापित करना जो यथास्थतिवाद तथा निहित स्वार्थों के लिए एशिया और साम्यवादी एशिया दोनों से समान रूप से लड़ने और जीतने के लिए संकल्पबद्ध हैं।

ख) हम इस बात पर सहमत हैं कि एशिया की सोशलिस्ट पार्टियों की घरेलू नीति समानता के सिद्धान्त पर आधारित हो और वह सामाजिक सुधार, भूमि का पुनर्वितरण, उद्योगों का सामाजीकरण तथा योजनाबद्ध अर्थव्यवस्था से उत्पादन के निम्न स्तर को ऊँचा करें और एशियाई लोगों पर थोपे गए रहन-सहन के निम्न स्तर को सुधारे।

ग) हम मानते हैं कि राजनीतिक और आर्थिक शक्ति तथा प्रौद्योगिकी को इस प्रकार व्यवस्थित किया जाए, जिससे वह गांवों और कस्बों के छोटे समुदायों के आम आदमी को उपलब्ध हो।

घ) हमारा पूरा यकीन है कि विश्व शांति अनिश्चित काल के लिए तभी प्राप्त की जा सकती है जब दो-तिहाई पिछड़ी दुनिया को खुशहाली और शक्ति के सम्मानजनक स्तर तक उठाया जाएगा। (रचनावली, 6, पृ. सं. 317)

इसी कड़ी में उन्होंने लेबनान की सोशलिस्ट पार्टी के नेता कमाल बुबलाटें के साथ नई दिल्ली में दिसम्बर 1951 में एक संयुक्त वक्तव्य जारी किया जिसके कुछ बिन्दु निम्नलिखित हैं:

क) जब तक सकारात्मक कदम नहीं उठाए जाएँगे, एशिया और अफ्रीका के देशों में खत्म होते उपनिवेशवाद की जगह या तो सामंतवाद या प्रतिक्रियावाद की आंतरिक ताकतों द्वारा या दोनों में से किसी साम्राज्यवादी खेमे द्वारा ले ली जाएगी।

ख) एशिया के लोगों को सभी प्रकार के अलगाववादी, विशिष्टतावादी संगठनों को अस्वीकार करना चाहिए और महाद्वीप के स्तर पर एक साथ आने के साथ-साथ एक विश्व-मन बनाने की कोशिश करनी चाहिए।

इस वक्तव्य में दोनों नेताओं ने समाजवाद की तस्वीर भी प्रस्तुत की, जिसमें समाजवाद को नये समाज के निर्माण का एक माध्यम कहा गया। उन्होंने कहा कि, "विश्व की समाजवादी पार्टियों और अंतर्राष्ट्रीय समाजवादी आंदोलनों को चाहिए कि वे नई तकनीक और नैतिक शक्ति के आधार पर समाजवाद को पुनर्जीवित करने का काम हाथ में लें। यह पुनर्जीवित समाजवाद मुख्य रूप से निम्नलिखित लक्ष्यों को लेकर चले:

क) अधिकतम संभव समानता और समता के साथ न्याय स्थापित हो।

ख) एक सम्मानजनक जीवन-स्तर जो पूँजीवाद और इंद्वात्मक भौतिकवाद की दोहरी बाधाओं से बचते हुए आदमी की भौतिक तथा नैतिक आवश्यकताओं के बीच पूर्ण सामंजस्य स्थापित करे।

ग) ऐसी औद्योगिक और कृषि तकनीक और उसके समझदारपूर्ण संगठन जो मानव के अधीन हों तथा उसके शारीरिक, बौद्धिक तथा नैतिक विकास के अनुकूल हों।

घ) राजनैतिक और आर्थिक सत्ता का विकेन्द्रीकरण इस प्रकार हो जिससे ये साधारण आदमी को आसानी से प्राप्त हों और सभी क्षेत्रों में खासकर राष्ट्रीय उत्पादन, वितरण और उपभोग क्षेत्र में सहकारिता को प्रोत्साहन देकर नौकरशाही पर लगाम लगाई जाए। (रचनावली, 6, पृ. सं. 320)

प्रस्ताव के अंत में यह आशा की गई कि, "विश्व की समाजवादी पार्टियां लड़ाकू, हिंसा पर आधारित ईर्ष्या और घृणा से मुक्त राजनैतिक और आर्थिक संघर्ष की उपयुक्त तकनीक को अपनाकर, पूर्व उद्धृत समाजवादी आदर्शों के लिए संघर्ष करते हुए और रचनात्मक तीसरी शक्ति की विदेश नीति का अनुसरण करते हुए, विश्व-शांति और प्रगति की रक्षा कर सकती हैं।" (रचनावली, 6, पृ. सं. 321)

एशिया के राष्ट्रों को समाजवाद के रास्ते पर चलकर ही विश्व राजनीति में अपनी सक्रिय भूमिका निभानी चाहिए और विश्व-शांति एवं प्रगति का प्रयास भी करना चाहिए। अटलांटिक एवं सोवियत गुटों में बंटा विश्व, मानव समाज के बड़े हिस्से को भूख, गरीबी, बेरोजगारी एवं युद्ध जैसी यातना सहने के लिए छोड़ दिया है। इसलिए "एशिया के समाजवाद का सर्वोच्च लक्ष्य है ऐसी विश्व व्यवस्था का निर्माण करना, जिसमें भूख, गुलामी और युद्ध के लिए कोई जगह

न हो।" (रचनावली, 6, पृ. सं. 330) एशिया के मुल्कों को पूँजीवाद एवं साम्यवाद के प्रलोभनों से बचकर, समाजवाद के रास्ते नई ऊर्जा का निर्माण करना चाहिए। लोहिया ने सावधान किया कि, ''एशिया के देशों को पूँजीवाद या साम्यवाद की कठोर, क्रूर और अनुसरणवादी नीतियां अपनाकर अपने उत्तोलक आधार को प्रदूषित नहीं करना चाहिए।" (रचनावली, 6, पृ. सं. 331) उन्होंने यह चिन्ता भी जाहिर की कि, "कुछ एशियाई देशों ने दुर्भाग्य से इन दो गड्ढ़ों वाले रास्तों को अपनाया है जो विपत्ति की ओर ले जाते हैं।" (रचनावली, 6, पृ. सं. 331) फिर उन्होंने यह विश्वास जताया कि, "जो एशिया नई सभ्यता और नई विश्व-व्यवस्था का निर्माण कर सकता है, वह समाजवाद, शांतिपूर्ण क्रांति और पुनर्निर्माण का एशिया हो सकता है।" (रचनावली, 6. पृ. स. 333)

उन्होंने यह उद्‌बोधन किया कि, ''राष्ट्रीय और विश्व के हितों के प्रति जागरूक एशिया के राष्ट्रों के लिए ऐसे एक खेमे में शामिल होना भयानक विकृति है। उसे स्वतंत्रता के प्रतिनिधित्व के अटलांटिक दावे को उसी प्रकार अस्वीकार करना चाहिए जैसे साम्राज्यवाद विरोध के सोवियत खेमे के दावे को। स्वतंत्रता प्रेमी समाजवादी एशिया को दोनों खेमों से स्वतंत्र नीति का अनुसरण करना चाहिए।" (रचनावली, 6, पृ. सं. 333)

अंत में उन्होंने यह अपील की कि, ''एशियाई समाजवाद सारे विश्व को आमंत्रित करता है कि जीवन-स्तर की सतत् वृद्धि के वर्तमान लक्ष्य के स्थान पर सभी मनुष्यों के लिए सम्मानजनक जीवन-स्तर के उच्च लक्ष्य को अपनाएँ, न केवल नई सभ्यता के आगमन की नई आशा के रूप में, बल्कि युद्ध खत्म करने वाले तात्कालिक उपाय के रूप में भी।''

अध्याय 7

# समान अप्रासंगिकता का सिद्धान्त

लोहिया का समाजवाद विश्व स्तर पर पूँजीवाद एवं साम्यवाद का विकल्प स्थापित करने का उद्देश्य रखता है। द्वितीय विश्वयुद्ध के बाद पूँजीवादी एवं साम्यवादी व्यवस्थाओं के बीच अंतर्राष्ट्रीय स्तर पर जो प्रतिद्वंद्विता चल रही थी उसका प्रतिकार करते हुए उन्होंने 'समान अप्रासंगिकता का सिद्धान्त' प्रतिपादित किया और कहा कि मानव समाज के सामने 'भूख', 'स्वतंत्रता' और 'शांति' के जो तीन प्रमुख प्रश्न है उसका समाधान न तो पूँजीवाद के पास है और न ही साम्यवाद के पास। पूँजीवाद 'स्वतंत्रता' सुनिश्चित करता है, तो साम्यवाद 'भूख' से मुक्ति, लेकिन 'शांति' न तो पूँजीवाद देता है न ही साम्यवाद। इन दोनों से इतर, समाजवाद 'स्वतंत्रता' मुहैया कराता है, 'भूख' से मुक्ति दिलाता है; और 'शांति' भी नहीं छीनता। इसीलिए समाजवादी विचारधारा को उन्होंने तीसरे खेमे की विचारधारा के रूप में प्रतिपादित किया और कहा कि इन राष्ट्रों को पूँजीवाद के अटलांटिक खेमे तथा साम्यवाद के सोवियत खेमे की गुटता से दूर रह कर एक समतामूलक एवं स्वस्थ समाज के निर्माण का प्रयास करना चाहिए।

लोहिया के अनुसार पूँजीवाद एवं साम्यवाद के अलग-अलग आकर्षण हैं। पूँजीवादी खेमा लोकतांत्रिक एवं शांतिपूर्ण तरीके से बदलाव की संभावनाओं का आकर्षण प्रस्तुत करता है, तो साम्यवादी खेमा देश के अंदर एवं देशों के बीच लोगों के जीवन-स्तर एवं रहन-सहन में बराबरी स्थापित करने की संभावनाओं से मोहित करता है। लेकिन वे दोनों व्यवस्थाएँ, अंतत: लोकतंत्र एवं समतामूलक समाज की स्थापना के उद्देश्य को हानि पहुँचाती हैं। जहां पूँजीवाद समानता को नकारता है, वहीं साम्यवाद लोकतंत्र की तिलांजलि दे देता है। इसीलिए यह आवश्यक है कि तीसरे खेमे के राष्ट्रों को इन दोनों आकर्षणों से बचकर समाजवाद की एक नई व्यवस्था स्थापित करने का प्रयास करना चाहिए।

लोहिया कहते हैं कि मानव समाज की तीन मूल समस्याएँ है: "सबके लिए भरपेट भोजन, मन की स्वतंत्र खोज, और युद्ध रोकना, जिसका सार्थक उत्तर न तो अटलांटिक खेमे के पास है और न ही सोवियत खेमे के पास। संपत्ति-संबंधों को छोड़कर दोनों खेमों की आर्थिक अवधारणाएँ एक जैसी हैं, जो न तो भरपेट भोजन सुनिश्चित करती हैं और न मन की स्वतंत्रता।'' (रचनावली, 1, पृ. सं. 344)

पूँजीवाद एवं साम्यवाद दोनों अपनी-अपनी कमजोरियों से ग्रसित हैं। पूँजीवाद कुछ लोगों की अमीरी पर पनपता है तो अधिकांश लोगों को गरीबी में धकेल देता है। यह मानव समाज पर युद्ध लादकर ही अपनी गति बनाये रखता है। पूँजीवाद ने अजीबोगरीब विरोधाभास पैदा किया है। ''इसने केन्द्रित पूँजी और उसकी कब्र खोदने वाले सर्वहारा वर्गों के बीच, उत्पादन की शक्तियों और उत्पादन की शक्तियों के बीच संबंधों के बीच संघर्ष पैदा किया है। लेकिन साथ ही इसने एक-तिहाई विश्व के लिए विशाल उत्पादन-साधनों और बाकी के लिए क्षयशील उत्पादन उपकरण के बीच अधिक गंभीर अंतर्विरोध पैदा किया है। इन अंतर्विरोधों ने चाकू की तरह दुनिया को दो हिस्सों में बांट दिया है: वे लोग जो $40^{o}$ अक्षांश से उत्तर में रहते हैं उन लोगों ने कम से कम शारीरिक सुविधाएँ प्राप्त कर ली हैं, जबकि दूसरे हिस्से की विशाल जनसंख्या दरिद्रता में डूबी है।" (रचनावली, 1, पृ. सं. 413)

पूँजीवाद ने जहां दुनिया को ज्ञान-विज्ञान, उत्पादन एवं उपभोग में लगातार बढ़ोतरी कर सुख-समृद्धि दी है, वहीं गरीबी और युद्ध भी मानवता पर थोपी है। लोहिया कहते हैं: ''गरीबी और युद्ध पूँजीवाद की राक्षसी संतानें हैं। दो-तिहाई मानवता के लिए गरीबी और शेष के लिए युद्ध, यह अपनी इन संतानों का नाश करने में लगा है। रंगीन लोगों की भयंकर गरीबी के बीच स्वतंत्र उद्यम के द्वारा नैतिकता और स्वार्थ के बीच सामंजस्य के द्वारा लोकतंत्र प्राप्त करना असंभव है और कितनी ही मुश्किलों से राष्ट्रीय स्वतंत्रता क्यों न प्राप्त की गई हो, उसे बचाना मुश्किल है। गोरों के लिए युद्ध लुभावना बना ही हुआ है।" (रचनावली, 1, पृ. सं. 414)

लोहिया ने समान अप्रासंगिकता का सिद्धान्त प्रतिपादित कर भारत को प्रतिद्वंद्वी अटलांटिक एवं साम्यवादी वैचारिक एवं सामरिक गुटों से न केवल अलग रहने की सलाह दी "बल्कि उसे सक्रिय तटस्थता के साथ तीसरे खेमे के निर्माण की कोशिश करने का परामर्श दिया और कहा कि ''जहां तक संभव हो तीसरे गुट के क्षेत्र का विस्तार करना चाहिए।" (रचनावली, 1, पृ. स. 344)

इसके लिए उन्होंने भारत के समाजवादी दल के लिए कुछ नीतियां बनाईं, जो इस प्रकार हैं:

1) रूसी और अमरीकी खेमों के बीच विवाद से दूर रहना तथा संयुक्त राष्ट्र संघ को आश्वासन देना कि सोशलिस्ट भारत किसी भी स्थिति में आक्रमणकारी की मदद नहीं करेगा।

2) स्वतंत्रता, समता और शांति के विश्व के लिए किए जाने वाले सभी प्रयासों में संयुक्त राष्ट्र संघ और उसकी विभिन्न एजेंसियों को मजबूत करना।

3) विश्व के जो भी क्षेत्र अटलांटिक और सोवियत खेमों के गठबंधनों से दूर रहें, विशेष कर इंडोनेशिया से मिस्र तक की पट्टी के क्षेत्र, उनकी सामूहिक सुरक्षा के लिए काम करना।

4) सभी देशों और सरकारों से मित्रतापूर्ण संबंध बनाने की कोशिश करना।

5) जो देश अभी आजाद नहीं हुए हैं, विशेषकर अफ्रीका के, उनकी आजादी के आंदोलनों को समर्थन देना, और उन्हें दोनों खेमों के गठबंधनों से दूर रखने की कोशिश करना।

6) उन सभी संधियों, समझौतों और चार्टरों को बदलने की मांग करना जो एक तरफ धनी और शक्तिशाली तथा दूसरी तरफ कमजोर और निर्धन देशों की अंतर्राष्ट्रीय जाति-व्यवस्था बनाते हैं, और इस प्रकार सभी देशों के बीच बराबरी के सिद्धान्त की स्थापना करना।

7) सारी मानव-जाति को राजनैतिक दृष्टि से विश्व संसद में और आर्थिक दृष्टि से विश्व विकास निगम तथा विश्व अन्नकोष जैसी संस्थाओं में इकट्ठा करने की तमाम कोशिशों में मदद करना ताकि प्रत्येक मनुष्य को चाहे वह किसी भी देश का हो, सम्मानजनक जीवन-स्तर प्राप्त हो।

8) सारे विश्व के समाजवादी आंदोलनों तथा अन्य सभी जन-आंदोलनों को जो समाज तथा लोकतंत्र के हथियारों से भूख तथा युद्ध से लड़ रहे हैं, समर्थन देना। (रचनावली, 1, पृ. स. 345)

लोहिया ने कहा कि, ''उपरोक्त कार्यों से विचार की बिल्कुल नई प्रणाली का उदय होना चाहिए जिसके अवयव हैं: सारी मानव-जाति के लिए सम्मानजनक जीवन स्तर, राष्ट्र की सीमाओं में सतत् बढ़ते जीवन-स्तर के स्थान पर, विश्व संसद के लिए सब व्यक्तियों को समान मताधिकार, ऐसी मनोवृत्ति का निर्माण जिसके माध्यम से लोग आंशिक या पूर्ण रूप से अपनी सरकार का बागी बनें, वर्तमान सत्ता की सेवा नहीं; यह तो जासूसी करना या देशद्रोह होगा बल्कि भेदभाव रहित समानता के विश्व की सेवा; ऐसी राजनीतिक पार्टियों का उदय

जो सिविलनाफरमानी का उपयोग करें अपने राष्ट्रीय और अंतर्राष्ट्रीय लक्ष्यों को हासिल करने के लिए।" (रचनावली, 1, पृ. सं. 351) इसके लिए उन्होंने न केवल समाजवादी राजनीतिक दलों के उदय की इच्छा जाहिर की, बल्कि विश्व के तमाम लोकतांत्रिक एवं समाजवादी संगठनों, समाजवादी एवं उदार पार्टियों, मजदूर संघों, किसान संगठनों, महिला संगठनों, और अन्य शक्तिशाली समूहों के प्रतिनिधियों को दुनिया के हर कोने से एकत्र होकर बदलाव लाने की अपील की।

इसी कोशिश में, उन्होंने एशियाई समाजवाद की व्याख्या की, और कहा कि समाजवाद, पूरे एशिया के लिए, जो उस समय अटलांटिक गुट के पूँजीवादी व्यवस्था तथा सोवियत गुट के साम्यवादी व्यवस्था को ही विकल्प के रूप में देख रहा था, सबसे उपयुक्त विचारधारा है। ऐसे तो वह पूरे विश्व में समाजवाद को पूँजीवाद एवं साम्यवाद के विकल्प के रूप में स्थापित करना चाहते थे, लेकिन तात्कालिक परिस्थतियों में, इसे सबसे पहले एशिया में सुदृढ़ करने की रणनीति बनाई।

पूँजीवाद और साम्यवाद स्थूल सिद्धान्त हैं। विगत सौ वर्षों में न तो पूँजीवाद ने कोई नया मूल्य जोड़ा है और न ही साम्यवाद ने। दोनों व्यवस्थाओं के रूप में भी कोई परिमार्जन नहीं हुआ है। विचार भी स्थिर हो गए हैं; सिद्धान्त में कोई इजाफा नहीं हुआ है। इसके विपरीत, लोहिया के समाजवाद का सिद्धान्त स्थूल नहीं है, समय और काल के हिसाब से परिवर्तनशील है।

लोहिया समाजवाद को सतत् विकसित होने वाली सिद्धान्त के रूप में देखते हैं और इसे एक तरोताजा नये सिद्धान्त के रूप में प्रस्तुत किया जो न तो पूँजीवाद का पिछलग्गू है, न ही साम्यवाद का। लोहिया कहते हैं कि, "समाजवाद को सदैव ऐसा सिद्धान्त बना रहना चाहिए जो निरन्तर विकसित होता है। समाजवाद को उधार ली गई सांस पर जीना छोड़ना चाहिए। बहुत लंबे समय तक इसने आर्थिक लक्ष्य साम्यवाद से उधार लिए हैं और गैर-आर्थिक एवं सामान्य लक्ष्य पूँजीवाद या उदारवादी युग से।" (रचनावली, 1, पृ. सं. 412) यहां पर उन्होंने यह स्पष्ट भी किया कि, "वर्तमान साधनों, उनके आगे के विकास और बड़े पैमाने के उत्पादन पर सामाजिक स्वामित्व की स्थापना और किसी तरह की नियोजित अर्थव्यवस्था को विभिन्न अंशों में समाजवाद का आर्थिक लक्ष्य माना जाता है। राष्ट्रीय स्वतंत्रता, लोकतंत्र, मानवीय अधिकारों का संरक्षण और शांति प्राप्त करना जिन्हें अक्सर संस्कृति के मूल्य या जीवन का आध्यात्मिक गुण कहा जाता है, वे समाजवाद के सामान्य लक्ष्य हैं।" (रचनावली, 1, पृ. सं. 412)

समाजवाद को पूँजीवाद एवं साम्यवाद के विकल्प के रूप में प्रस्तुत करने के लिए न केवल समाजवाद के विचारों को तार्किक ढंग से संगठित करने की आवश्यकता है, बल्कि पूँजीवाद एवं साम्यवाद के जो तार्किक समाकलन हैं उनको ध्वस्त करने की भी आवश्यकता है। लोहिया ने कहा: ''पूँजीवाद और साम्यवाद के अपने समाकलन हैं चाहे मानवता पर ये विपत्तियों का कितना भी अंबार लगा दे, कम से कम वे तार्किक हैं। जब तक समाजवाद उन स्थापनाओं को विपरीत नहीं कर देता, जिन पर पूँजीवाद और साम्यवाद आधारित है और इसके बदले आर्थिक और सामान्य लक्ष्यों के बीच अपना सामंजस्य स्थापित नहीं कर लेता, तब तक वह एक अतार्किक सिद्धान्त बना रहेगा और पूर्ण विकसित नहीं होगा।" (रचनावली, 1, पृ. सं. 413)

अतः पूँजीवाद के अभिशाप एवं साम्यवाद के दोषों से बचकर एक नये समाज का निर्माण करना चाहिए, ऐसे समाज जो एक नई दुनिया स्थापित करेगा। उन्होंने कहा कि, "नई दुनिया को इन दोनों, पूँजीवाद एवं साम्यवाद से आगे जाना होगा, अगर दूसरे कारण से नहीं तो इसलिए कि बड़े पैमाने की उत्पादन तकनीक दो-तिहाई दुनिया में अव्यवहार्य है। साम्यवाद मात्र पूँजीवाद के उत्पादन-संबंध को बदलता है और इसकी शक्तियों का पुनरुत्थान करता है। समाजवाद को दोनों को बदलना होगा।'' (रचनावली, 1, पृ. सं. 419)

अध्याय 8

# रोटी और संस्कृति

'रोटी' और 'संस्कृति' की अहमियत विभिन्न विचारधाओं में अलग-अलग है। साम्यवाद एवं पूँजीवाद की वैचारिक लड़ाई में 'रोटी' और 'संस्कृति' का प्रश्न उलझन भरा रहा है। साम्यवाद ने 'रोटी' को अहमियत दी, तो पूँजीवाद ने 'रोटी' अर्जन करने की स्वतंत्रता दी। साम्यवाद ने 'रोटी' की गारंटी दी, तो पूँजीवाद ने 'स्वतंत्रता' की। इन दोनों विचारधाराओं ने एक प्रकार से 'रोटी' और 'संस्कृति' में द्वंद्व उत्पन्न किया, जो लाजिमी नहीं है। इसके विपरीत, लोहिया का समाजवाद 'रोटी' और 'संस्कृति' दोनों को अहमियत प्रदान की और कहा कि, ये दोनों एक-दूसरे के पूरक हैं, न कि प्रतिद्वंद्वी।

रूस में बोलशेविक क्रांति के बाद एक विचार प्रबल हुआ कि 'रोटी' की समस्या समाधान हो जाए तो 'संस्कृति' का प्रश्न अर्थात् लोकतंत्र, भाईचारा, मानवता, विश्वबंधुत्व जैसे मुद्दों का उतना महत्त्व नहीं रह जाता। इस प्रकार की सोच को लोहिया संस्कृति के प्रति क्रूर व्यवहार मानते हैं। लोहिया कहते हैं कि, ''जहां साम्यवाद ने 'रोटी' और 'संस्कृति' में इंद्र का सिद्धान्त प्रतिपादित किया है, तो पूँजीवाद ने भी इसको कोई कम जटिल नहीं बनाया है। पूँजीवाद अपने आर्थिक लक्ष्यों को प्राप्त करने में असमर्थ है क्योंकि दुनिया की गरीबी का दानव, जिसका निर्माण उसने किया है, इतना ताकतवर है कि पूँजीवाद की निजी संपत्ति और टेक्नोलॉजी उसे खत्म नहीं कर सकती।'' (रचनावली, 1, पृ. सं. 462) दूसरी ओर साम्यवाद यह कहता है कि, ''जब तक रोटी की लड़ाई नहीं जीत ली जाती तब तक संस्कृति को इंतजार करना चाहिए, जो सतही तौर पर सही और आकर्षक विश्वास लगता है किन्तु सतह के नीचे भयानक गलती विद्यमान है।" (रचनावली, 1, पृ. सं. 460)

इन दोनों विचारधाराओं के विपरीत, समाजवाद 'रोटी' और 'संस्कृति' दोनों में समन्वय स्थापित कर दोनों को अपना लक्ष्य बनाता है। इसी समाजवाद की विचारधारा का हमारे युग में अद्वितीय अनुदान है। लोहिया कहते हैं: "हमारे युग की विशेषता है कि इसमें अद्भुत संगम हुआ है।" (रचनावली, 1, पृ. सं. 462) इस संगम को हासिल करने के लिए छोटी-छोटी मशीनों एवं यंत्रों का बड़ा योगदान रहा है। उन्हीं के शब्दों में, "छोटी इकाई की मशीन के लिए कोशिश कर समाजवादी उद्योगीकरण और संस्कृति दोनों मोर्चों पर जीत हासिल कर सकते हैं। (रचनावली, 1, पृ. सं. 462) यह 'रोटी' का भी प्रश्न हल करता है और 'संस्कृति' का भी। विकेन्द्रीकरण के सिद्धान्त को अमलीजामा पहनाने वाली मशीनें, लोकतंत्र, बंधुत्व एवं भाईचारे को भी बचाए रखता है जिसे पूँजीवाद एवं साम्यवाद की दैत्याकार औद्योगिक प्रणाली बहुत सहज ही निगल जाती है।

जिस प्रकार 'रोटी' की प्राथमिकता का प्रश्न अधूरा है ठीक उसी प्रकार 'संस्कृति' को भरे पेट से जोड़ने की बात भी अज्ञानता है। केवल भरे-पेट के लिए 'संस्कृति' की बात की जाए तो वह नादानी भी है। लोहिया कहते हैं कि, 'संस्कृति' के प्रति क्रूर और औपचारिक रवैया उस अज्ञानपूर्ण रवैये के समान है जो संस्कृति को भरे पेट के श्रृंगार के रूप में देखता है और चाहता है कि संस्कृति को तब तक दूर रखा जाए जब तक भौतिक जरूरतें पूरी नहीं हो जातीं। अटलांटिक और सोवियत साम्राज्यों के वृहदाकार टकराव ने रोटी और संस्कृति के विरोधाभास को मजबूत किया है।'' (रचनावली, 1. पृ. सं. 460)

भारत जैसे देश में लोहिया 'संस्कृति' के प्रश्न को 'रोटी' के प्रश्न से जोड़ते हैं और 'रोटी' की प्राथमिकता को भी स्वीकारते हैं। उन्होंने कहा: "जिस देश में स्थान के अभाव के कारण लोग सूअर के बाड़ों जैसे घर में रहते हों, जहां भूख की पीड़ा आदमियों को निष्प्राण पशु बना देती हो, जहां श्रम की बचत करने या रोजी कमाने के लिए बेईमानी का सहारा लेना पड़ता हो वहां संस्कृति की सभी बातें क्रूर या औपचारिक होंगी।" आगे कहते हैं कि, "यह क्रूरता तब बहुत बढ़ जाती है जब व्यक्तिगत स्वतंत्रता, मानव- अधिकार, प्रतिनिधि लोकतंत्र की शिक्षा ऐसे व्यक्तियों को दी जाती है जिनके लिए रोटी दुर्लभ पदार्थ और ईश्वर की तरह आकर्षक होती है।" (रचनावली, 1, पृ. सं. 460)

खंड-4

# व्यावहारिक पहलू

अध्याय 9

# समाजवादी राजनीति

समाजवाद की राजनीति कैसी होगी? समाजवादी क्रांति के हथियार क्या होंगे? इन प्रश्नों का उत्तर ढूंढ़ना भी जरूरी है।

लोहिया के अनुसार समाजवाद की राजनीति जनतांत्रिक होगी जो सिविलनाफरमानी के हथियार से लैस होगा। सिविलनाफरमानी 'बंदूक' एवं 'वोट' का प्रभावशाली विकल्प देता है, जिसमें जनशक्ति की अपार क्षमता निहित है। समाजवादी राजनीति पर विचार करने से पहले लोहिया 'बंदूक' एवं 'वोट' के विकल्प पर विचार करते हैं, और फिर कहते हैं कि आधुनिक युग में बदलाव के दो ही हथियार प्रमुख रहे हैं: एक 'बंदूक' एवं दूसरा 'वोट'। 'बंदूक' हिसंक क्रांति का प्रतीक है और 'वोट' जनतांत्रिक क्रांति का। विश्व में इन दोनों हथियारों के प्रयोग के द्वारा बदलाव के उदाहरण मिलते हैं। पश्चिमी यूरोप के अधिकांश देशों में, राजशाही के खिलाफ लड़ाई को अगर छोड़ दें, तो बदलाव 'वोट' के द्वारा ही आया है। लोकमत के आधार पर विभिन्न राजनीतिक दलों के द्वारा अपनी विचारधारा को विधान मंडलों में लागू कराना, यूरोप एवं अमेरिका के लोकतंत्र का प्रचलित एवं प्रमुख तरीका रहा है। इसके विपरीत 1917 की रूस की बोलशेविक क्रांति, 1949 की चीन की साम्यवादी क्रांति तथा उपनिवेशिक मुल्कों में गुलामी के खिलाफ स्वतंत्रता की लड़ाइयां, 'बंदूक' की शक्ति पर आधारित रही हैं। लोहिया के सामने बदलाव के ये दोनों नमूने मौजूद थे, लेकिन वे उन दोनों की मुश्किलों का वर्णन करते हैं और फिर कहते हैं कि समाजवाद में बदलाव का हथियार सिविलनाफरमानी है। उन्होंने स्पष्ट किया कि ऐसे तो 'बंदूक' एवं 'वोट' वाली बहस पुरानी है, लेकिन 'बंदूक' एवं 'वोट' में एक प्रकार से समानता है। "अत: मेरे लिए यह मुश्किल नहीं

होगा कि मैं पार्लियामेंट एवं बंदूक को एक ढंग की चीज साबित कर संकूगा। एक तरफ बंदूक कभी-कभी चल जाती है; दस, पंद्रह, बीस, पच्चास, सौ बरस में और दूसरी तरफ जब बंदूक नहीं चलती तो पार्लियामेंट चलती रहती है। ये दोनों एक ही तत्त्व के दो अलग-अलग बाजू हैं। और असल में इनका विकल्प है सत्याग्रह, सिविलनाफरमानी, कानून को तोड़ना, लेकिन अहिंसक ढंग से तोड़ना। मैंने हमेशा ही यह रुख अपनाया है कि हमको क्रांति और व्यवस्थापूर्वक विकास या संविधान या कानून का विकास दोनों के जोड़ से आगे बढ़ना चाहिए।" (शरद, 2022, पृ. सं. 40)

लोहिया के अनुसार जनआंदोलन समाजवाद में परिवर्तन की राजनीति का केन्द्र है। लोहिया संसद की राजनीति के साथ-साथ जनआंदोलन की राजनीति में विश्वास करते थे। तभी तो उन्होंने कहा कि, "जब सड़कें सूनी हो जाती हैं तो संसद आवारा हो जाता है।" जब क्रांति का बिगुल सड़कों पर बजता है, तभी संसद भी जाग जाता है।

लेकिन सड़कों पर क्रांति लाने के लिए, जनशक्ति को जगाने की आवश्यकता होती है। लोहिया ने केवल संसद की राजनीति को 'शिखर की राजनीति' की संज्ञा दी और कहा कि 'शिखर की राजनीति' क्रांति की धार को शिथिल कर देती है। इसके विपरीत समाजवाद की राजनीति में शिखर एवं सड़कों की राजनीति साथ-साथ चलती है।

लोहिया के समाजवाद में संपूर्ण बदलाव के दो ध्येय हैं; व्यक्ति एवं समष्टि। व्यक्ति में बदलाव के लिए चरित्र में बदलाव की आवश्यकता है और समष्टि में बदलाव के लिए, समाज, कानून इत्यादि में बदलाव की आवश्यकता है। ये दोनों एक ही वस्तु के दो अलग-अलग रूप है। अत: यह आवश्यक है कि बदलाव व्यक्ति के चरित्र में भी आए, और कानून एवं विधि विधान में भी।

लोहिया की यह धारणा है कि आमतौर पर लोग यथास्थितिवाद को बनाए रखना चाहते हैं। ऐसे में केवल प्रचार-प्रसार से बदलाव नहीं आता, उसी प्रकार जैसे केवल संसद के द्वारा बनाए गए कानूनों से बदलाव नहीं आता। बदलाव के लिए ठोस प्रयास करने की आवश्यकता होती है। लोगों की आदतें इतनी जड़ी हुई होती हैं कि उसे धक्का लगाना होगा। थोड़ी-बहुत जोर-जबरदस्ती से, धरना प्रदर्शन से, जुलूस इत्यादि से। आगे वे कहते हैं कि, "मैं एक तर्क रख रहा हूँ कि हिन्दुस्तान में तो बिल्कुल निश्चित रूप से और यूरोप में किसी हद तक प्रचार से

मत परिवर्तन नहीं हुआ।" (पृ.सं. 42) परिवर्तन लाने के लिए यह जरूरी है कि संसद में कानून भी बनें और सड़कों पर धरना प्रदर्शन भी चले। किसी एक की अति कर देना और कहना कि अंतिम बदलाव तो खाली विधान-सभा, लोक-सभा, चुनाव-सभाओं से होगा, गलत होगा। ठीक उसी तरह से यह कह देना भी गलत होगा कि अंतिम बदलाव तो खाली सत्याग्रह से, सिविलनाफरमानी से, या क्रांति से होगा।" (वही, पृ. सं. 45) अंत में चुनावी राजनीति से बदलाव के संकल्प पर बल देते हुए उन्होंने कहा कि, "मुझे आज यह सम्भव नहीं दिखाई पड़ रहा है कि चुनावी राजनीति के द्वारा कभी भी अगले दस-बीस बरस में हिन्दुस्तान का कोई शुद्ध समाजवादी विचारधारा वाला गद्दी पर बैठ सकेगी। एक सम्भावना मुझे दिखाई पड़ती है कि कभी हिन्दुस्तान की जनता कुछ बगावत करे बगावत का मतलब अहिंसक बगावत है, कानून टूटने लग जाएँ, हड़तालें वगैरह हों। मैं एक ऐसी अवस्था भी सोचने लगता हूँ कि कुछ जगहों के ऊपर लोग कब्जा करना शुरू करें।" (वही, पृ. सं. 45)

## सिद्धान्त एवं संगठन

लोहिया के अनुसार सिद्धान्तहीन जनआंदोलन दिशाहीन हो जाता है। इसलिए उन्होंने सिद्धान्त पर टिकने की पुरजोर वकालत की और समाजवादियों को सचेत किया कि हर हालत में सिद्धान्त पर टिके रहो। लोहिया जब जन-आंदोलनों के माध्यम से बदलाव लाने की बात करते हैं, तो इस बात पर बल देते हैं कि, "संख्या की शक्ति एवं सिद्धान्त दोनों को मिलाकर ही अपना काम आगे बढ़ाना है।" (लोहिया, शरद, 1996 सातवां संस्करण 2021, पृ.सं. 55)

लोहिया जहां एक ओर सिद्धान्त पर टिके रहने की बात करते हैं वहीं सिद्धान्त की अतिवादिता से बचने की भी बात करते हैं। ''मैं कहना चाहूँगा कि अतिवाद खराब है, बन्दूक का अतिवाद खराब है, वोट का अतिवाद खराब है। व्यक्ति का अतिवाद खराब है, तोड़ का अतिवाद खराब है, शिखर राजनीति का अतिवाद खराब है। धरातल राजनीति का भी अगर अतिवाद हो सकता है, तो वह भी खराब है।" (वही, पृ. सं. 55) कुल मिलाकर संगठन, सिद्धान्त, आंदोलन, जन-जागरण के संतुलित एवं सम्मिलित प्रयासों से ही बदलाव लाया जा सकता है।

लोहिया शुरू में सिद्धान्त के प्रति ज्यादा आसक्त थे और संगठन पर उतना ध्यान नहीं दिया। लेकिन, बाद में चलकर उन्होंने संगठन की अहमियत को

समझा और संगठन की शक्ति बढ़ाने में जुट गए। संगठन के प्रति उनकी सोच उतनी ही ईमानदारी और निष्ठा की थी, जितनी की सिद्धान्त के प्रति। इसीलिए उन्होंने संगठन के लिए भी कुछ स्थूल नियम बना दिये, जिससे संगठन और सिद्धान्त में सामैक्य रहे। लोहिया ने संगठन के लिए निम्नलिखित महत्त्वपूर्ण सिद्धान्त दिये:

1) संगठन का मतलब है काम का बंटवारा और काम का बंटवारा का अर्थ है सच्चाई। लोहिया के अनुसार, "समाजवादी संगठन के लिए आलस पहला दोष है और व्यक्तिवाद दूसरा, जिसके कारण सच्चाई नहीं है, जिसके कारण श्रम-विभाजन नहीं है, और इसका फल है कि संगठन नदारद है।" (रचनावली, 4, पृ. सं. 353)

2) संगठन का उद्देश्य साफ होना चाहिए। उद्देश्य जितना साफ होगा, संगठन उतना ही अच्छा होगा। उन्होंने समाजवादी संगठन (पार्टियों) के दो प्रमुख उद्देश्य बताये:

क) भाषा, जाति, धन्, संपत्ति इत्यादि की व्यवस्था का आमूल परिवर्तन कर नया देश और नये समाज की रचना, जिसमें एक फीसदी शासक वर्ग का जोर खत्म हो, और 99 फीसदी जनता का जीवन चल पड़े।

ख) सत्ता-प्राप्ति किसी उद्देश्य से बंधी हो। "दोनों उद्देश्य दिमाग में साथ-साथ रहें तभी समाजवादी संगठन बन सकता है और अच्छी राजनीति चल सकती है।" (रचनावली, 4, पृ. सं. 353)

3) चुनावी राजनीति पर लगाम लगाने की आवश्यकता है, जिससे कि चुनाव जीतना ही राजनीति का मुख्य उद्देश्य न बन जाए इसके लिए यह आवश्यक है कि नियमों का पालन किया जाए, जैसे कि:

क) जो एक बार चुनाव जीत चुका है, जरूरी नहीं है कि दोबारा वही चुनाव लड़े।

ख) एवजी उम्मीदवार।

ग) चुनाव नियंत्रण एवं धन ऐसे ऐजेंटों के हाथों में हो जो उम्मीदवार की जाति का या सगा-संबंधी न हो, बल्कि पार्टी के द्वारा तय किया गया हो।

4) समाजवादी दल में जहां एक ओर दबे-कुचले, किसान, मजदूर, गरीब, औरतें इत्यादि से नेता तैयार करना चाहिए, वहीं समान सोच एवं उद्देश्य में

समाजवादी विचारधारा के प्रति समर्पित सम्पन्न एवं बुद्धि वाले लोगों को भी शामिल करना चाहिए।

5) विधायकों को क्रांतिकारी होना चाहिए। विधायिकाएँ निर्जीव हो गई हैं और ओजस्वी विधायक समाजवादी उद्‌देश्यों से विधायिकाओं को गरमा सकता है।

6) समाजवादी विचारधारा में शिक्षा होना बहुत ही जरूरी है। समाजवाद की शिक्षा में तीन बातों पर ध्यान देना आवश्यक है:

(क) सीमित जीवन,

(ख) पत्र-पत्रिकाओं के द्वारा विचार-विमर्श, और

(ग) विचार-बैठकों और समाजवादी स्कूल के द्वारा समाजवादी राजनीति में शिक्षा। (रचनावली, 4, पृ. सं. 354)

7) मजदूरों, विद्यार्थियों, महिलाओं एवं खेत-मजदूरों का संगठन होना चाहिए। उनके संगठनों में बहस हो, विचारों का आदान-प्रदान हो, समितियां बनें, पत्र-पत्रिकाएँ छापी जाएँ तथा उनका वितरण हो।

8) धन की व्यवस्था आवश्यक है, अन्यथा संगठन चलाना मुश्किल होगा। अगर पर्याप्त धन की व्यवस्था नहीं हो पा रही है, तो संगठन के प्रांतीय एवं राष्ट्रीय स्तर के दफ्तरों को बंद कर केवल पंचायत एवं जिला स्तर के दफ्तरों से काम चलाना चाहिए।

9) 'अंग्रेजी हटाओ', 'दाम बांधो' एवं 'जाति तोड़ो' जैसे सम्मेलनों एवं आंदोलनों में दमदार गैर-समाजवादियों को भी जोड़ना चाहिए, जिससे इन आंदोलनों को मजबूती मिले।

10) रचनात्मक कार्यों को लगातार जारी रखना चाहिए। 'फावड़ा', 'जेल' एवं 'वोट', जो क्रमश: रचनात्मक कार्य, सिविलनाफरमानी एवं राजनीतिक जागरूकता का प्रतीक है, के कार्यक्रमों को जारी रखना चाहिए।

उपरोक्त बातों के अलावा, उन्होंने सोशलिस्ट पार्टी के लिए संगठन के कुछ अन्य नियमों की भी व्याख्या की है, जिनमें निम्नलिखित प्रमुख हैं:

1) चुनाव उन्हीं क्षेत्रों से लड़ना चाहिए जहां कम से कम एक प्रतिशत मतदाता पार्टी के सदस्य हो। साथ ही साथ पार्टी की सदस्यता एक-तिहाई मतदान केन्द्रों पर फैली होनी चाहिए और वहां सक्रिय समितियां होनी चाहिए।

2) विधानसभा अथवा लोकसभा का चुनाव हारे हुए व्यक्ति को कभी भी राज्य-सभा, विधान परिषद अथवा नगरपालिका या दूसरी संस्थाओं के चुनावों के लिए उम्मीदवार नहीं बनाना चाहिए।

3) कोई भी व्यक्ति किसी भी ओहदे पर लगातार दो-बार से ज्यादा नहीं रह सकता, न ही वह एक साथ पार्टी में दो पदों पर काम कर सकता है।

4) पार्टी की जिस किसी शाखा ने सिविलनाफरमानी का फैसला किया है उसके हरेक पदाधिकारी एवं समिति सदस्यों को अगर वह संघर्ष में भाग नहीं लेता तो इस्तीफा दे देना चाहिए।

अध्याय 10

# समाजवाद के वाहक

समाजवाद के वाहक कौन होंगे, इसका विश्लेषण करते हुए लोहिया 'शिखर राजनीति' एवं 'जनता की राजनीति' में फर्क करते हैं। 'शिखर राजनीति' केवल सत्ता प्राप्ति की राजनीति है जबकि 'जनता की राजनीति' सत्ता प्राप्ति के अलावा बदलाव एवं परिवर्तन की राजनीति है। लोहिया के ही शब्दों में कहें तो, "शिखर राजनीति दांव-पेंच वाली राजनीति है, आपस में जोड़-तोड़ वाली राजनीति है।" और 'जनता की राजनीति' का मतलब है, "नीचे की जनता की, मसलन किसान, मजदूर, विद्यार्थी की राजनीति चलाना है, मजदूर आंदोलन, खेत-मजदूर, किसान आंदोलन, महिला आंदोलन, जाति-तोड़ो आंदोलन, दाम बांधो आंदोलन।" (रचनावली, 4, पृ. सं. 389) 'शिखर राजनीति' स्थितिपरकता को ही मजबूत करती है, जबकि 'जनता की राजनीति' बदलाव के उद्देश्य से परिचालित होती है। 'शिखर की राजनीति', राजनेता चलाते हैं, लेकिन 'जनता की राजनीति' जन-आंदोलन है, जिसके वाहक होंगे दबे-कुचले लोग।

## समाजवाद के पाये

लोहिया ने एक विश्लेषण किया कि भारत की समाजवादी राजनीति की असफलता का एक प्रमुख कारण रहा है समाजवादियों के द्वारा दबे-कुचले की राजनीति चलाने में असमर्थता। जब 1952 के आम चुनाव में समाजवादी पार्टी की बुरी तरह हार हुई तो लोहिया ने इस पर और गहराई से सोचा और कहा कि, ''अगर हमें समाजवाद को सफल बनाना है तो हमारी राजनीति

के वाहक होंगे खेत-मजदूर, कौलदार या भाग-कृषक, दो-चार एकड़ वाले किसान, विद्यार्थी एवं मजदूर। अगर हम इन सबको समाजवाद की राजनीति का वाहन बनाने में सफल हो जाते हैं तो हमें और समूहों को जोड़ना होगा।'' फिर उन्होंने यह भी कहा कि, ''हमारा पाँचवाँ स्तम्भ होगा 'खरीदार' (उपभोक्ता) जो पूरे समाज को लेकर उठ सकता है।" (रचनावली, 4, पृ. सं. 515) लोहिया के अनुसार समाजवादी दल को दबे-कुचले, पिछड़े, उपेक्षित समूहों को संगठित कर समाजवाद की राजनीति चलनी चाहिए।

यहां पर लोहिया गांधी से भिन्न मत रखते थे। उन्होंने कहा कि केवल बड़े लोगों के हृदय परिवर्तन के आधार पर समाजवाद की स्थापना, जिसकी कल्पना गांधीजी ने की थी और कांग्रेस सोचती रही है, नहीं हो सकती। समाजवाद के लिए एक साथ दोनों चीजों पर काम करना होगा। एक तरफ तो दबे-कुचले लोगों को संगठित करने का प्रयास करना चाहिए, और दूसरी तरफ, शक्तिशाली लोगों के हृदय परिवर्तन की कोशिश भी जारी रहनी चाहिए। जब दबे-कुचले लोग संगठित हो जाएँगे और उनमें बदलने की भूख आ जाएगी, तो फिर इसके साथ-साथ बड़े लोगों के हृदय परिवर्तन पर भी ध्यान देना सार्थक हो सकता है, लेकिन "खाली बड़े लोगों के हृदय परिवर्तन करने का प्रयत्न करोगे, भाषण करके, सभा करके, हवा में विचारों को फैलाकर, तो उसका कुछ नतीजा नहीं निकलने वाला है।'' (रचनावली, 4, पृ. सं. 515)

## समाजवादी आंदोलन के चार चरण

लोहिया भारत में समाजवादी आंदोलन को चार चरणों में विभक्त कर विश्लेषण करते हैं। पहला चरण है 1934 से 1936-37, कांग्रेस सोशलिस्ट पार्टी का युग, जिसे वे 'मिरच गुट युग' कहते हैं। इस युग में विभिन्न विचारों के समाजवादी लोग कांग्रेस के अंदर एकत्र हुए, और कांग्रेस के विचारों को प्रभावित करने की कोशिश की। कांग्रेस के विचारों को कभी-कभी तेज करने की, यानी मिरच लगाने की कोशिश करते थे। इसीलिए लोहिया ने इस युग को 'मिरच युग' कहा।

दूसरा युग 'उफान युग' है, जो सन् 1947-48 से लेकर 1951 तक चला। इस युग में सोशलिस्टों की बड़ी-बड़ी सभाएँ हुईं, पैसा भी इकट्ठा हुआ, और ऊपरी तौर पर तो लगा कि बड़ा बदलाव आने वाला है। लेकिन यह केवल

उफान था। जब 1951-52 का आम चुनाव का परिणाम आया, तो सोशलिस्ट पार्टी औंधे मुंह गिर गई। बड़े-बड़े दिग्गज चुनाव हार गये। पार्टी धराशाही हो गई। समाजवादी आंदोलन के कार्यकर्ताओं का मनोबल टूट गया।

तीसरा युग है 1951 से लेकर 1955 तक, जब समाजवादियों के भीतर काफी जोड़-तोड़ हुए, तनाव भी रहे, और बिखराव भी हुए। इस युग में सोशलिस्ट पार्टी जुड़ी भी ओर टूटी भी। सन् 1952 में कांग्रेस सोशलिस्ट पार्टी एवं किसान-मजदूर प्रजा पार्टी को विलय कर प्रजा सोशलिस्ट पार्टी का गठन हुआ। लेकिन 1954 में प्रजा सोशलिस्ट पार्टी टूट गई। लोहिया, मधु लिमये जैसे नेता प्रजा सोशलिस्ट पार्टी से बाहर आ गये। एक साल बाद, सन् 1955 में लोहिया ने नई सोशलिस्ट पार्टी का गठन किया और भारत में समाजवादी राजनीति का एक नया युग शुरू हुआ।

चौथे, 1955 के बाद के युग को, लोहिया 'क्रांतिकारी' युग कहते हैं। इस युग में समाजवादी दल एक शक्तिशाली संगठन के रूप में उभरा और 1963 के लोकसभा के उपचुनाव में उत्तर प्रदेश से विजय हासिल कर संसदीय राजनीति में धमाकेदार प्रवेश किया। फर्रुखाबाद से लोहिया, एवं अमरोहा से आचार्य कृपलानी ने एक साथ विजय हासिल कर सोशलिस्ट पार्टी की चुनावी राजनीति में सफलता का शंखनाद फूंका। यह युग सोशलिस्ट पार्टी के उत्थान का युग था और इसका चरम 1967 में कई राज्यों में संयुक्त सोशलिस्ट पार्टी के नेतृत्व में संयुक्त विधायक दल की साझा सरकारों का बनना है।

लोहिया के निधन (12 अक्टूबर 1967) के पश्चात्, बिखराव का युग रहा। 1975 में जयप्रकाश नारायण ने आपातकाल का विरोध कर संपूर्ण क्रांति का नारा देकर सोशलिस्टों को एक बार पुनर्जीवित किया और समाजवाद की नई उम्मीदें जागीं। 1977 में जनता पार्टी की सरकार बनी लेकिन कुछ ही समय में यह सरकार बिखर गई। सोशलिस्ट राजनीति जीवित हुई और कुछ ही समय में मर भी गई। एक दशक बाद एक बार फिर, 1989 में वी. पी. सिंह के नेतृत्व में जनता दल की केंद्र में साझा सरकार बनी, जिसने लोहिया के 'अवसर के सिद्धान्त' को सीमित एवं विकृत अर्थों में लागू करने का साहस दिखाया, जिसके परिणामस्वरूप पिछड़े वर्गों में जबरदस्त राजनीतिक जागरूकता पैदा हुई। लेकिन सबल नेतृत्व के अभाव में, सिद्धान्तों की कमजोरियों के कारण,

आंतरिक फूट एवं क्लेश तथा व्यक्तिगत महत्त्वाकांक्षा के कारण इस दौर की समाजवादी राजनीति ने कोई बड़ा परिवर्तन नहीं किया।

अलबत्ता कुछ राज्यों में सोशलिस्ट पार्टी के टूटे अवशेषों ने क्षेत्रीय स्तर पर सरकारें बना लीं और सत्तासीन भी हो गये। लेकिन, नेतृत्व की कमजोरी, विचारधारा से भटकाव एवं निजी स्वार्थों तथा पारस्परिक कलह ने सोशलिस्ट पार्टी को देश के अन्दर प्रमुख राजनीतिक शक्ति के रूप में उभरने से रोका। सोशलिस्ट पार्टियां, राज्यों की क्षेत्रीय ताकत बनकर रह गई हैं।

अध्याय 11

# किसान एवं मजदूर

लोहिया के अनुसार किसान एवं मजदूर, विद्यार्थी, दलित एवं पिछड़ा वर्ग, महिला एवं धार्मिक अल्पसंख्यक मुस्लिम समुदाय भारत में समाजवाद का मुख्य वाहक है। चूंकि स्वतंत्रता संग्राम के दौरान किसान आंदोलन ही प्रबल था, अपने प्रारंभिक राजनीतिक चिन्तन में, लोहिया ने किसानों की स्थिति, दुर्दशा एवं सुधार पर ही विशेष ध्यान दिया। तात्कालिक कारणों से ही सही, मुख्य रूप से कृषि अर्थव्यवस्था एवं ग्रामीण समाज की प्रधानता के कारण, कम से कम प्रारंभिक दिनों में समाजवादी आन्दोलन की धुरी किसानों को ही बनाया। अलबत्ता किसान की परिभाषा में कृषक मजदूर भी शामिल थे।

आजादी के पश्चात् जब समाजवाद के सपनों को साकार करने का वक्त आया तो, लोहिया ने मजदूरों एवं अन्य उपेक्षित एवं शोषित वर्गों को संगठित करने का भी अभियान चलाया। 1952 के आम चुनाव में सोशलिस्ट पार्टी की हार के पश्चात् तो उन्होंने इस बात पर खेद भी जाहिर किया कि मजदूरों को जोड़ने का काम समाजवादियों ने नहीं किया, और यह भी उनकी हार का एक कारण बनी। तत्पश्चात् 1952 में 'हिन्द मजदूर पंचायत' का गठन किया गया और मजदूरों को संगठित करने का काम शुरू किया गया।

लोहिया ने किसानों की सामाजिक एवं आर्थिक स्थिति में परिवर्तन को समाजवादी राजनीति का एक प्रमुख लक्ष्य बनाया तथा किसानों को संगठित कर उनकी सामाजिक एवं आर्थिक स्थिति में बदलाव का उद्देश्य निश्चित किया। इसके लिए किसानों की राजनीति में सक्रिय भागीदारी पर जोर दिया, और किसानों की राजनीति के प्रति उदासीनता को लेकर चिन्ता भी जाहिर की: "इसमें संदेह नहीं कि किसानों ने प्राय: अनेक बार विद्रोह किया और अपने विद्रोहों के द्वारा स्वतंत्रता की सीमा का विस्तार भी किया है। परंतु यह ज्वालामुखी

के विस्फोट की भांति लम्बी अवधि तक शांत रहने के बाद अचानक और अल्पकालीन रहा है।" (रचनावली, 3, पृ. सं. 66)

हालांकि लोहिया ने किसानों को समाजवादी राजनीति का केन्द्र बनाया, उन्हें इस बात से निराशा थी कि, ''किसान आए दिन की राजनीति में भाग नही लेता।" उन्होंने कहा कि, ''नगरों की अशांति से दूर प्रकृति, मिट्टी और चौपायों के निकट संपर्क में रहने वाला किसान शायद सबसे अधिक अपरिवर्तनशील वर्ग है, जिसके द्वारा सभ्यता अपने को बनाये रखती है।" (रचनावली, 3, पृ. सं. 66) किसानों की इस जड़ता को तोड़ने के लिए, उन्होंने किसानों को जागरूक एवं संगठित करना तथा उन्हें परिवर्तन का दूत बनाने का संकल्प लिया। इसके लिए उन्होंने किसान पंचायत को वातावरण एवं संगठन तैयार करने की जवाबदेही सौंपी। इसी संदर्भ में 26 फरवरी, 1950 को उन्होंने 'हिंद किसान पंचायत' के प्रथम अधिवेशन, जो कि रीवा, मध्य प्रदेश, में सम्पन्न हुआ, में समाजवादी उद्देश्यों की पूर्ति के लिए, छ: लक्ष्य निर्धारित किये, जो निम्नलिखित हैं:

क) जमींदारी उन्मूलन तथा किसानों में जमीन का बंटवारा।

ख) 'भूमि सेना' का गठन तथा बंजर जमीनों को खेती योग्य बनाना।

ग) छोटी मशीनों पर आधारित औद्योगिकरण को बढ़ाना।

घ) भूमि का पुनर्वितरण इस प्रकार हो कि हर परिवार को एक गाय और कम से कम 20 बीघा जमीन उपलब्ध हो।

ङ) खेती तथा उद्योग की पैदावार की कीमतों में समानता, और

च) चौखंबा राज की स्थापना।

लोहिया जमीन के बंटवारे को लेकर गंभीर थे और उतावले भी थे। उन्होंने स्वतंत्र भारत की सरकार से अपील की कि आजादी मिलने के 24 घंटे के अंदर जमींदारी खत्म कर देनी चाहिए और ऐसे कानून बनाये जाएँ जो जमीन जोतनेवाले को मालिकाना हक प्रदान करें। इसके लिए भूमि संबंधी कानूनों में तत्काल सुधार लाया जाए और हर एक ग्रामीण परिवार के लिए न्यूनतम कृषि भूमि उपलब्ध कराई जाए। इसके लिए उन्होंने भूमि बंटवारे का एक आकलन भी प्रस्तुत किया जिसके अनुसार उस वक्त देश की जितनी ग्रामीण आबादी थी और जितनी कृषि लायक जमीन थी, उनको बांटकर प्रत्येक परिवार को तकरीबन 20 बीघा औसतन जमीन उपलब्ध कराई जा सकती थी, जो उस परिवार की सामाजिक एवं आर्थिक स्थिति को सुधारने के लिए पर्याप्त थी।

उन्होंने जमीन के बंटवारे के साथ-साथ परती जमीनों को भी उपजाऊ बनाने की बात भी की जिससे कुल कृषि योग्य जमीन की मात्रा बढ़े और देश में अनाज का उत्पादन भी बढ़े। इसी संदर्भ में उन्होंने 'भूमि सेना' के गठन की बात की, जिसका मुख्य उद्देश्य बंजर एवं परती जमीनों को कृषि योग्य बनाकर खाद्यान की उत्पत्ति को बढ़ाना है। इससे युवा लोगों को रोजगार प्रदान करने में भी सहूलियत होगी। लोहिया ने एक आकलन किया कि देश में तकरीबन 10 करोड़ एकड़ परती जमीन उपलब्ध थी, उसे 'भूमि सेना' का गठन कर खेती के लायक बनाया जा सकता है। उन्होंने सरकार को यह सलाह दी कि इस काम की फौरी शुरुआत कर दी जाए और 'भूमि सेना' को सरकार की ओर से खाना, कपड़ा एवं आवास मुहैया कराया जाए।

भूमि के बंटवारे के साथ-साथ रोजगार का सृजन एवं अन्य उत्पादन को बढ़ाने की भी आवश्यकता है, जिसके लिए छोटी-छोटी मशीनों एवं उद्योगों को विकसित करने की आवश्यकता है। केवल भूमि के बंटवारे से ही सारी समस्या खत्म नहीं हो जाती। कृषि में छोटी-छोटी मशीनों का प्रयोग कर कृषि का आधुनिकीकरण कर अनाज का उत्पादन बढ़ाना जरूरी है, जिससे देश में अनाज संकट खत्म हो सके। लोहिया ने कहा कि, "भारतीय कृषि पुरानी तकनीक, न्यूनतम मशीन एवं अलाभकारी खेती का प्रतीक है। ऐसे में कृषि का आधुनिकीकरण कर ही समृद्धि लाई जा सकती है।"

कृषि में छोटी-छोटी मशीनों के प्रयोग तो वांछनीय हैं ही, छोटे-छोटे उद्योगों की स्थापना की भी उतनी ही आवश्यकता है। लोहिया ने कहा कि हमारे देश में जगह-जगह खनिज संपदा भरी पड़ी है और उसके प्रयोग से हम न केवल उसका सदुपयोग कर पाएँगे, बल्कि बड़े पैमाने पर रोजगार का सृजन भी कर पाएँगे। उन्होंने बढ़ती जनसंख्या एवं रोजगार के संकट को बहुत पहले ही भांप लिया था और कहा कि, "नये पेशों का दरवाजा बंद हो जाने और जनसंख्या में अत्यधिक वृद्धि हो जाने से एक तरफ तो खेत छोटे-छोटे टुकड़ों में बंट गए हैं और आर्थिक दृष्टि से लाभकारी नहीं रह गए हैं, दूसरी ओर, खेत मजदूरों की संख्या में कल्पनातीत वृद्धि हो गई है।" (रचनावली, 3, पृ. सं. 75) ऐसी परिस्थिति में, खेतों के अतिरिक्त, अन्य क्षेत्रों में भी रोजगार सृजन करना आवश्यक है। बढ़ती जनसंख्या और घटते रोजगार की समस्या से निपटने के लिए छोटी-छोटी मशीनों के प्रयोग से उद्योग-धंधों को भी साथ-साथ बढ़ाया जाए। उन्होंने कहा: "हमारे देश में गांवों और कस्बों में अनेक प्रकार के कच्चे मालों का बाहुल्य है। आज यह सब व्यर्थ चला जाता है। इसका उपयोग तभी

संभव होगा जब छोटी मशीनें, प्राप्त हों। मैं उस भविष्य की कल्पना कर रहा हूँ जब हमारे समस्त देश के गांवों और कस्बों में यांत्रिक शक्ति से चलने वाली मशीनें देश की संपत्ति में वृद्धि करती रहेंगी और जमीन पर भार कम कर देंगी।" (रचनावली, 3, पृ. सं. 75)

लोहिया ने जमीन के बंटवारे के साथ-साथ 'खेत जोतने वाला फसल का मालिक हो' का सिद्धांत भी दिया। भूमि के स्वामित्व की अधिकतम सीमा 30 एकड़ निर्धारित की, और एक परिवार को पांच सदस्यों की एक इकाई के रूप में परिभाषित किया। जब लोगों ने यह प्रश्न किया कि, आखिर जमीन कहां है, तो लोहिया उसका भी हिसाब जोड़ दिया। "खेती योग्य भूमि करीब 40 करोड़ एकड़ के लगभग है। वे परिवार जो अपनी जीविका के लिए खेती पर निर्भर करते हैं, 4-5 करोड़ के बीच हैं। इस आधार पर भी प्रत्येक परिवार के लिए 8 या 10 एकड़ का औसत संभव है।" (रचनावली, 3, पृ. सं. 70) तिस पर, 'भूमि सेना' के द्वारा परती जमीनों को खेती योग्य बना दिये जाने के पश्चात् तकरीबन 10 करोड़ एकड़ जमीन और जुड़ जाएगी, तो फिर मामला पूर्ण हो जाता है।

लोहिया अर्थशास्त्र के विद्यार्थी थे, और कृषि उपज एवं औद्योगिक उत्पादनों के मूल्यों में अंतर, जिसकी अर्थशास्त्र में 'व्यापार की शर्तों के सिद्धान्त' के रूप में व्याख्या की जाती है, जो अक्सर औद्योगिक उत्पादों के पक्ष में होता है, को संतुलित करने की बात चलाई। उन्होंने इस बात पर बल दिया कि कृषि उपज एवं औद्योगिक उत्पादों के मूल्यों को नियंत्रण करने की आवश्यकता है, जिससे कि आम उपभोक्ता को न तो कृषि उपज बहुत मंहगे दाम पर मिले, और न ही औद्योगिक उत्पाद। कृषि उपज में खासकर उतार-चढ़ाव लगातार बना रहता है और उसको नियंत्रित करना बहुत ही आवश्यक है। साथ-ही-साथ औद्योगिक उत्पादों की कीमत काफी ज्यादा होती है, जिसमें मुनाफे का एक बड़ा हिस्सा होता है। इसको नियंत्रण कर इसकी कीमत बांधी जा सकती है। कीमतों के नियत्रंण के लिए, लोहिया ने एक सूत्र का इजहार किया जिसके अनुसार किसी भी उत्पाद की कीमत उत्पादन लागत से डेढ़ गुना ज्यादा नहीं होनी चाहिए। यह सिद्धान्त कृषि एवं औद्योगिक उत्पादों पर समान रूप से लागू होता है। जब कृषि उत्पादों एवं अन्य वस्तुओं की कीमतें नियंत्रित हो जाएँगी तो दोनों के बीच व्यापार की शर्तें भी नियंत्रित एवं निर्धारित हो जाएँगी, जिससे सभी वर्गों को एक साथ लाभ मिलेगा। और न ही किसानों को उनके अनाज का कम मूल्य मिलेगा, न तो उद्योगपति मुनाफे का ऊँचा मूल्य वसूल पाएँगे। परिणामस्वरूप उपभोक्ताओं को कृषि एवं औद्योगिक उत्पाद सस्ते दामों पर मिलेंगे।

## भारतीय किसान एवं रचनात्मक कार्य

लोहिया ने भारतीय किसान को न केवल समाजवादी राजनीति का साधन बनाया, बल्कि इसके माध्यम से भारत के पुनर्निर्माण के लिए, रचनात्मक कार्यक्रम चलाने की बात की। इसी संदर्भ में उन्होंने 'एक घंटा देश का' नारा दिया और कहा कि अगर हिन्दुस्तान का हर वयस्क एक घंटा सार्वजनिक कार्यों में लगाए, तो लोक निर्माण के बहुत सारे काम राष्ट्रीय कोष पर बिना किसी भार के संपन्न किये जा सकते हैं। जन सेवा के आधार पर ग्रामीण इलाकों में सड़कों, सिंचाई, नालियों इत्यादि की व्यवस्था की जा सकती है, जिसकी उस वक्त (1950-1960 के दशकों में) काफी जरूरतें थीं और जिसकी कमी आज भी मौजूद है।

लोहिया के अनुसार स्वयंसेवा से न केवल देश का तेजी से निर्माण किया जा सकता है, बल्कि स्वयंसेवा की भावना से जनता में रचनात्मक कार्यों के प्रति आस्था वृत्ति को भी बढ़ाया जा सकता है। लोहिया कहते हैं कि, "जब गांव वाले यह देखेंगे कि किसान पंचायत के लोग बिना सरकार की मदद के गांव का पुनर्निर्माण कर रहे हैं तो अनायास ही उनके मन के अंदर विश्वास के अंकुर उगने लगेंगे।'' (रचनावली, 3, पृ. सं. 91) उन्होंने यह आशा जाहिर की कि, ''यदि स्वयंसेवकों की यह लहर गांव में फैल गई तो पुनर्निर्माण और समाजवाद की लड़ाई जीत ली जाएगी।'' (रचनावली, 3, पृ. सं. 91)

लोहिया ने भारत के किसानों एवं मजदूरों को रचनात्मक एवं विध्वंसक कार्यों को एक साथ चलाने का आह्वान किया। रचनात्मक कार्यों में जहां लोक निर्माण, सांस्कृतिक केन्द्र, महिला केन्द्र, नाटक, संगीत, बौद्धिक चर्चा, सांस्कृतिक व्यायाम, पर्यटन इत्यादि पर बल दिया, वहीं विध्वंसक कार्यों में पुराने कानूनों को नष्ट करना, जाति-पांति, पक्षपात इत्यादि की मिटाने की भी अपील की। जमींदारी उन्मूलन के लिए भी किसानों को संघर्ष करने का आग्रह किया। लोहिया कहते हैं कि, "केवल रचना के काम से ही काम नहीं बन पाएगा। रचना और विनाश दोनों को साथ-साथ लेकर चलना है। जहां अच्छाई को बनाना है वहीं बुराई को नष्ट करना है। जमीन के पुराने कानून को खत्म करना है। जात-पांत, पक्षपात को मिटाना है, गरीबों के आपसी तनाव को दूर करना है। किसानों की राजसी तबियत को तो जगाना ही पड़ेगा। अन्याय से मुकाबले की तबीयत पैदा करनी होगी।" (रचनावली, ३, पृ. सं. 92)

'जब एक घंटा देश का' आधार बनाकर स्वयंसेवकों की एक फौज तैयार हो जाएगी, तो इससे दूसरों को भी प्रेरणा मिलेगी। यह कार्यक्रम इसलिए भी जरूरी है कि विध्वंसक कार्यों को वही कर सकता है जो रनात्मक कार्यों को कर सकता है। लोहिया के शब्दों में, "जो किसान एवं जवान स्वयंसेवक होकर फावड़ा उठा सकता है वहीं जमींदारी पर भी फावड़ा चला सकता है। जो जमींदारी के खिलाफ आवाज उठाता है वहीं फावड़ा भी उठा सकता है। रचना राजसी बने और राज्य भी रचनात्मक हो।" (रचनावली, 3, पृ. सं. 93)

इन सभी कार्यों को करने के लिए यह आवश्यक है कि जनता जागरूक हो और आंदोलन के लिए उद्वेलित भी हो। जब तक जनता में जड़ता बनी रहेगी, इन कार्यक्रमों को चलाना मुश्किल होगा। क्योंकि आज जनता की सबसे बड़ी भूल यह है कि वह तामसी बन गई है और सब कुछ सह लेती है। अगर जनता भी राजा बनना शुरू करे तो अपने आप बहुत सुधार होने शुरू हो जाएँगे। जनता अब सब कुछ सहना छोड़ दे। फिर सब कुछ सहने की आदत छूट जाए तो जनता में दूसरे गुण भी आने शुरू हो जाएँगे। इसीलिए जनता को जगाना, झकझोरना आवश्यक है। जब उनमें भी राजसी प्रवृत्ति आ जाएगी, तो बदलाव अवश्यंभावी है।

## किसान-मजदूर एकता

लोहिया किसान एवं कृषि मजदूरों को तो एक ही मानते हैं। हां कृषि एवं औद्योगिक मजदूरों में अंतर जरूर करते हैं। लेकिन समाजवाद को मूर्त रूप देने के लिए इन दोनों वर्गों को सम्मिलित संघर्ष एवं प्रयास करने की आवश्यकता पर बल दिया। लोहिया कहते हैं कि, ''यूरोप एवं अमेरिका में समाजवादियों ने औद्योगिक मजदूरों को तो सर्वहारा क्रांति में शामिल कर लिया, लेकिन किसानों एवं कृषि मजदूरों को उससे बाहर रखने की भूल की, जिसके परिणामस्वरूप उनका प्रयास एकांगी था। वे किसानों को अपने साथ जोड़ने में भी नाकामयाब रहे, बल्कि उनको क्षुब्ध भी किया और किसानों को प्रतिक्रियावादी करार दिया, क्योंकि वहां के किसान संपत्ति के मालिक थे, अपनी फसलों का उचित दाम मांगते थे, और लेते भी थे।''

यूरोप की पृष्ठभूमि से विपरीत, भारत में समाजवादी आंदोलन के लिए दोनों वर्गों को साथ-साथ लेकर ही परिवर्तन लाया जा सकता है। भारत में किसान एवं कृषि मजदूर एक ही व्यवस्था के हिस्सा हैं। यह जरूर है कि किसान जमीन का मालिक है और मजदूर जमीनविहीन है, लेकिन उनके रिश्तों में एक भाईचारा है।

दूसरी बात यह भी है कि किसान एवं मजदूर के अंदर कई श्रेणियां है, मसलन बड़ा किसान, मंझोले किसान, सीमांत किसान एवं छोटे किसान इसमें से तो कुछेक खासकर छोटे एवं सीमांत किसान तो मजदूर ही हैं, और इसलिए भी भारत में किसानों एवं कृषि मजदूरों के बीच उस प्रकार का वर्ग संघर्ष या वर्ग भेद नहीं है, जैसा कि यूरोप एवं अमेरिका तथा बोलशेविक क्रांति से पहले रूस में था।

लोहिया जहां किसानों एवं मजदूरों की एकता पर बल दिया, वहीं कारखानों के मजदूरों की अनदेखी को सोशलिस्टों की एक बड़ी भूल माना और यह अहसास कराया कि किसानों एवं कृषि मजदूरों के साथ-साथ कारखानों के मजदूरों को जोड़कर ही समाजवाद को लाया जा सकता है। ''किसानों को ही नई व्यवस्था और नवचेतना का एकमात्र साधन मान लेना उतना ही गलत है जितना कारखाने के मजदूरों को क्रांति का एकमात्र साधन मानना। निस्संदेह भारत में और अन्यत्र भी, किसानों को अन्य वर्गों की अपेक्षा सामाजिक परिवर्तन में अधिक बड़ा हिस्सा लेना है। किन्तु अन्य वर्गों की उपेक्षा नहीं की जा सकती। किसानों, मजदूरों और नगरों की गरीब जनता के बीच सहायक संधि की बात के स्थान पर क्राति में सभी वर्गों के समान भाग के सिद्धान्त को प्रतिपादित किया जाना चाहिए।" (रचनावली, 3, पृ. सं. 101)

लोहिया भारत के संदर्भ में किसानों को ही नये समाज का निर्माता मानते हैं। उन्होंने किसानों को सामाजिक आधार बनाकर तथा भूमि के वितरण से एक नई गांव की व्यवस्था की कल्पना की, जिसमें किसान एवं मजदूरों के बीच भाई-चारे का तो रिश्ता होगा ही, नये समाज में नई स्फूर्ति, उत्साह और उद्यमशीलता का भी प्रवाह होगा। लोहिया कहते हैं: ''किसान नये समाज का निर्माता है। जहां तक खेती की उपज के मूल्य का प्रश्न है, औद्योगिक उत्पादन के मूल के साथ उसकी समानता लाने पर किसान तथा शेष समाज के बीच का शोषण समाप्त हो जाएगा। जहां तक किसान की भूसम्पत्ति का प्रश्न है, यह सिद्धान्त स्वीकार किया जाना चाहिए कि जब तक उक्त संपत्ति में दूसरों के श्रम का उपयोग नहीं होता तब तक यह समाजवाद के सिद्धान्त के विरुद्ध नहीं है।" (रचनावली, 3, पृ. सं. 101)

अंत में जब "न्याय के आधार पर भूमि का पुनर्वितरण हो जाने पर अधिक भूमि प्राप्त करने की भूख समाप्त हो जाएगी और इसका स्थान ले लेगी उद्यमशीलता, मुक्त उत्साह और सामूहिक कल्याण की भावना तो उसके परिणामस्वरूप भविष्य के किसान ग्रामीण जीवन का ऐसा स्वरूप तैयार कर

लेंगे, जिसमें सहकारिता ओर सामूहिक जीवन के उद्‌देश्य साथ-साथ सन्निहित होंगे जो अन्य उपायों से प्राप्त नहीं हो सकता। एक उच्च कोटि के समाजवादी जीवन और प्रयोग का द्वार खुल जाएगा। ऐसे ही वर्णहीन और आदर्श गांव की हम कल्पना करते हैं जो वर्तमान तनातनी को मिटाने में समर्थ होगा।" (रचनावली, 3, पृ. सं. 101)

अध्याय 12

# चौखंभा राज

'चौखंभा राज' की अवधारणा लोहिया के राजनीतिक चिंतन की एक विशिष्ट परिकल्पना है जो लोकतंत्र एवं समाजवाद को जमीनी स्तर पर उतारने का एक ठोस कार्यक्रम प्रदान करती है। यह लोकतंत्र की विभिन्न व्यवस्थाओं में से एक है, जिसमें सत्ता एवं शासन का पूर्ण विकेन्द्रीकरण कर जनता के छोटे-छोटे समूह अपने विकास एवं स्वशासन का मार्ग स्वयं तय करते हैं। 'चौखंभा राज्य' की अवधारणा एक आदर्श सिद्धान्त है, जिसका मुख्य उद्देश्य है, "राष्ट्रीय सद्भाव और शुद्ध शासन व्यवस्था युक्त जीवित प्रजातंत्र की प्राप्ति (रचनावली, 3, पृ. सं. 79) और जो "भविष्य में शायद उन महान विचारों में से एक प्रमाणित हो जो मानव जगत को प्रेरणा देकर आगे बढ़ाते हैं।" (रचनावली, 3, पृ. सं. 79)

भारत के संविधान निर्माताओं ने संघीय संविधान को अपनाया है, लेकिन संघवाद को अधूरा ही छोड़ दिया है। केन्द्र एवं राज्यों के बीच सत्ता का बंटवारा तो किया गया है, लेकिन राज्यों के नीचे जिला एवं गांव पंचायत के स्तर पर सत्ता का बंटवारा नहीं किया गया। संविधान की इस कमी को पूरा करने के लिए, सन् 1992 में, 73वें संवैधानिक संशोधन के द्वारा ग्रामीण क्षेत्रों में त्रिस्तरीय जिला, मंडल एवं ग्राम पंचायत के स्वशासन की व्यवस्था की गई है तथा 29 क्षेत्रों में इन्हें अधिकार प्रदान किया गया है। उसी तरह 74वें संशोधन के द्वारा नगर पंचायतों की स्थापना की गई है और शहरी निकायों को 18 क्षेत्रों में अधिकार दिये गये हैं।

पंचायत राज की यह व्यवस्था लोहिया के 'चौखंभा राज' की परिकल्पना से भिन्न है। इसमें इन संस्थाओं को कुछ शक्तियां जरूर प्रदान की गई हैं, लेकिन वे शासन के एक अंग के रूप में, न कि निचले स्तर की सरकार के रूप में।

लोहिया का 'चौखंभा राज', इन्हें निचले स्तर की सरकार के रूप में स्थापित करने का सिद्धान्त है।

लोहिया के अनुसार, 'चौखंभा राज' की स्थापना गांव, जिला, प्रांत तथा केन्द्र के स्तर पर होनी चाहिए तथा जिनके बीच कुछ ठोस सिद्धान्तों के आधार पर शक्ति का बंटवारा होना चाहिए। 'चौखंभा राज' के स्वरूप की व्याख्या करते हुए लोहिया कहते हैं कि, "राज्य की सशस्त्र सेना केन्द्र के अधीन रहे, सशस्त्र पुलिस प्रान्त के अधीन, लेकिन अन्य पुलिस जिले एवं गांव के ही नियंत्रण में रहे, लौह और इस्पात के उद्योग केन्द्र के नियंत्रण में रहें, छोटी मशीनों वाले भावी कपड़े के उद्योग गांवों और जिलों के प्रबंध में हीं छोड़ दिए जाएँ। दामों पर नियंत्रण केन्द्र का रहे। खेती का ढांचा और उसमें पूँजी और श्रम का अनुपात जिलों और गांवों की इच्छा पर छोड़ दिया जाए। को-ऑपरेटिव सोसाइटियां, ग्राम तथा कृषि सुधार, सिंचाई का बड़ा भाग, मालगुजारी वसूली आदि विषय गांवों और जिलों के सुपुर्द किये जा सकते हैं।" (रचनावली, 3, पृ. सं. 81) वह आगे स्पष्ट करते हैं कि शक्तियों का यह विभाजन केवल सांकेतिक है। इसे आधार बनाकर और सोच-विचार कर चौखंभा राज की परिकल्पना को साकार की जा सकती है।

## चौखंभा राज का स्वरूप

लोहिया का चौखंभा राज केवल शासन प्रणाली नहीं है, बल्कि स्वतंत्रता एवं स्वामित्व के प्रश्नों का समाजवाद के अंदर एक हल प्रदान करता है। वे कहते हैं कि, "समाजिक और व्यक्तिगत स्वामित्व के आधार पर मिश्रित अर्थव्यवस्था के द्वारा नहीं वरन् सामाजिक स्वामित्व को राज्य के चार खंभों में बांटने के बाद ही आर्थिक शक्ति और निर्णय के अधिकार का विकेन्द्रीकरण संभव है।" (रचनावली, 3, पृ. सं. 81)

लोहिया के अनुसार 'चौखंभा राज' की व्यवस्था जीवन का एक ढंग है जो "मानव जीवन के सभी क्षेत्रों से संबंध रखेगा, जैसे उत्पादन, स्वामित्व, व्यवस्था, योजना, शिक्षा आदि यह व्यक्तिगत स्वतंत्रता का भी विस्तार करता है।" (रचनावली, 3, पृ. सं. 80) उन्होंने कहा कि, 'चौखंभा राज्य' केवल शासन का निरा प्रबंध ही नहीं है। यह एक जीवन का ढंग होगा जो मानव जीवन के सभी क्षेत्रों से संबंध रखेगा, जैसे उत्पादन, स्वामित्व, व्यवस्था, योजना, शिक्षा इत्यादि।" (रचनावली, 3, पृ. सं. 80)

'चौखंभा राज' में गांव एवं जिला स्तर की इकाई को उसी प्रकार के अधिकार होंगे जो संसद एवं विधानसभाओं को विधायिका के क्षेत्रों में तथा केन्द्रीय एवं प्रांतीय कार्यपालिकाओं को कार्यपालिका के क्षेत्र में क्रमशः केन्द्र एवं प्रांत के स्तर पर प्राप्त हैं। हां, विदेश नीति, बाहरी सुरक्षा, मुद्रा चलन तथा इसी प्रकार के कुछ अन्य मुद्दे, जैसे अंतर्राज्यीय व्यापार, आवागमन, संचार केन्द्र के हाथ में होंगे। शिक्षा, स्वास्थ्य, जन कल्याण, कृषि, छोटे-छोटे उद्योग जैसे मसलों पर कानून बनाने से लेकर नीति निर्माण तक के अधिकार जिला एवं गांव के पास होंगे। जब ऐसी व्यवस्था कायम हो जाएगी, तो लोगों के अधिकार भी सुरक्षित रहेंगे और उनमें भाईचारा भी बढ़ेगा।

यहां पर लोहिया स्पष्ट करते हैं कि 'चौखभा राज्य' का मतलब पूर्णतः स्वावलंबी गांव से नहीं है, क्योंकि ऐसा होने पर तो सात लाख राज्य कायम हो जाएँगे। चौखंभा राज्य का मतलब है कि जिन चार स्तरों पर जो शासन एवं अन्य व्यवस्थाएँ चलेंगी, उनमें आपसी तालमेल होगा, सहयोग का रिश्ता होगा और एक-दूसरे पर निर्भरता भी रहेगी। उन्होंने इस बात पर बल दिया कि, "चौखंभा राज्य में 7 लाख गांव एवं सैकड़ों जिलों में परस्पर अनेक बंधन रहेंगे, आर्थिक और सांस्कृतिक भी, जो एक दूसरे पर आश्रित रहेंगे और उन्हें एक में मिलाकर एक राष्ट्र बनेगा।" (रचनावली, 3, पृ. सं. 80)

## चौखंभा राज के लाभ

लोहिया ने 'चौखंभा राज्य' के कई लाभ भी बताये। सबसे पहला और महत्त्वपूर्ण तो यह है कि इससे राज्य एवं समाज की एक ऐसी व्यवस्था स्थापित होगी जिसमें हरेक व्यक्ति अपने को भागीदार समझते हुए, इसमें पूरी तौर पर एकीकृत हो जाता है, जो लोकतंत्र के सिद्धान्त के हिसाब से तो अच्छा है ही, समाजवाद के लिए भी आवश्यक है। ऐसे में ऊँच-नीच का भाव, अमीरी-गरीबी की खाई तथा शासक एवं शासित का भेद लुप्त हो जाएगा।

इसकी दूसरी बड़ी विशेषता, खासकर भारत जैसे देश के संदर्भ में, यह है कि, प्रांतीयता एवं क्षेत्रीयता के हुँकार जो राष्ट्रीय एकता को कमजोर करते हैं, दब जाएँगे। चौखंभा राज में प्रांतीयता एवं क्षेत्रीयता के भाव से उपजी समस्या का भी त्वरित समाधान छिपा हुआ है।

तीसरी बात यह है कि चौखंभा राज्य अधिनायकवादी प्रवृत्ति एवं भ्रष्टाचार से भी मुक्ति दिलाने का साधन है। हो सकता है कि शुरू में, चौखंभा राज्य में, खासकर गांव के प्रतिनिधियों में कुछ संकीर्णता उनके सामाजिक एवं सांस्कृतिक

परिवेश के कारण देखने को मिले, लेकिन यह तात्कालिक हो सकती है और किसी भी हालत में यह प्रयोग केन्द्रीय सत्ता के अनुभवों से बेहतर होगा। लोहिया के शब्दों में: "[प्रारंभिक दिनों में] गांव के प्रतिनिधि स्वार्थी, अज्ञानी हो सकते हैं। फिर भी भय और भ्रष्टता वालों तथा कुछ थोड़े से लोगों के हाथों में केन्द्रीय सत्ता वाले शासन से मुक्ति पाने के लिए एक ही उपाय है कि गांवों को स्वशासन का अधिकार दे दिया जाए।" (रचनावली, 3, पृ. सं. 82)

लोहिया के अनुसार 'चौखंभा राज' अधिनायकवाद से सुरक्षा प्रदान करता है। जब विकास की नीति एवं योजना साफ नहीं होती तो गरीबी एवं भुखमरी के दलदल भी बने रहेंगे, और जब गरीबी के दलदल बने रहेंगे तो लोग चमत्कारी या अवतारी पुरुष की तलाश करना शुरू कर देते हैं जो अधिनायकवादी प्रवृति को बढ़ाता है। ऐसे में अधिनायकवाद का खतरा बढ़ जाता है। 'चौखंभा राज', इस दुष्प्रवृति से मुक्ति का भी रास्ता है। तभी तो उन्होंने टिप्पणी की:

"नीति और योजना के अभाव में शरीर और मन का रोग बढ़ता जाता है। और इसके कारण फैली निराशा के बीच लोगों की इच्छा अनायास डिक्टेटरी की ओर बढ़ती है। यों तो हमेशा ही इस देश की आदत रही है कि दुख और दरिद्रता से छूटने के लिए किसी साधु महात्मा या अवतारी आदमी की बाट जोहते हैं। आचार्य नरेन्द्र देव ने इसे 'सरल लाभ' की आदत कहा है। दुखहरण की सारी जिम्मेदारी किसी तपस्वी या नेता पर डाल दी जाती है। वह आकर उबारे।" (रचनावली, ३, पृ. सं. 86) आगे वह बताते हैं कि, "ऐसे तो सभी कौमों में नेता अपने विचारों एवं कार्यों से जनता को राह दिखाते हैं। पर जब कौम स्वस्थ रहती है तो विचारों एवं कार्यों का माध्यम और प्रतीक नेता होता है, विचार मुख्य और नेता दूसरे नंबर पर।'' (रचनावली, 3, पृ. सं. 86) लेकिन गरीबी, भुखमरी, अशिक्षा से ग्रसित एवं अस्वस्थ कौम अवतारी पुरुष की तलाश करती है जो लोकतंत्र के लिए खतरा है।

लोहिया के अनुसार 'चौखंभा राज' एक प्रकार से अवतारी पुरुष अर्थात अधिनायकवाद, से बचने का भी एक तरीका है। जब जनता के दुख एवं तकलीफों का निचले स्तर पर समाधान हो जाएगा, तो लोग मसीहे की तलाश भी छोड़ देंगे। दूसरी बात यह भी है कि जब सत्ता का विकेन्द्रीकरण हो जाता है, और लोगों को निचले स्तर पर शासन की भागीदारी होती है तो वे अपने कर्मों का फल किसी दूसरे पर नहीं मढ़ते। ऐसे में उसके समाधान के लिए भी किसी दूसरे व्यक्ति या नेता की ओर आकर्षित नहीं होते।

'चौखंभा राज' विकास के दृष्टिकोण से भी लाभकारी है। लोहिया कहते हैं कि नीतिगत आधार पर योजनाबद्ध तरीके से विकास के रास्ते पर चलने के लिए भी 'चौखंभा राज्य' सर्वउपयुक्त है। बड़े-बड़े बांधों[1] की जगह, जो उस समय केन्द्र की सरकार बना रही थी, छोटे-छोटे स्तर पर योजनाबद्ध तरीके से काम कर सिंचाई एवं बाढ़ की समस्या से आसानी से निपटा जा सकता है। स्थानीय साधनों के आधार पर एवं स्थानीय क्षमता के आधार पर योजना का निर्माण होना चाहिए और तभी वह सही मायने में सफल भी होगा। उन्होंने कहा कि "हिन्दुस्तान की कुशल योजनाओं का आधार होगा 'चौखंभा राज', स्थानीय साधन, कुछ समझबूझ के काम और उनकी कसौटी श्रेष्ठतम क्षमता न होकर केवल काम चलाने की क्षमता होगी।" (रचनावली, 3, पृ. सं. 84)

'चौखंभा राज्य' में नीतिगत योजना बनाने के लिए लोहिया ने कुछ खास दिशा निर्देश भी निर्धारित किये हैं, जो निम्नलिखित हैं:

1) कृषि तथा औद्योगिक वस्तुओं के दामों में संतुलन के आधार पर कमी करना।

2) सभी लोगों में आत्मनियंत्रण और त्याग करने की आदतें डालनी होगी। किसी की आमदनी और तनख्वाह (उस समय के अनुसार) 1,000 रुपये माहवार से अधिक न हो।

3) छोटी-छोटी मशीनों के सहारे उद्योगीकरण को बढ़ाया जाए। उन मशीनों के आविष्कार और उत्पादन का भार सरकार ले।

4) कोई भी मिल जो अपनी क्षमता से कम उत्पादन करती हो, उसे अधिग्रहण कर सरकार चलाए और बुनियादी उद्योगों का तत्काल राष्ट्रीयकरण हो।

5) हर प्रांत में तथा केन्द्र में भ्रष्टाचार निरोधक कमिश्नर की नियुक्ति हो और उनका विभाग सरकारी नियत्रंण से मुक्त हो।

6) जमीन जोतने वाले को मालिकाना हक मिले। भूमि का पुनर्वितरण हो। न्यूनतम जोत साढ़े बारह एकड़ और अधिकतम जोत 30 एकड़ हो। पटवारियों के कागजात में गलत इंदराज ठीक कराए जाएँ।

7) सरकार द्वारा चुनी हुई भूमि सेना के द्वारा दस करोड़ एकड़ नई भूमि खेती के लायक बनाई जाएँ।

8) शासन और अर्थव्यवस्था का विकेन्द्रीकरण हो, ताकि 'चौखंभा राज' की स्थापना हो सके। भेदभाव रखने वाले कानूनों को तुरंत खत्म किया जाए, जिसमें क्रिमिनल ट्राइब्स एक्ट जैसे कानून भी सम्मिलित हैं।

---

1. भाखड़ा नांगल बांध के उद्घाटन के समय पंडित जवाहरलाल नेहरू ने इसे आधुनिक भारत का मंदिर कहा।

9) गृह-निर्माण तथा दूसरे आर्थिक प्रोग्राम को लागू कर सबको काम दिया जाए।

10) विभिन्न प्रकार की कलात्मक शिक्षा देने वाले स्कूल, हाई स्कूल, तथा सांस्कृतिक कार्यों के लिए युवक-युवती-केन्द्र की स्थापना की जाए।

11) विलीन रियासतों और संघ क्षेत्रों में बालिग मताधिकार के आधार पर तत्काल चुनाव कराया जाए।

12) विश्वशांति के लिए एक विधेयात्मक नीति बनाई जाए, जिसमें प्रत्येक राष्ट्र को पूरी स्वतंत्रता और अधिकार हो। राष्ट्रों में परस्पर और उनके भीतर सामाजिक और आर्थिक समानता स्थापित की जाए, तथा एक ऐसे तृतीय खेमे का गठन किया जाए जो दोनों युयुत्सु खेमों को नजदीक लाने की योजना बना सके।

13) कृषि, सिंचाई और सड़क के लिए स्वयंसेवकों की भर्ती की जाए।

14) यदि किसान पंचायत उस तरह की योजना की भावना सारे देश में पैदा कर सके तो यह लोगों में विश्वास और आशा का संचार करने में सफल हो सकेगी। (रचनावली, 3, पृ. सं. 88-89)

यहां यह स्पष्ट करना आवश्यक है कि लोहिया की यह योजना नीति निर्देश तात्कालिक संदर्भों में थी, जिसमें समय के हिसाब से फेर-बदल की जा सकती है। ऐसे भी लोहिया समाजवाद को गतिमान विचारधारा के रूप में ही परिभाषित किया है जिसमें समय के साथ बदलाव होते रहने चाहिए।

खंड-5

# समसामयिकता

अध्याय 13

# लोहिया के समाजवाद की प्रासंगिकता

12 अक्टूबर, 1967 को लोहिया की आकस्मिक एवं असमय मौत पर श्रद्धांजलि देते हुए भारत में समाजवादी आंदोलन के अग्रदूत, सम्पूर्ण क्रांति के उद्घोषक तथा लोहिया के हमसफर, जयप्रकाश नारायण ने कहा कि, "भविष्यदृष्टा डॉ. लोहिया ने दस साल पहले ही समझ लिया था कि हिन्दुस्तान किधर जा रहा है। उन्होंने जो तस्वीर खींची थी वह कितनी सच्ची थी, इसका प्रमाण भारत का चौथा (1967) आम चुनाव है जो खुद डॉ. लोहिया की एक क्रांतिकारी यादगार है। इस ज्योतिपुंज, इस अद्वितीय प्रतिभा, इस विप्लवकारी आत्मा को प्रणाम।" (शरद, 2021, पृ. सं. 17) तत्कालीन (चौथी) लोकसभा के अध्यक्ष डॉ. नीलम संजीव रेड्डी ने शोक प्रकट करते हुए कहा कि, "जो व्यक्ति सल्तनतों को भस्म कर देने की शक्ति रखता था, आज अग्नि ने उसे ही भस्म कर दिया। इस देश में अनेक नेता हुए। लोहिया केवल एक हुआ।" (वही, पृ. सं. 16)

लोहिया के पार्थिव शरीर को अग्नि ने भले ही भस्म कर दिया हो, लेकिन उनके विचार एवं कार्य जिंदा हैं। लोहिया के अनुयायी एवं उनकी जीवनी के रचनाकर, ओंकार शरद के शब्दों में लोहिया आज भी अपने विचारों में जीवित हैं। क्योंकि "लोहिया एक फिजां थे, साथ ही एक अनोखी एवं गर्म फिजां के निर्माता भी। वह फिजां कैसी थी? सम्पूर्ण आजादी, समता, सम्पन्नता, अन्याय के विरुद्ध जेहाद और समाजवाद की फिजां।" (शरद, 2021, पृ. सं. 9) यही लोहिया की प्रासंगिकता भी है। यहाँ यह कहना अतिशयोक्ति नहीं होगी कि जब तक पृथ्वी पर अन्याय एवं अत्याचार होते रहेंगे, गैर-बराबरी का समाज

बना रहेगा, व्याक्ति एवं राष्ट्र की स्वतंत्रताओं का हनन होता रहेगा, लोहिया एवं उनके विचारों को याद किया जाएगा।

लोहिया विचार अभिव्यक्ति की पूर्ण स्वतंत्रता, संपूर्ण आजादी की रक्षा, समता, समानता एवं न्याय की स्थापना, और हरेक प्रकार की गैर-बराबरी को खत्म कर समस्त मानव प्राणी के लिए सम्मानपूर्वक जीवन जीने का हक सुनिश्चित करने के उद्देश्य से जीवनपर्यन्त संघर्ष करते रहे। लोहिया एक ऐसी शख्सियत थे, जो सतत् बराबरी के विचार को सिद्धान्त एवं व्यवहार में साथ-साथ लेकर चले। वे बेहोशी और मृत्युशैया पर भी बराबरी की लड़ाई लड़ते रहे। वेलिंगटन अस्पताल में, अर्धचेतन अवस्था में, डॉक्टरों की बड़ी टीम को देखकर, बार-बार यही प्रश्न पूछते थे, कि क्या देश के आम आदमी के लिए इतने डॉक्टर उपलब्ध हैं? अपनी अंतिम यात्रा के द्वारा भी वह बराबरी एवं गरीबों के साथ एका के सिद्धांत पर चलकर आदर्श छोड़ गए। उनकी इच्छा अनुसार, उनका अंतिम संस्कार विद्युत शवदाह गृह में किया गया, जहां उस समय केवल लावारिस लाशों का दाह संस्कार, खर्च से बचने के लिए किया जाता था। दीन-दुखियों के प्रति लोहिया का प्रेम एवं समाज के दबे-कुचले को सम्मानित जीवन प्रदान करने का हठ, उनके राजनीतिक जीवन का केन्द्र था। उन्होंने लोकसभा में अपने प्रवेशीय भाषण, तथा स्वतंत्र भारत के प्रथम प्रधानमंत्री जवाहरलाल नेहरू के मंत्रिमंडल के खिलाफ पहले अविश्वास प्रस्ताव के पक्ष में बोलते हुए, देश की 60 सैकड़ा आबादी का तीन रुपये प्रतिदिन की दयनीय स्थिति पर जीवन गुजर-बसर करने की समस्या को प्रमुख विषय बनाया, और नेहरू सरकार पर गरीब-विरोधी और आभिजात्य वर्ग पक्षधर होने का गंभीर आरोप लगाया। लोहिया संसद के अंदर और संसद के बाहर दीन-हीन, गरीब-गुरबे एवं पिछड़े वर्गों के सबसे बड़े हिमायती थे। कांग्रेस नेता यशवंतराव चव्हान ने उनकी मृत्यु पर श्रद्धांजलि देते हुए यों ही नहीं कहा:

"डॉ. लोहिया पद-दलितों के प्रवक्ता थे। डॉ. लोहिया भारतीय राजनीति के क्रुद्ध युवक थे, लेकिन उनका क्रोध कभी भी व्यक्तिगत द्वेष पर आधारित नहीं था। उनके पीछे करुणा थी, जो देश की गरीबी के प्रति संवेदनशील लोगों के मन में पैदा होती है। संसद में हम उनके क्रोध को सहन करते थे, कर्त्तव्यवश उनका उत्तर भी देना पड़ता था। अब खयाल आएगा कि वह दबंग

आवाज कहां है? संसद में एक जगह खाली रहेगी, जो दिल को चुभेगी। लोकसभा उनके बिना सूनी रहेगी।" (शरद, 2021, पृ. सं. 17)

यह सच है कि आज लोहिया की दबंग आवाज के बिना लोकसभा सूनी है और सड़क की राजनीति भी शून्य है। विपक्षी दल का सरकार पर राजनीतिक दबाव न के बराबर रह गया है। सरकार बेखौफ है, और विपक्ष हताश है, जो फिजूल के प्रश्नों को उठाकर न तो सरकार पर कोई दबाव बना पा रही है, और न ही जनता का विश्वास जीत पा रही है। आज अगर लोहिया होते, तो न तो सरकार इतनी बेखौफ होती, और न ही विपक्ष इतना निष्प्रभावी। लोहिया लोकतंत्र में विपक्षी दल की भूमिका पर एक सशक्त हस्ताक्षर भी थे।

लोहिया के विचार आज भी उतने ही प्रासंगिक हैं। हां, संदर्भ जरूर बदल गए हैं। इसलिए उनके विचारों को आज बदले संदर्भों में देखने की आवश्यकता है। उदाहरणस्वरूप, भारत में 1950 एवं 1960 की तुलना में गरीबों की स्थिति सुधरी है, लेकिन अमीरी-गरीबी की खाई, जिसे लोहिया 'कैलाश-पाताल' की उपमा से वर्णन करते हैं, बनी हुई है, जो विगत वर्षों में और विकराल हुई है। 'पाताल' अगर धंसा नहीं है तो 'कैलाश' इतना ज्यादा उठ गया है कि 'पाताल' उसे छू भी नहीं सकता। उसी प्रकार जाति-पांति की विषमता बनी हुई है, उसके प्रकट एवं अप्रकट रूप जरूर बदल गए हैं। नर-नारी की असमानता बनी हुई है, हालांकि नारी ने कुछ क्षेत्रों में प्रगति भी की है। शासक और शासित वर्गों के बीच का भेद बना हुआ है, जो भारतीय लोकतंत्र के खोखलेपन का सबूत है। 'चौखंभा राज' के अभाव में लोकतंत्र निचले स्तर पर उत्तरित होने को लालायित है। न तो राज्य का स्वरूप अहिंसक हुआ है, और न ही जनता सिविलनाफरमानी के हथियार का प्रयोग करना सीखी है। नागरिक स्वतंत्रताओं का हनन, जन-विरोधी कानूनों का निर्माण, एवं शासन की राजशाही प्रणाली, स्वतंत्रता के 75 वर्षों के बाद भी जारी है। कृषि नीति, औद्योगीकरण एवं आर्थिक विकास की नीतियां समानता के सिद्धान्तों के अनुरूप नहीं हैं। समाजिक असमानता का कोढ़ अभी खत्म भी नहीं हुआ है कि आर्थिक असमानता का लकवा तेजी से समाज को ग्रसित कर रहा है। स्वतंत्रता, समानता, न्याय, बंधुत्व एवं भाईचारे के मूल्यों की समुचित स्थापना कोसों दूर है। स्वस्थ समाज, मजबूत राष्ट्र एवं उन्नत अर्थव्यवस्था का लक्ष्य अधूरा है।

राष्ट्र के सांस्कृतिक निर्माण की लोहिया की यह पुकार कि, "हे, भारतमाता! हमें शिव का मस्तिष्क दो, कृष्ण का हृदय दो तथा राम का कर्म और वचन दो। हमें असीम मस्तिष्क और उन्मुक्त हृदय के साथ-साथ जीवन की मर्यादा से रचो" दिग्भ्रमित हो चुकी है। ऐसे में लोहिया समसामयिक हैं, उपयोगी भी हैं।

## लोहिया की समसामयिकता

### विश्व में बढ़ती असमानता

वर्ल्ड इनईक्वलिटी रिपोर्ट, 2022, के मुताबिक, पिछले दो दशकों में जहां राष्ट्रों के बीच आर्थिक असमानता घटी है, वहीं राष्ट्रों के अंदर तेजी से बढ़ी है। दुनिया के सबसे अमीर 10 प्रतिशत एवं गरीब 50 प्रतिशत राष्ट्रों के बीच औसतन आमदनी का अंतर 50 गुणा से घटकर 40 गुणा रह गया है, लेकिन राष्ट्रों के अंदर सबसे अमीर 10 प्रतिशत एवं सबसे नीचे की 50 प्रतिशत आबादी के बीच औसतन आमदनी का फासला 8.5 गुणा से बढ़कर 15 गुणा हो गया है। यही नहीं, पिछले दो सौ सालों में, विश्व की कुल आमदनी में गरीबों का अंश घटा है। विश्व की सकल आमदनी में, निचली 50 प्रतिशत आबादी का हिस्सा, 1820 की तुलना में घटकर आधा रह गया है। केवल यूरोप को छोड़कर, विश्व के अन्य सभी भागों में 50 प्रतिशत निचली आबादी का समग्र आमदनी में हिस्सा 15 प्रतिशत से भी कम है। लैटिन अमेरिका, सब-सहारा अफ्रीका एवं मध्य-पूर्व एवं उत्तरी अफ्रीका में यह 10 प्रतिशत से भी कम है।

आर्थिक उदारीकरण के बाद, पिछले दो-तीन दशकों में विश्व के विभिन्न भागों में धन की असमानता भी तेजी से बढ़ी है। वर्ल्ड इनईक्वलिटी रिपोर्ट, 2022 के मुताबिक विश्व की निचली 50 प्रतिशत आबादी का, विश्व की सम्पूर्ण धन-सम्पदा में केवल 2 प्रतिशत का ही हिस्सा है, जबकि 10 प्रतिशत आबादी का 76 प्रतिशत हिस्सा है। 1995 से 2021 के बीच, विश्व की कुल धन-संपदा में वृद्धि का 38 प्रतिशत भाग एक प्रतिशत लोगों ने हड़प लिया है, जबकि 50 प्रतिशत निचली आबादी को केवल 2 प्रतिशत की ही हिस्सेदारी मिली है।

वर्ष 2021 में, दुनिया की 10 प्रतिशत सबसे अमीर आबादी, विश्व की सकल आमदनी का 52 प्रतिशत हड़प लेती है, जबकि 50 प्रतिशत निचली आबादी को केवल 8.5 प्रतिशत का अंश मिलता है, और 40 प्रतिशत मध्य आबादी को 39.5 प्रतिशत के साथ संतोष करना पड़ता है। 2021 में, सबसे अमीर 10 प्रतिशत आबादी, विश्व की कुल धन-संपदा के 76 प्रतिशत की मालिक है, जबकि निचली 50 प्रतिशत आबादी के पास केवल 2 प्रतिशत का हिस्सा है, और 40 प्रतिशत आबादी के पास केवल 22 प्रतिशत का हिस्सा है।

मध्य-पूर्व एवं उत्तरी अफ्रीका में असमानता सबसे ज्यादा है, वहीं यूरोप में सबसे कम है। यूरोप में 10 प्रतिशत लोग 36 प्रतिशत लेते हैं, वहीं मध्य-पूर्व एवं उत्तरी अफ्रीका में 58 प्रतिशत ले लेते हैं। पूर्वी एशिया में भी 10 प्रतिशत उच्च लोग, कुल आमदनी का 43 प्रतिशत हिस्सा ले लेते हैं। अगर आय की असमानता के आधार पर विश्व को विभिन्न क्षेत्रों में बांटें, तो सबसे ज्यादा असमानता मध्य-पूर्व एवं उत्तरी अफ्रीका, सब-सहारा अफ्रीका में, उसके बाद लैटिन अमेरिका, दक्षिण एवं दक्षिण-पूर्ण एशिया, रूस तथा मध्य एशिया में क्रमशः है। सबसे कम असमानता यूरोप, पूर्व एशिया तथा उत्तरी अमेरिका में क्रमशः है।

दुनिया में नर-नारी की आय की असमानता भी बनी हुई है। वर्ष 2019-20 में, विश्व की कुल श्रम आमदनी में महिलाओं की हिस्सेदारी केवल 35 प्रतिशत थी, जबकि पुरुषों की 65 प्रतिशत थी।

प्रति-व्यक्ति ऊर्जा की खपत एवं कार्बन उत्सर्जन, आधुनिक संदर्भ में खर्च के आकलन का एक नमूना है। राष्ट्रों के अंदर एवं राष्ट्रों के बीच कार्बन उत्सर्जन दर में उल्लेखनीय अंतर है। सन् 2019 में, विश्व की सबसे अमीर एक प्रतिशत आबादी का कुल कार्बन उत्सर्जन में 17 प्रतिशत हिस्सा है, सबसे अमीर 10 प्रतिशत आबादी का 48 प्रतिशत हिस्सा है, मध्य आय वाली 40 प्रतिशत आबादी का 40 प्रतिशत हिस्सा है, तो सबसे निचली 50 प्रतिशत गरीब आबादी का केवल 12 प्रतिशत हिस्सा है।

ऊर्जा की खपत एवं कार्बन उत्सर्जन में भी विभिन्न राष्ट्रों के अंदर अमीर-गरीब का अंतर मौजूद है। अमेरिका की 10 प्रतिशत आबादी प्रति व्यक्ति, प्रति वर्ष, औसतन 73 टन कार्बन उत्सर्जन करती है, जबकि वहीं की निचली 50 प्रतिशत आबादी प्रति व्यक्ति, प्रति वर्ष, केवल 9.7 टन कार्बन

उत्सर्जन करता है। यूरोप में 10 प्रतिशत अमीर आबादी प्रति व्यक्ति, प्रति वर्ष, औसतन 29.2 टन कार्बन उत्सर्जन करती है, जबकि निचली 50 प्रतिशत आबादी प्रति व्यक्ति, प्रति वर्ष, केवल 5.1 टन कार्बन उत्सर्जन करती है। कार्बन उत्सर्जन की असमानता मध्य-पूर्व एवं उत्तरी अफ्रीका के देशों के अंदर भी काफी अधिक है। यहां की 10 प्रतिशत अमीर आबादी प्रति व्यक्ति, प्रति वर्ष, औसतन 33.6 टन कार्बन उत्सर्जन करती है, जबकि निचली 50 प्रतिशत आबादी प्रति व्यक्ति, प्रति वर्ष, 2.3 टन कार्बन उत्सर्जन करती है।

### भारत में गरीबी एवं बढ़ती असमानता

13 अगस्त, 1963 को लोहिया ने लोकसभा में सरकार के आंकड़ों से एक तथ्य रखा था कि, भारत का 60 सैकड़ा यानी 27 करोड़ आबादी तीन आने प्रतिदिन के खर्च पर दयनीय स्थिति में जीवन-यापन कर रहा है। तकरीबन 40 वर्षों बाद, भारत सरकार की एक रिपोर्ट[1] के अनुसार, सन् 2004-05 में भारत की कुल आबादी का 77 प्रतिशत, यानी 83.6 करोड़ लोग औसतन 20 रुपये प्रतिदिन के निम्नतम स्तर पर (पृ. सं. 1); 6.4 प्रतिशत आबादी 9 रुपये प्रतिदिन; 15.4 प्रतिशत आबादी 12 रुपये प्रतिदिन; 19.0 प्रतिशत आबादी 15 रुपये प्रतिदिन और 36 प्रतिशत आबादी प्रतिदिन 20 रुपये के खर्च पर जी रही थी। (पृ. सं. 6)

लोहिया ने 1963 में, 60 सैकड़ा का तीन आने प्रतिदिन के खर्च पर गुजर करने की बात कही थी। भारत सरकार की एक रिपोर्ट के अनुसार, वर्ष 2004-05 में 77 सैकड़ा आबादी 20 रुपये प्रतिदिन पर गुजर कर रही थी। सन् 1963 में लोहिया ने 27 करोड़ आबादी को गरीब बताया और सन् 2011-12 में, योजना आयोग (अब नीति आयोग) के अनुसार, 27 करोड़ लोग गरीबी रेखा से नीचे जीवनयापन कर रहे थे, तो स्थिति में फर्क कहां आया?

भारत सरकार के योजना आयोग (अब नीति आयोग) के अनुसार, सन् 2011-12 में, भारत की कुल आबादी की 21.92 प्रतिशत (26.97 करोड़), 25.70 प्रतिशत ग्रामीण (21.66 करोड़) एवं 13.70 प्रतिशत शहरी (5.31

---

1 Report on Conditions of Work and Promotion of Livelihood in the Unorganized Sector, National Curumission for Enterprises in the Unorganized Sector, Government of India, New Delhi, 2007.

करोड़) आबादी, गरीबी रेखा[1] के नीचे जीवनयापन कर रही थी। नीति आयोग के बहुआयामी गरीबी सूचकांक के अनुसार, वर्ष 2019-21 में 24 करोड़ लोग गरीबी रेखा से नीचे जीवनयापन कर रही थी। 14.96 प्रतिशत आबादी, 19.28 प्रतिशत ग्रामीण एवं 5.27 प्रतिशत शहरी, गरीबी रेखा से नीचे थी। हालांकि 2015-16 से 2019-21 के बीच 13.5 करोड़ आबादी गरीबी रेखा से ऊपर भी उठी है। यानी तमाम प्रगति के बावजूद, भारत में अभी भी 24 करोड़ लोग गरीब हैं, जो राष्ट्र की प्रगति के अधूरेपन को तो दर्शाता ही है, लोहिया के समाजवाद की प्रासंगिकता का भी प्रमाण है।

सन् 1963 में, लोहिया ने गरीबों की दयनीय स्थिति के साथ-साथ, अमीर-गरीब की बढ़ती हुई खाई की ओर राष्ट्र का ध्यान दिलाया था। यह समस्या अब और भी गंभीर होती चली जा रही है। चांसेल एवं पिकेटी (2019) ने 1922 से 2015 तक भारत में आय के वितरण में उतार-चढ़ाव का अध्ययन कर दर्शाया है कि 2010 के दशक में, आय की असमानता 1920 के दशक के स्तर पर पहुँच गई है। आजादी के शुरुआती दशकों में इसमें सुधार जरूर हुए, लेकिन आर्थिक सुधारों की शुरुआत के बाद, यह फिर से बिगड़ गई। 1930 के दशक के अंत में, भारत का सबसे धनी एक प्रतिशत व्यक्ति, राष्ट्र की कुल आमदनी का 21 प्रतिशत अर्जित करता था, जो 1980 के शुरुआत में घटकर केवल 6 प्रतिशत रह गया था। उदारीकरण के दौर में, यह बढ़कर 2010 के दशक तक, 22 प्रतिशत हो गया है।

भारत में आर्थिक सुधारों के बाद, लोगों की वास्तविक आमदनी में तेजी से वृद्धि हुई है, लेकिन अमीरों की आमदनी, गरीबों की तुलना में, ज्यादा तेजी से बढ़ी है। 1960 एवं 1970 के दशकों में, लोगों की औसतन वास्तविक आमदनी 2 प्रतिशत की दर से बढ़ी, जो 1980 एवं 1990 के दशकों में 2.5 प्रतिशत की दर से बढ़ी है, और फिर 2000 के दशक में दुगुनी रफ्तार से, 4.7 प्रतिशत की दर से बढ़ी है। लेकिन 1980 के दशक के बाद, निचली 50 प्रतिशत आबादी की आय में वृद्धि राष्ट्रीय औसतन से बहुत ही कम रही है। मध्य 40 प्रतिशत आबादी की आमदनी भी राष्ट्रीय औसत से कम रही है। इसके विपरीत ऊपरी 10 प्रतिशत एवं सबसे ऊपरी एक प्रतिशत आबादी

---

1. तेन्दुलकर कमेटी के अनुसार 2004-05 में प्रति व्यक्ति प्रतिमाह 444.68 रुपया ग्रामीण क्षेत्र एवं 578.8 रुपया शहरी क्षेत्र में गरीबी रेखा निर्धारित की गई थी।

की औसत आमदनी सबसे तेज गति से बढ़ी है। ( चांसेल एवं पिकेटी, 2019, पृ. 35)

इस दौरान उपभोग वितरण में भी असमानता बढ़ी है। 1950 के दशक में राष्ट्र के सकल उपभोग में 20 प्रतिशत ऊपर के अमीर लोगों का 43 प्रतिशत हिस्सा था जो 1970 के दशक में घटकर 40 प्रतिशत के करीब रह गया था। लेकिन, उदारीकरण के बाद इसमें बढ़ोतरी हुई, और 21वीं शताब्दी के प्रथम दशक में 44 प्रतिशत के करीब हो गया। (वही, पृ. सं. 37) ऐसे भी 20 प्रतिशत आबादी की कुल उपभोग में 40-44 प्रतिशत के करीब हिस्सेदारी घोर असमानता को दर्शाती है। यहां इस बात को दोहराना आवश्यक है कि लोहिया आमदनी से ज्यादा खर्च की असमानता पर रोक लगाने की बात करते थे। आज आय की असमानता बढ़ी है, और खर्च की भी, तो ऐसे में लोहिया की प्रांसगिकता भी बढ़ी है।

बढ़ती असमानता का एक निराशाजनक पहलू यह है कि जहां एक ओर बेशुमार कीमती विलासितापूर्ण कारों एवं घरों की बिक्री में बढ़ोतरी हो रही है, वहीं दूसरी ओर मूलभूत आवश्यकताओं की वस्तुएँ जैसे जूते-चप्पल, साइकिल इत्यादि की मांग, जो निम्न आय वाले लोगों की है, वह कम बढ़ी है। बल्कि, 2022-23 के आंकड़े और भी चौंकाने वाले हैं। ऊँची कीमतों वाली मर्सिडीज कार की बिक्री में 37 प्रतिशत की वृद्धि हुई है, तो वहीं जूते-चप्पल की खरीद में कुछ राज्यों में, मुख्य रूप से पिछड़े राज्यों में कमी आई है। उपभोग का यह असंतुलन आर्थिक असमानता का नकारात्मक परिणाम है।

उदारीकरण के दौर में धन की असमानता भी बढ़ी है। 1990 के दशक में, देश के सबसे धनी लोगों की कुल संपत्ति का मूल्य राष्ट्रीय आय का केवल 2 प्रतिशत था, जो 2008-09 में 27 प्रतिशत हो गया था, और फिर 2015 में 10 प्रतिशत रह गया। (वही, पृ. सं. 38)

इस दौरान एक प्रतिशत सबसे धनी लोगों की आमदनी अप्रत्याशित रूप से बढ़ी है। वर्ष 1922-23 में सकल राष्ट्रीय आय में इनका हिस्सा केवल 13 प्रतिशत था, जो द्वितीय विश्व युद्ध के शुरुआत तक 1939-40 में, 20.7 प्रतिशत हो गया था। 1949-50 में, यह घटकर 10.3 प्रतिशत रह गया। 1950 से 1980 तक यह लगातार घटता रहा है, जो 1980 की शुरुआत में केवल 6 प्रतिशत के आसपास रह गया था। लेकिन 1980 के बाद इसमें लगातर

बढ़ोतरी हुई है, और 2014-15 में बढ़कर 21.3 प्रतिशत हो गया (वही, पृ. 48)

अति-धनाढ्यों की आमदनी और भी तेजी से बढ़ी है। वर्ष 1922 में, 0.1 प्रतिशत धनकुबेरों की कुल आमदनी राष्ट्रीय आय की केवल 6 प्रतिशत थी, जो 1939-40 में बढ़कर 8.9 प्रतिशत हो गयी। द्वितीय विश्व युद्ध के बाद इसमें कमी आई और 1944-45 में, घटकर केवल 5.5 प्रतिशत रह गयी। तत्पश्चात् इसमें लगातार घटोतरी हुई है। 1982-83 तक, केवल 1.7 प्रतिशत रह गयी थी। लेकिन 1983-84 के बाद इसमें फिर से बढ़ोतरी शुरू हुई है, और 2014-15 में बढ़कर 3.4 प्रतिशत हो गयी।

जहां एक ओर धनाढ्यों एवं धनकुबेरों की आमदनी में वृद्धि हुई है, वहीं गरीबों एवं मध्य वर्ग की आमदनी में उस तेजी से वृद्धि नहीं हुई है। नतीजतन, अमीर-गरीब की खाई बढ़ती चली गई है। 1950 से 1980 के बीच, निचली 50 प्रतिशत आबादी का सकल राष्ट्रीय आमदनी में हिस्सा बढ़ने के पश्चात्, 1982-83 से घटना शुरू हो गया और लगातार घटता जा रहा है। सन् 1955-56 में राष्ट्र की सकल आमदनी में, निचली 50 प्रतिशत आबादी का 19 प्रतिशत हिस्सा था, जो 1982-83 तक बढ़कर 23.6 प्रतिशत रह गया, 2000-01 में घटकर 20.6 प्रतिशत हो गया, और 2014-15 तक केवल 14.9 प्रतिशत रह गया। (वही, पृ. 50) उसी तरह से 1952-53 में, मध्य 40 प्रतिशत आबादी की सकल राष्ट्रीय आमदनी में हिस्सेदारी 40 प्रतिशत के करीब थी, जो 1982-83 में बढ़कर 46 प्रतिशत हो गई। तत्पश्चात् इसमें घटोतरी हुई और 2014-15 तक 30 प्रतिशत ही रह गई है।

कुल मिलाकर, 1982-83 के पश्चात्, विशेषकर 1991-92 के आर्थिक सुधारों के बाद, भारत में 10 प्रतिशत धनाढ्यों, एक प्रतिशत धनश्री, एवं 0.1 प्रतिशत धनकुबेरों का, राष्ट्र की कुल आमदनी में हिस्सा अप्रत्याशित रूप से बढ़ा है, जबकि सबसे निचली 50 प्रतिशत एवं मध्य 40 प्रतिशत आबादी का हिस्सा लगातार घटा है। अर्थात् जहां 90 प्रतिशत लोगों का राष्ट्र की कुल आय में हिस्सा घटा है, वहीं 10 प्रतिशत लोगों का हिस्सा चमत्कारिक रूप में बढ़ा है।

सन् 1963 में, लोहिया ने संसद में यह बात कही थी कि इस देश की 90 फीसदी आबादी पिछड़ी है और जो दस फीसदी आबादी ऊँचे वर्ग की है

उसमें भी एक प्रतिशत कुलीन हैं, जो राष्ट्रीय आय का एक बड़ा हिस्सा हड़प लेते हैं। उन्होंने यह भी कहा कि भारत की दुर्दशा का यह एक बड़ा कारण है। लोहिया ने जो बात आज से 60-70 वर्ष पहले कही थी, वह समस्या आज भी उसी रूप में मौजूद है, तो ऐसे में उनके विचारों की प्रासंगिकता क्यों न हो?

गैर-सरकारी संगठन, ऑक्सफेम इंडिया की 2023 की एक रिपोर्ट[1] के मुताबिक, सन् 2020 में भारत की सबसे निचली 50 प्रतिशत आबादी का राष्ट्र की कुल आमदनी में केवल 13 प्रतिशत हिस्सा था और कुल संपत्ति में केवल तीन प्रतिशत था। इसकी तुलना में, सबसे अमीर एक प्रतिशत लोग कुल धन सम्पदा के 40.6 प्रतिशत के मालिक थे, सबसे अमीर 5 प्रतिशत लोग 62 प्रतिशत के मालिक थे, और सबसे अमीर 10 प्रतिशत लोग 72 प्रतिशत के मालिक थे। ऊपरी 30 प्रतिशत अमीर लोग राष्ट्र की कुल घन सम्पदा के 90 प्रतिशत के मालिक थे, जबकि नीचे के 58 प्रतिशत गरीब लोग केवल 3 प्रतिशत के मालिक थे। (ऑक्सफेम, 2023, पृ. 7)

इस दौरान अरबपतियों की संख्या में भी दिन-दूनी और रात-चौगुनी वृद्धि हुई है। सन् 2000 में, भारत में कुल अरबपतियों की संख्या केवल नौ थी, जो सन् 2020 में, 102 हो गई और 2022[2] में, बढ़कर 166 हो गई। 2018 से 2022 के बीच, भारत प्रतिदिन 70 अरबपतियों को जन्म दे रहा था। केवल एक दशक में, भारत में अरबपतियों की धन सम्पदा में 10 गुना वृद्धि हुई है। इनकी कुल धन सम्पदा का मूल्य, सन् 2018-19 में भारत सरकार के वार्षिक बजट के मूल्य से भी अधिक था।

भारत में आर्थिक असमानता इस कदर बढ़ी है कि अमीरी एवं गरीबी की खाई, जिसे लोहिया ने 'कैलाश-पाताल' की उपमा से विश्लेषित किया है, और भी गहरी हुई है। ऐसे में लोहिया का समाजवाद, जिसने आर्थिक असमानता को 1:10, और हो सके तो 1:5 के औसत में, बांधने का सूत्र दिया था, उसकी आज और ज्यादा जरूरत है।

---

1. Survival of the Richest The Indian Story, Oxfam India, 15 January, 2023,
2. विडम्बना स्वरूप कोरोना संकट काल में, जब लोग बेरोजगारी एवं बीमारी से मर रहे थे तब देश में अरबपतियों की संख्या बढ़ रही थी।

## जाति एवं वर्ग का भेद

'समान प्रसवः जाति' लोहिया के समाजवाद का सूत्र है। लोहिया जाति एवं वर्ग विहीन समाज की परिकल्पना करते हैं जिसमें व्यक्ति का मूल्य उसकी योग्यता एवं कर्म से निर्धारित होगा, न कि जाति, जन्म और लिंग से। जाति एवं वर्ग का विभाजन, न केवल समता एवं समानता के सिद्धान्त के विपरीत है, बल्कि लोकतंत्र की मूल स्थापना, व्यक्ति के बीच संपूर्ण बराबरी के विपरीत है। लोहिया लोकतंत्र की रक्षा के लिए, आर्थिक समानता के साथ-साथ सामाजिक समानता की स्थापना पर उतना ही बल देते हैं।

लोहिया के अनुसार सामाजिक असमानता के तीन रूप हैं: जाति एवं वर्ग, नर-नारी एवं नस्ल भेद। उनका सप्तक्रांति इन तीनों को मिटाने का संकल्प है। ऐसे तो जाति एवं वर्ग भेद पूरे विश्व में पाया जाता है, लेकिन भारत में जाति एवं वर्ग भेद का वीभत्स रूप देखने को मिला है। जिसको लोहिया समूल नष्ट करने की बात करते हैं। उसी प्रकार नर-नारी का भेद पूरे विश्व में पाया जाता है। लेकिन, विकसित देशों ने बुनियादी सुविधाओं को प्राप्त करने में नर-नारी का भेद मिटा दिया है। वहीं भारत में नर-नारी का भेद खान-पान, शिक्षा, स्वास्थ्य जैसे बुनियादी सुविधाओं को प्राप्त करने में भी मौजूद है। नस्ल-भेद मूल रूप से यूरोप एवं अमेरिका की समस्या रही है और औपनिवेशिक काल में उपनिवेशों में, खासकर दक्षिण अफ्रीका में, इसका बहुत ही वीभत्स रूप था, जिसकी पीड़ा ने महात्मा गांधी को पैदा किया। लेकिन, भारत में गोरी चमड़ी का आकर्षण एक प्रकार का सूक्ष्म नस्ल-भेद ही है।

भारत के संविधान निर्माताओं ने लोकतंत्र के साथ-साथ समतामूलक समाज की स्थापना को संविधान का प्रमुख उद्देश्य बनाया। भारतीय संविधान की प्रस्तावना में ''भारत को समाजवादी, धर्मनिरपेक्ष, लोकतांत्रिक गणराज्य बनाने'' के संकल्प के साथ-साथ, भारत के प्रत्येक नागरिक को ''सामाजिक, आर्थिक एवं राजनीतिक न्याय'' दिलाने के लिए तथा सभी को ''अवसर एवं प्रतिष्ठा (status) की समानता'' सुनिश्चित करने का उद्देश्य निर्धारित किया। संविधान निर्माताओं ने जिन मूल्यों की बात की, वो हमारी स्वतंत्रता संग्राम का भी मूल्य था। वे मूल्य हमारे राष्ट्र निर्माण के आदर्श भी थे। स्वतंत्रता संग्राम के आदर्शों, भारतीय संविधान की स्थापनाओं, एवं गांधी, लोहिया, आंबेडकर, पेरियार, ज्योतिबा फुले इत्यादि के प्रयासों के बावजूद भी भारत में आजादी के

75 वर्षों के बाद भी जाति एवं वर्ग भेद बना हुआ है, जो समतामूलक समाज के सिद्धान्तों के विपरीत है।

ऐसे तो लोहिया जाति एवं वर्ग को एक ही मानते हैं, और वर्ग को 'चलायमान जाति' और जाति को 'स्थिर वर्ग' कहा, फिर भी उन्होंने जाति एवं वर्ग की अलग-अलग व्याख्या की है। जहां उन्होंने जाति को नष्ट करने की बात कही, वहीं वर्ग को सामाजिक, आर्थिक एवं राजनीतिक उत्थान का आधार बनाया।

लोहिया जाति एवं जाति प्रथा के खिलाफ थे और इसे समूल नष्ट करने का उद्देश्य निर्धारित किया। जाति प्रथा को नष्ट करने के पीछे उन्होंने कई तर्क प्रस्तुत किए, जो आज भी प्रासंगिक हैं। कुछेक बिन्दुओं को दुहराना उचित ही होगा।

लोहिया ने जाति प्रथा को भारत के विदेशी आक्रमणों के सामने घुटने टेक देने के लिए दोषी माना और कहा कि हिन्दुस्तान विभिन्न जातियों में बंटे रहने के कारण विदेशी आक्रमणकारियों से एकजुट होकर लड़ नहीं सका। विभिन्न जातियों की श्रेणी तथा शासक वर्ग के जातीय आधार के कारण अधिकांश आबादी ने शासक वर्ग से अपने को अलग किए रखा और विदेशी आक्रमणों के प्रति तटस्थ भी रहा। नतीजतन छोटी-छोटी सैनिक टुकड़ियों की मदद से विदेशी आक्रमणकारी विशाल भारत पर विजय प्राप्त करते रहे। लोहिया ने यह भी स्पष्ट किया कि जब जाति के बंधन ढीले थे, तो भारत ने विदेशी आक्रमणों से अपने को बचाया, लेकिन जब जाति के बंधन कठोर थे, तो विदेशी आक्रमण भी सफल हुआ। उन्होंने कहा:

"भारतीय समाज के यदि हजारों नहीं तो सैकड़ों जातियों में विभाजन से साफ हो जाता है कि हिन्दुस्तान बार-बार विदेशी फौजों के सामने क्यों घुटने टेक देता है। इतिहास साक्षी है कि जिस काल में जाति के बंधन ढीले थे, उसने लगभग हमेशा उसी काल में घुटने नहीं टेके हैं।" (शरद, 1969, दसवां संस्करण 2021, पृ. सं. 104)

लोहिया के अनुसार जाति प्रथा समाज एवं राष्ट्र की प्रगति में बाधा है। यह यथास्थितिवाद पर टिकी हुई है और परिवर्तन के खिलाफ है। जाति प्रथा में गुण की जगह जन्म एवं श्रेणी के आधार पर श्रेष्ठता का भाव निहित है। ऊंची जातियाँ जन्मजात योग्य करार दी जाती हैं, तो निचली जातियों की

योग्यता को उनके जन्म के आधार पर निर्धारित कर उन्हें कुंठित कर दिया जाता है। इसमें सारी योग्यता, कुशलता एवं हुनर की मालिक ऊँची जातियां है, और योग्यता एवं हुनर से वंचित निचली जातियां हैं। परिणामस्वरूप, निचली जातियों के लोग जो पूरी आबादी का लगभग 90 प्रतिशत है, की क्षमता एवं योग्यता का प्रयोग राष्ट्र की प्रगति के लिए नहीं हो पाता। लोहिया कहते हैं कि, "द्विजों को छोड़कर सारी जातियां व्यक्तिविहीन बना डाली गई हैं और यही वह दलदल है जो सारी भारतीय समाज व्यवस्था में व्याप्त है।" (शरद, वही, पृ. सं. 101)

जाति प्रथा न केवल समाज की प्रगति में बाधक है, बल्कि राष्ट्र की उन्नति को भी रोकता है। लोहिया ने कहा कि, "परिवर्तन के विरुद्ध और स्थिरता के लिए जाति प्रथा एक भयंकर शक्ति है।" (शरद, वही, पृ.सं. 107) उन्होंने यह भी कहा कि, "जाति की आवश्यकताएँ राष्ट्र की आवश्यकताओं से भिड़ जाती हैं। इस भिड़ंत में जाति जीतती है, क्योंकि विपत्ति में अथवा रोजमर्रा की तकलीफों में व्यक्ति को यही एकमात्र विश्वसनीय सुरक्षा है।" (शरद, वही, पृ.सं. 106) इसलिए, "जाति से विद्रोह में ही हिन्दुस्तान की मुक्ति है।" (शरद, वही, पृ.सं. 108)

लोहिया के अनुसार जाति प्रथा हिन्दुस्तान में सामाजिक परिवर्तन की धार को रोके हुए है। यही कारण है कि विभिन्न सामाजिक सुधार आंदोलनों एवं महापुरुषों के प्रयासों के बावजूद जाति प्रथा एवं अन्य सामाजिक बुराइयां बनी हुई हैं। भारतीय समाज की संरचना में कोई मौलिक परिवर्तन नहीं हुआ है। लोहिया कहते हैं कि, "आज तक जितने सुधारवादी आंदोलन हुए, सब के सब सनातन हिन्दू व्यवस्था द्वारा उदरस्थ कर लिए गये और जातिवाद का भयानक दलदल अभी भी बना हुआ है। यह दलदल इतना गहरा है कि बड़े से बड़ा पत्थर इसके गर्भ में कहां चला जाता है, कुछ भी पता नहीं चलता। जब तक यह दलदल सुखा नहीं दिया जाता, भारत में जातिवाद का नाश नहीं हो सकता।" (शरद, वही, पृ.सं. 100)

जाति प्रथा ने 90 फीसदी पिछड़ी जातियों में इस प्रकार की हीनता भर दी है कि वे गैर-बराबरी के खिलाफ एवं समता के लिए लड़ने के लायक ही नहीं रहे हैं। लोहिया कहते हैं कि, ''जाति प्रथा और गैर-बराबरी ने जनता को क्रांति की दृष्टि से नालायक बना दिया है। पिछले हजार-डेढ़ हजार वर्षों में

जनता ने किसी भी देशी या जालिम या जुल्म के खिलाफ क्रांति नहीं की।'' (शरद, वही, पृ.सं. 98)

भारत के संदर्भ में लोहिया ने दो प्रकार के वर्ग का वर्णन किया है, उच्च वर्ग एवं पिछड़ा वर्ग। उच्च वर्ग ऊंची जाति से आता है और आभिजात्य एवं शासक वर्ग भी है। इन दोनों में सामैक्य भी है। ऊंची जाति के लोग ही शासक वर्ग में बहुतायत में हैं। इसकी तुलना में पिछड़े वर्गों के अंदर शूद्र, हरिजन, आदिवासी, मुसलमान और औरतें शामिल हैं जो हरेक क्षेत्र में पीछे हैं। लोहिया ऊँची जाति की गरीब आबादी को भी पिछड़े वर्ग का हिस्सा मानते हैं। उन्होंने कहा कि सही मायने में तो ऊँची जाति की केवल एक प्रतिशत आबादी ही उच्च वर्ग की है। शेष सारे लोग निचले वर्ग के हैं।

लोहिया ऊँची जाति को आभिजात्य वर्ग से भी जोड़कर देखते हैं और कहा कि भारत का आभिजात्य वर्ग तीन गुणों से सम्पन्न है—(क) ऊंची जाति (ख) अंग्रेजी शिक्षा और (ग) संपत्ति का मालिक। इसमें कोई दो गुण का होना आभिजात्य वर्ग का लक्षण है। ये तीनों और इनमें से दो आमतौर पर ऊँची जाति में ही मिलता है। इसलिए ऊँची जाति और आभिजात्य वर्ग में सामैक्य है। लोहिया ने वर्ग विभाजन के दो आधार बताते हैं सामाजिक एवं शासकीय। सामाजिक आधार जाति है और शासकीय आधार सत्ता है: जो आभिजात्य वर्ग के हाथ में है। भारत में इनके बीच सामैक्य है और इस सामैक्य को तोड़ना लोहिया के समाजवाद का एक महत्त्वपूर्ण उद्देश्य है।

इसके लिए उन्होंने 'अवसर से योग्यता' का सिद्धान्त प्रतिपादित किया और कहा कि, पिछड़े वर्ग को अवसर प्रदान कर योग्य एवं सक्षम बनाने की आवश्यकता है। इसी संदर्भ में उन्होंने कहा कि "जहां हम यह विचार करते हैं कि पिछड़े वर्गों से नेतृत्व क्यों नहीं निकलता है, तो इस नतीजे पर पहुँचते हैं कि वह विशाल समुदाय केवल संख्या रह गया है और इसके किसी भी व्यक्ति में व्यक्तित्व नाम की चीज नहीं रह गयी।'' (शरद, वही, पृ.सं. 100)

लोहिया समाजवादी दल को विशेष तौर पर आगाह करते हैं कि ज्यादा से ज्यादा नेतृत्व पिछड़ी जातियों से आना चाहिए जिससे कि उनमें स्वाभिमान जागे, और ऊँचे व्यक्तित्व का विकास हो। तभी समाज में भी परिवर्तन होगा। लोहिया कहते हैं कि, "दबे हुए समुदायों को ऊँचा उठाने के धर्मबुद्ध से ऊंची

जाति भी पुनर्जीवित होगी और उससे सारे चौखटें और मूल्य, जो आज बिगड़ गये हैं, ठीक हो जाएँगे।" (शरद, वही, पृ.सं. 123)

यह जरूर है कि आजादी के 75 वर्षों में, भारत में सामाजिक गैर-बराबरी कम हुई है। जाति प्रथा कमजोर हुई है। जाति आधारित भेदभाव, छुआछूत भी कम हुई है, लेकिन जाति की व्यवस्था बनी हुई है। भारतीय संविधान के समतामूलक प्रावधानों, सरकार की पिछड़ी जातियों के उत्थान की नीतियों, लोक कल्याणकारी कार्यक्रमों, शिक्षा, स्वास्थ्य में वृद्धि, आर्थिक उन्नति, आधुनिकीकरण, प्रवजन एवं शहरीकरण जैसे तत्त्वों ने जाति एवं जाति व्यवस्था दोनों को कमजोर किया है। विगत वर्षों में, पिछड़े वर्गों में राजनीतिक एवं सामाजिक चेतना, उनका राजनीतिक सशक्तिकरण एवं लोकतंत्र में सशक्त भागीदारी ने भी जाति के बंधन को ढीला किया है और जाति व्यवस्था को कमजोर करने में मदद की है।

फिर भी, जातियों का श्रेणीगत वर्गीकरण, स्वजातीय विवाह, जाति का सार्वजनिक जीवन में गोलबंदी के लिए प्रयोग, चुनावी राजनीति एवं शिक्षा एवं नौकरियों में आरक्षण ने भी जाति को जीवित रखने में मदद की है। जाति स्वजातीय विवाह, सामूहिकता एवं जाति आधारित भेदभाव की मानसिकता भी बनी हुई है।

### नर-नारी की असमानता

नर-नारी की असमानता पूरे विश्व की समस्या है, लेकिन जहां विकसित देशों ने भौतिक सुविधाओं का प्रचुर उत्पादन कर नर-नारी को समान रूप में उपलब्ध कराने में कामयाब रहे हैं, वहीं भारत जैसे देशों में बुनियादी सुख सुविधाओं को मुहैया कराने में भी नर- नारी में भेद मौजूद है। समस्या की प्रकृति भी विकसित एवं पिछड़े राष्ट्रों की अलग-अलग है। जहां विकसित देशों में कम से कम शिक्षा, स्वास्थ्य एवं बुनियादी सुविधाओं को बिना किसी भेदभाव के पुरुष एवं महिला सबको एकसमान मुहैया कराया जाता है, वहीं पिछड़े एवं विकासशील देशों में शिक्षा, स्वास्थ्य एवं बुनियादी सुविधाओं को प्राप्त करने में भी लिंग भेद आधारित असमानता बनी हुई है।

आजादी के 75 वर्षों के बाद भी, भारत नारी विकास सूचकांक में काफी पीछे है। संयुक्त राष्ट्र की मानव विकास रिपोर्ट, 2021, के अनुसार, विश्व के

170 देशों की नारी असमानता सूचकांक में भारत 122वें स्थान पर है; केवल 48 राष्ट्र ही भारत से पीछे हैं। इसी रिपोर्ट के अनुसार, भारत के नारी विकास सूचकांक का मूल्य 0.849 है, जो कि कम विकसित राष्ट्रों के औसतन मूल्य 0.894 से 45 अंक कम है, और विश्व औसतन मूल्य 0.958 से 109 अंक कम है।

आजादी के दो दशकों बाद, सन् 1972 में, भारत सरकार ने पहली बार स्त्री-पुरुष के बीच की असमानता की ओर ध्यान देते हुए एक समिति का गठन किया था, जिसने सन् 1974 में एक विस्तृत रिपोर्ट 'Towards Eqality' तैयार की। इसमें इस समस्या के विभिन्न पहलुओं का न केवल गहरा अध्ययन एवं विश्लेषण किया गया है, बल्कि, ठोस सुझाव भी दिये गये हैं। इस रिपोर्ट को महत्त्व देते हुए भारत सरकार की पांचवीं पंचवर्षीय योजना में पहली बार महिला विकास पर एक अध्याय जोड़ा गया। तब से लेकर, बारहवीं पंचवर्षीय योजना तक, महिला एवं बाल विकास पर एक अध्याय शामिल किया जाता रहा है और सामाजिक-आर्थिक विकास की नीतियों में महिला एवं बाल विकास पर विशेष ध्यान दिया गया है। इसके लिए कई कार्यक्रम भी चलाए गये हैं। महिलाओं की स्थिति में परिवर्तन भी आए हैं, लेकिन लिंगभेद आधारित असमानताएँ अभी भी बनी हुईं हैं।

शिक्षा, स्वास्थ्य एवं बुनियादी सुविधाओं की पूर्ति के संदर्भ में, स्त्री-पुरुष के बीच भेदभाव में जो कमी आई है, उसका मुख्य कारण है इन सुविधाओं की आपूर्ति में तेजी से विकास उदाहरण के तौर पर, प्राथमिक शिक्षा के क्षेत्र में ऐसी असमानता लगभग समाप्त हो गई है, क्योंकि प्राथमिक शिक्षा सबके लिए उपलब्ध है। लेकिन, माध्यमिक शिक्षा स्तर पर, स्त्री-पुरुष के बीच असमानता दिखने लगती है। माध्यमिक तथा उच्च माध्यमिक शिक्षा में लड़कों की तुलना में लड़कियों का प्रोन्नति दर कम है। माध्यमिक एवं उच्च माध्यमिक स्कूलों की कमी तथा घर से दूरी के कारण लड़कियों की एक बड़ी संख्या माध्यमिक एवं उच्च माध्यमिक स्तर पर स्कूली शिक्षा से बाहर हो जाती है। जहां सुविधाओं का अभाव है, और लड़कों एवं लड़कियों के बीच चुनाव करना हो, वहां भी भेदभाव दिखाई देते हैं।

चूंकि प्राथमिक शिक्षा घर के निकट और मुफ्त में उपलब्ध है, लड़कों-लड़कियों में भेदभाव के बगैर सभी को स्कूल भेज दिया जाता है, लेकिन जैसे

ही आगे की शिक्षा के लिए चुनाव करने की बात हो तो प्राथमिकता लड़कों को दी जाती है, न कि लड़कियों को। उदाहरणस्वरूप, एक ही माता-पिता कें दो बच्चे लड़का एवं लड़की हैं, और परिवार की आमदनी कम है, तो प्राय: लड़कों को तो निजी स्कूल, जो आज गुणवत्ता शिक्षा का प्रतीक माना जा रहा है, उसमें भेजा जाता है, और लड़कियों को सरकारी स्कूल में प्रवेश दिलाया जाता है। अगर निजी ट्यूशन देने की बात हो, तो लड़कों को तो यह सुविधा दी जाती है, लेकिन लड़कियों को इससे वंचित किया जाता है। उसी प्रकार उच्च शिक्षा में भी अगर परिवार को लड़कों एवं लड़कियों के बीच चुनाव करना हो, तो लड़कों को प्राथमिकता दी जाती है। यह अवश्य है कि उच्च एवं मध्यम आय वर्गों के लोगों में यह प्रवृत्ति थोड़ी कम है, लेकिन निम्न आमदनी वाले परिवारों में यह शायद संसाधनों की कमी के कारण विशेष रूप से देखने को मिलता है, और सामाजिक चेतना में भेदभाव का भाव बना हुआ है।

इसी प्रकार, स्वास्थ्य के क्षेत्र में महिलाओं की स्थिति इसलिए नहीं सुधरी है कि पुरुष-महिला का भेद मिट गया है। बल्कि, इसलिए कि स्वास्थ्य सुविधाओं का विस्तार हुआ है। उदाहरणस्वरूप, बाल-मृत्यु दर एवं मातृ-मृत्यु दर घटी है, संस्थागत प्रसूति एवं टीकाकरण दर बढ़ी है। इन सबके परिणामस्वरूप, महिलाओं के स्वास्थ्य में सुधार हुआ है। लेकिन, अगर स्वास्थ्य पर खर्च करने का प्रश्न हो, और अगर पुरुष एवं महिला में चुनाव करना हो, तो पुरुष को प्राथमिकता मिलती है।

जिन परिवारों की आमदनी कम है, उनमें खाने-पीने इत्यादि में भी लड़कों व लड़कियों के बीच भेदभाव देखने को मिलता है। आमदनी बढ़ने से यह प्रवत्ति थोड़ी घटती है, लेकिन यह कहना कि लड़का-लड़की के बीच का भेदभाव खत्म हो गया है, अतिशयोक्ति होगी। लड़का-लड़की का भेद गर्भ के समय से ही शुरू हो जाता है। भ्रूणहत्या एवं लिंगानुपात की समस्या इसका प्रमाण है। भारत का पुरुष-महिला लिंगानुपात एन.एफ.एच.एस.-5 के अनुसार, हालांकि 1020 हो गया है, लेकिन जन्म के स्तर पर (पिछले पांच सालों में जन्मे बच्चों के आधार पर) अभी भी 929 है। उत्तर-पश्चिम के विकसित राज्यों जैसे पंजाब, हरियाणा में तो यह अनुपात और भी प्रतिकूल है, जो यह दर्शाता है कि आर्थिक प्रगति एवं सामाजिक प्रगति की राह कम से कम भारत में अलग-अलग रही है। केरल और हिमाचल प्रदेश अपवाद है,

जिन्होंने कम आमदनी वाले प्रदेश होने के बावजूद भी, सामाजिक प्रगति में सराहनीय उपलब्धि हासिल की है।

आर्थिक एवं राजनीतिक क्षेत्रों में भी महिलाओं की भागीदारी बहुत कम है। यह अवश्य है कि भारत के शीर्ष पदों पर महिलाएँ चुनकर आई हैं, लेकिन यह सम्पूर्ण महिला समाज की राजनीतिक भागीदारी का प्रतिबिंब नहीं है। 73वें एवं 74वें संशोधनों के द्वारा स्थानीय स्वशासन की संस्थाओं में महिलाओं को 30 प्रतिशत आरक्षण देकर, जिसे बिहार, केरल, मध्य प्रदेश एवं कुछ अन्य राज्यों ने बढ़ाकर 50 प्रतिशत तक कर दिया है। स्थानीय स्तर पर उनकी भागीदारी सुनिश्चित करने का एक प्रयास तो है, लेकिन यह प्रयास सामाजिक कारणों से बहुत सफल नहीं हो रहा है। 30 वर्षों के बाद भी, 'पंचपति', अर्थात् महिला सरपंच का पति, सरपंच की भूमिका में, देखने को मिलता है। यह अवश्य है कि आरक्षण के कारण चूंकि इतनी संख्या में महिलाएँ जनप्रतिनिधि के रूप में चुनकर आती हैं कि उनमें से कुछ राजनीतिक नेतृत्व के क्षेत्र में आगे भी बढ़ जाती हैं। लेकिन, अधिकांश महिलाएँ अपने अधिकार को अपने घर के पुरुष मुखिया या पति को ही सौंप देती हैं। पुस्तक के लेखन के समय संविधान का 108वां संशोधन विधेयक जिसमें महिलाओं को संसद एवं विधान सभा में एक तिहाई आरक्षण प्रदान करने का प्रावधान है, संसद के द्वारा पारित किया गया है, जो एक प्रगतिशील कदम भी है। लेकिन समय बताएगा कि यह महिलाओं की स्थिति में सुधार लाने में कितना प्रभावी होगा।

आर्थिक एवं अन्य सार्वजनिक क्षेत्रों में भी कुछ महिलाएँ शीर्ष स्थानों पर पहुँची हैं, लेकिन वह सम्पूर्ण महिला समाज की आर्थिक भागीदारी का प्रतिबिंब नहीं है। महिलाओं की आर्थिक भागीदारी का एक महत्त्वपूर्ण सूचकांक श्रम शक्ति में भागीदारी है, जो 2004-05 के बाद लगातार घटती जा रही है। कामकाजी महिलाओं का प्रतिशत शहरी क्षेत्रों में थोड़ा ज्यादा है। लेकिन, ग्रामीण क्षेत्रों में कम है। इसका यह मतलब नहीं है कि ग्रामीण क्षेत्रों की महिलाएँ काम-काज नहीं करती हैं। बल्कि, टाइम यूज सर्वे (2019- 20) के अनुसार, एक महिला ग्रामीण क्षेत्रो में औसतन 5-6 घंटे केवल घरेलू कार्य करती है। इस सर्वे के अनुसार, 81 प्रतिशत महिलाएँ (9% 15 से 59 आयु) तकरीबन पांच घंटे का समय घरेलू कार्यों में लगाती हैं। इसकी तुलना में केवल 29 प्रतिशत पुरुष (15 से 59 आयु) घरेलू कार्य करते हैं। चूंकि,

अधिकांश महिलाएँ घरेलू काम-काज में है, जो पारितोषिक-रहित है, लगी रहती है उनके काम का सही मूल्यांकन भी नहीं होता, और न ही उसका उन्हें पारितोषिक मिलता है।

नर-नारी की असमानता को खत्म करना लोहिया के सप्तक्रांति का एक महत्त्वपूर्ण सूत्र है। लोहिया नर-नारी संबंधों में सम्पूर्ण बराबरी के पक्षधर हैं, और इस बात पर बल देते हैं कि भारत के पुनर्निर्माण में नारी शक्ति का दोहन करने की आवश्यकता है। जिस प्रकार से शूद्र और हरिजनों की क्षमता दबा दी गई है और उनकी ऊर्जा का देश की प्रगति में समुचित प्रयोग नहीं हो पा रहा है, ठीक उसी प्रकार नारी शक्ति की ऊर्जा का राष्ट्र की प्रगति में प्रयोग नहीं हो पाया है। लोहिया सम्पूर्ण नारी समाज को, चाहे वो किसी जाति का हो, पिछड़े वर्ग में शामिल करते हैं और उनकी प्रगति के लिए 'विशेष अवसर का सिद्धान्त' दिया और कहा कि, "औरतों की जो स्वाभाविक गैर-बराबरी हैं उसको दूर करने का उपाय है कि उनको कुछ ज्यादा मौका दिया जाए।" (शरद, 2021, पृ.सं. 75)उसी तरह जिस तरह शूद्र, हरिजन, आदिवासी और मुसलमान या ईसाई जैसे धार्मिक अल्पसंख्यकों की छोटी जातियों को दिया जाए।

लोहिया ने महिलाओं की राजनीति एवं नेतृत्व के शीर्ष स्थल पर भागीदारी को नारी मुक्ति का रास्ता कहा और यह अफसोस जाहिर किया कि भारत में परंपरा या राष्ट्रीय सहमति या दोनों के द्वारा स्त्रियों की शिखर पर भागीदारी रोकी गई है, जिसके लिए सभी राजनीतिक दल जबावदेह हैं। महिलाओं का शीर्ष स्थल में भागीदारी को रोकना एक राजनीतिक षड्यंत्र है। लोहिया ने बेबाकी से कहा कि, "देश की सारी राजनीति में चाहे कांग्रेसी हो, कम्यूनिस्ट या सोशलिस्ट, राष्ट्रीय सहमति का एक बहुत बड़ा क्षेत्र है, जानबूझकर या परंपरा से शूद्रों और औरतों को, जो हमारी आबादी का तीन-चौथाई भाग हैं, दबाकर और राजनीति से अलग रख कर उनकी भागीदारी को कमजोर करना है।" (शरद, वही, पृ.सं. 128)

भारत में नारी शक्ति की मुक्ति के लिए, लोहिया पौराणिक कथाओं को भी सहारा लेते हैं। लोहिया महाभारत की द्रौपदी को आदर्श मानते हैं और कहते हैं कि यह विडम्बना है कि भारतीय नारी द्रौपदी की जगह सावित्री को अपना आदर्श मानती है। सावित्री पतिव्रता एवं पराधीनता की प्रतीक है जबकि

द्रौपदी साहस, हिम्मत, ज्ञान, दिमागी तेज की प्रतीक है। दुर्भाग्यवश भारत की नारियां भी सावित्री ही बनना चाहती हैं न कि दौपदी, जबकि नारी मुक्ति का रास्ता द्रौपदी है, न कि सावित्री।

लोहिया द्रौपदी को नारी मुक्ति का आदर्श मानते हैं और दुनिया की महिलाओं को उसका अनुसरण करने की बात करते हैं। लोहिया कहते हैं कि, "दुनिया की कोई औरत, किसी भी देश की, किसी भी काल की, ज्ञान, हाजिरजबावी, समझ, हिम्मत की इतनी प्रतीक नहीं बन पाई जितनी द्रौपदी। ये गुण कोई मामूली गुण नहीं है। ऐसी कोई औरत नहीं हुई जिसमें इतना ज्ञान हो। द्रौपदी इतनी ज्ञानी थी, दिमाग की इतनी तेज थी कि उसके सामने उसके जमाने का कोई भी मर्द टिक नहीं पाता था।" (शरद, वही, पृ.सं. 255) उन्होंने भारतीय नारी को द्रौपदी जैसा बनने की सीख दी ओर कहा कि इसी में नारी मुक्ति का रास्ता है और देश की प्रगति का भी। उन्होंने कहा कि, "भारतीय नारी द्रौपदी जैसी हो, जिसने की कभी भी किसी पुरुष से, दिमागी हार नहीं खाई। नारी को गठरी के समान नहीं बनाना है, नारी इतनी शक्तिशाली होनी चाहिए कि वक्त पर पुरुष को गठरी बनाकर अपने साथ ले चले।" (शरद, 2021, पृ.सं. 132)

## शिक्षा एवं स्वास्थ्य की सुविधाओं की कमी

संयुक्त राष्ट्र संघ की मानव विकास रिपोर्ट, 2021-22 के अनुसार, विश्व के 191 राष्ट्रों के मानव विकास सूचकांक में, भारत 132वें पायदान पर है, जबकि भारत के पड़ोसी देशों में बांग्लादेश 129वें, भूटान 127वें एवं श्रीलंका 73वें पायदान पर है। केवल नेपाल (143) और पाकिस्तान (161) भारत से पीछे हैं। इस रिपोर्ट के अनुसार, सन् 2021 में, भारत में औसतन आयु 67.2 वर्ष है, औसतन स्कूली शिक्षा 6.7 वर्ष तक है, और प्रति व्यक्ति समग्र राष्ट्रीय आमदनी (2017 की क्रय-शक्ति समता के आधार पर) 6590 अमेरीकी डॉलर है, जो विकसित राष्ट्रों की औसत से बहुत पीछे हैं। उच्चतम मानव विकास वाले 66 राष्ट्रों की औसतन आयु 78.5 वर्ष, औसतन स्कूली शिक्षा 12.3 वर्ष, तथा औसतन प्रति व्यक्ति सकल घरेलू उत्पाद 43752 अमेरीकी डॉलर है।

लेकिन, जब शिक्षा एवं स्वास्थ्य की प्रगति का मूल्यांकन 1950 की स्थिति से तुलना करें, तो थोड़ा संतोष मिलता है। सन् 1951 में भारत के

लोगों की औसतन आयु महज 32 वर्ष थी, जो 2011 में 66 वर्ष, और 2021 तक 67.2 वर्ष हो गई। 1951 में प्रति 1000 बालकों व बालिकाओं पर बाल मृत्यु दर 180 थी, जो 2011 में घटकर 44 हो गई, और 2019-21 में (एन. एफ.एच.एस.-5 के अनुसार) 35.2 रह गई। सन् 1951 में कुल प्रजनन दर 5.9 थी, जो 2011 में 2.4 तथा 2019-21 तक केवल 20 रह गई है। सन् 1951 में महिला साक्षरता दर (7 वर्ष से ऊपर) महज नौ प्रतिशत थी, जो 2011 में 65 प्रतिशत हो गई। पुरुष सारक्षता दर 27 प्रतिशत थी, जो बढ़कर 82 प्रतिशत हो गई।

शिक्षा एवं स्वास्थ्य के इन आंकड़ों में ग्रामीण एवं शहरी क्षेत्रों में, विभिन्न राज्यों एवं सामाजिक एवं धार्मिक समुदायों के बीच भिन्नता भी पाई गई है। दक्षिण में केरल, उत्तर में हिमाचल प्रदेश, और उत्तर-पूर्व में ईसाई बहुल नागालैंड एवं मिजोरम ने मानव विकास (सूचकांक में) उल्लेखनीय प्रगति की है, जिनकी तुलना विश्व के मध्य विकसित राष्ट्रों से की जा सकती है। दूसरी तरफ, बिहार, झारखंड, पश्चिम बंगाल, असम, उड़ीसा, छत्तीसगढ़, मध्य-प्रदेश, राजस्थान, उत्तर-प्रदेश, उत्तराखंड जैसे राज्यों की प्रगति न केवल धीमी रही है, बल्कि चिन्ताजनक भी है। इनमें से कुछ राज्यों ने विगत वर्षों में प्रगति की है। सामाजिक एवं धार्मिक समुदायों के आधार पर अनुसूचित जातियों एवं अनुसूचित जनजातियों तथा अल्पसंख्यक मुस्लिम समुदाय की प्रगति भी चिन्ताजनक रही है। इन तीनों में अनुसूचित जनजाति की प्रगति सबसे धीमी रही है। शिक्षा, स्वास्थ्य एवं अन्य मानव विकास के सूचकांक में उनके आंकड़े सबसे पीछे हैं।

शिक्षा के क्षेत्र में, भारत ने प्राथमिक शिक्षा में तो लगभग शत-प्रतिशत नामांकन प्राप्त कर लिया है, लेकिन प्राथमिक से उच्च प्राथमिक एवं उच्च प्राथमिक से माध्यमिक एवं उच्चतर माध्यमिक स्तरों में प्रोन्नति की दर उस अनुपात में नहीं है। परिणामस्वरूप, उच्च प्राथमिक एवं माध्यमिक एवं उच्चतर माध्यमिक स्तर पर बहुत से बच्चे स्कूली शिक्षा से वंचित हो जाते हैं। पुनः ड्रॉप-आउट का दर लड़कियों में, अनुसूचित जातियों एवं अनुसूचित जनजातियों में तथा अल्पसंख्यक मुस्लिम समुदाय में अधिक है।

सन् 2021-22 में, प्राथमिक शिक्षा में सकल नामांकन अनुपात 103.39 पाया गया है, जो उच्च प्राथमिक स्तर पर 94.67 है, माध्यमिक स्तर पर 79.56 और उच्च माध्यमिक स्तर पर केवल 57.56 है। अनुसूचित जातियों

के बच्चों का सकल नामांकन अनुपात प्राथमिक स्तर पर 113.1 और उच्च माध्यमिक एवं उच्चतम माध्यमिक स्तरों पर क्रमश: 84.91 एवं 61.49 है। अनुसूचित जनजातियों के बच्चों के सकल नामांकन दर की प्राथमिक स्तर पर 106.5 तथा उच्च प्राथमिक स्तर पर 97.95 है, जो माध्यमिक स्तर पर 78.06 एवं उच्च माध्यमिक स्तर पर 52.02 है। ड्रॉप-आउट दर प्राथमिक स्तर पर तो केवल 1.45 प्रतिशत है, लेकिन उच्च प्राथमिक स्तर पर 3.02 तथा माध्यमिक स्तर पर 12.61 प्रतिशत है। द टाइम्स ऑफ इंडिया की एक रिपोर्ट के अनुसार, 2021-22 के सत्र में, भारत में करीब 35 लाख बच्चे कक्षा-11 में नहीं पहुँच पाए, 27.5 लाख अनुतीर्ण रहे, और 7.5 लाख परीक्षा में शामिल नहीं हुए (द टाइम्स ऑफ इंडिया, 1 जून 2023, पृ. स. 1)

इसी प्रकार, स्वास्थ्य क्षेत्र के कुछ आंकड़े भी चिन्ताजनक हैं। 2019-20 में, संस्थागत प्रसूति की दर 88.6 प्रतिशत है। बच्चों में कुपोषण की समस्या गंभीर है। पांच साल के बच्चों का 35.5 प्रतिशत अविकसित (stunted) है; 19.3 प्रतिशत कमजोर (wasted), और 32.1 प्रतिशत का वजन कम (under-weight) है। पांच साल के बच्चों में 67.1 प्रतिशत रक्तहीनता (anaemia) के शिकार भी हैं। 15-49 वर्ष की 57 प्रतिशत महिलाएँ भी रक्तहीनता से पीड़ित है; जबकि इसी आयु के पुरुषों में यह केवल 25 प्रतिशत है। इन आंकड़ों में समुदाय के स्तर पर तथा क्षेत्रों के स्तर पर भिन्नता भी है।

लोहिया शिक्षा एवं स्वास्थ्य में सम्पूर्ण बराबरी का सिद्धान्त प्रतिपादित करते हैं और कहते हैं कि बाकी क्षेत्रों में तो सम्पूर्ण बराबरी एकदम से स्थापित करना मुश्किल है, लेकिन शिक्षा एवं स्वास्थ्य में तो होनी ही चाहिए, और संभव भी है। यह हमारे लिए आज भी आदर्श हैं और भविष्य में भी रहेगा।

## रोजगार का संकट

भारत में आमदनी एवं रोजगार की समस्या लम्बे समय से चली आ रही है। प्रथम पंचवर्षीय योजना (1951-56) में इस समस्या पर विचार करते हुए, भारत में बेरोजगारी के चार प्रमुख कारणों को चिन्हित किया गया है:

क) जनसंख्या में तेजी वृद्धि,

ख) परम्परागत ग्रामीण उद्योगों का समाप्त होना (उपनिवेशिक नीतियों के कारण),

ग) गैर-कृषि क्षेत्र में रोजगार के सृजन की कमी (1911 से 1951 तक केवल तीन प्रतिशत लोग ही कृषि छोड़ गैर-कृषि क्षेत्र में आये), और

घ) विभाजन के कारण वृहद स्तर पर विस्थापन (GoI, 1956, पृ. 27, GoI, 1952, पृ. सं. 651)।

प्रथम पंचवर्षीय योजना को कृषि के विकास एवं लोक निर्माण के रोजगार सृजन के लिए महत्त्वपूर्ण माना। द्वितीय पंचवर्षीय योजना में बेरोजगारी को विकास की सचसे बड़ी चुनौती मानते हुए कहा गया कि, "पिछड़े राष्ट्रों में विकास एवं रोजगार एक ही सिक्के के दो पहलू हैं। (GoI, 1956, पृ. स. 27) तत्पश्चात् द्वितीय पंचवर्षीय योजना (1956-57 से 1961-62) ने कृषि एवं ग्रामीण क्षेत्रों में अर्द्ध-बेरोजगारी को कम करने के साथ-साथ नई श्रम-शक्ति को खनन एवं अन्य उद्योगों, निर्माण कार्य, यातायात एवं संचार के साधनों में बड़े पैमाने पर रोजगार देने का लक्ष्य रखा। ग्रामीण क्षेत्रों में भूमि संरक्षण, सिंचाई की व्यवस्था, पशुधन, कृषि का विकास तथा ग्रामीण एवं कुटीर उद्योगों की बढ़ोतरी से अर्द्ध-बेरोजगारी की समस्या को समाप्त करने का लक्ष्य भी रखा। यहां गौरतलब है कि द्वितीय पंचवर्षीय योजना में भारी उद्योगों की स्थापना पर विशेष ध्यान दिया गया, जिसके माध्यम से बड़े पैमाने पर रोजगार सूजन का लक्ष्य रखा गया। द्वितीय पंचवर्षीय योजना के तमाम प्रयासों के बावजूद, रोजगार संकट बनी रही। सन् 1962 में, यानी द्वितीय योजना की समाप्ति पर, लोहिया ने समाजवादी दल के युवाओं को संबोधित करते हुए इस समस्या की ओर ध्यान दिलाया और कहा कि बड़े पैमाने पर अंधाधुंध यांत्रीकरण से रोजगार के संकट के बढ़ने की आशंका है। इसलिए छोटी-छोटी मशीनों के प्रयोग से ही उत्पादन को बढ़ाने की आवश्यकता है।

लोहिया की रोजगार सृजन की चिंता कितनी सच है, इसका प्रमाण यह है कि भारत की हर पंचवर्षीय योजना में रोजगार की समस्या को प्राथमिकता दी गई है, परन्तु फिर भी रोजगार का संकट लगातार बना रहा है। उदारीकरण के दौर में तो यह संकट और भी गहरा हो गया है। इसका स्वरूप भी बदला है। एक प्रमुख बदलाव यह भी आया है कि संगठित क्षेत्रों की तुलना में असंगठित क्षेत्रों में रोजगार के अवसर ज्यादा बढ़े हैं। रोजगार की गुणवत्ता में भी गिरावट आई है।

असंगठित क्षेत्र के उद्योगों के लिए स्थापित राष्ट्रीय आयोग ने सन् 2007 में एक अपनी रिपोर्ट जारी[1] की जिसमें, रोजगार एवं निम्न आय की समस्या का गहरा विश्लेषण किया गया है। इसके अनुसार, सन् 2004-05 में, भारत में कुल श्रम-शक्ति का 92 प्रतिशत असंगठित क्षेत्रों में कार्यरत था। भारत की 77 प्रतिशत आबादी प्रति व्यक्ति प्रतिदिन 20 रुपये से कम पर अपना जीवनयापन कर रहा था। असंगठित क्षेत्रों में काम करने वाले 77 प्रतिशत लोगों को न तो स्थायी रोजगार था, और न ही उन्हें कोई सामाजिक सुरक्षा थी (GoI, August 2007, पृ. सं. 1)

ग्यारहवीं पंचवर्षीय योजना (2007-12) में, जिसका मुख्य ध्येय 'समावेशी विकास' है, गरीबी एवं बेरोजगारी की समस्या को प्राथमिकता देते हुए रोजगारोन्मुख विकास का लक्ष्य रखा, और रोजगार के सृजन तथा गरीबी उन्मूलन के सहारे समावेशी विकास के रास्ते पर चलने की नीति बनाई, जिसे बारहवीं पंचवर्षीय योजना, जो भारत की अंतिम[2] पंचवर्षीय योजना है, में जारी रखा गया।

तमाम प्रयासों के बावजूद, रोजगार का संकट आज भारत के आर्थिक क्षेत्र की सबसे बड़ी चुनौती है, जिसकी ओर लोहिया ने 1962 में 'निराशा के कर्तव्य' में ध्यान दिलाया था, और आर्थिक क्षेत्र में छोटी मशीनों के द्वारा ही विकास के रास्ते पर चलने का परामर्श दिया था।

1991-92 के आर्थिक उदारीकरण की शुरुआत के पश्चात् देश के सकल घरेलू उत्पाद में तेजी से वृद्धि हुई है, लेकिन उस अनुपात में रोजगार का सृजन नहीं हुआ है, जिसको 'रोजगार रहित विकास' भी कहा गया है। सकल घरेलू उत्पाद में जिन क्षेत्रों से वृद्धि हुई है, वो पूँजी एवं उच्च तकनीक आधारित क्षेत्र है, जहां श्रम की आवश्यकता कम है। दूसरी तरफ कृषि एवं छोटे-छोटे उद्योग, जिनमें हथकरघा एवं घरेलू उद्योग भी शामिल है, और जहाँ पर बड़े

---

1. Report on Conditions of Work and Promotion of Livelihoods in the Unorganized Sector, National Commission for Enterprises in the Unorganized Sector, Government of India 2007.
2. सन् 2014 में केन्द्र में भाजपा नेतृत्व वाली राष्ट्रीय लोकतांत्रिक गठबंधन की सरकार बनी, जिसमें योजना आयोग एवं पंचवर्षीय योजना को समाप्त करने का निर्णय लिया। योजना आयोग की जगह नीति आयोग की स्थापना हुई, और पंचवर्षीय योजना को समाप्त कर दिया गया।

पैमाने पर रोजगार सृजन की संभावना है, इस दौर में पीछे रह गए हैं। चूंकि, भारत की श्रमशक्ति का एक बड़ा भाग अभी भी अकुशल या अर्द्ध-कुशल श्रमिकों का ही है, उनके लिए उपयुक्त रोजगार का सृजन ही, समस्या का तात्कालिक समाधान है और जिसके लिए छोटे-छोटे एवं श्रम आधारित उद्योगों पर ध्यान देकर ही इस समस्या का समाधान ढूंढ़ा जा सकता है।

उदारीकरण के दौर में, रोजगार की गुणवत्ता में भी कमी आई है। निजी क्षेत्रों में रोजगार का सृजन तो हुआ है, लेकिन उसमें रोजगार की गुणवत्ता कमजोर रही है; सामाजिक सुरक्षा भी नहीं है; और कार्यस्थल की स्थिति में भी गिरावट आई है। साथ ही साथ, सरकारी क्षेत्रों में भी अनौपचारिक रोजगार को बढ़ावा दिया गया है। भारत में असंगठित क्षेत्र आजादी के समय से ही महत्त्वपूर्ण रहे हैं, लेकिन उदारीकरण के दौर में रोजगार के मामले में असंगठित क्षेत्र को ही प्रोत्साहन मिला है। कुल मिलाकर आय एवं रोजगार की समस्या पर नये ढंग से सोचने की आवश्यकता है और लोहिया के विचारों से कुछ सूत्रों को लेने की जरूरत है।

## आधे-अधूरे लोकतंत्र

लोहिया के समाजवाद में लोकतंत्र सबसे महत्त्वपूर्ण स्तंभ है। लोहिया ने मार्क्सवाद को इसलिए भी खारिज किया कि इसमें लोकतंत्र के सिद्धान्तों से टकराहट है। इसी प्रकार उन्होंने गांधीवाद के हृदय परिवर्तन के तरीके को आधा अधूरा माना, क्योंकि इसमें भी लोकतंत्र की भावना कमजोर है। गांधीवाद में व्यक्ति पर ज्यादा बल दिया गया है और वातावरण पर कम। जबकि दोनों पर ध्यान देकर ही नये समाज का निर्माण किया जा सकता है।

लोहिया के अनुसार लोकतंत्र के कई आयाम है जिन्हें (क) संवैधानिक व्यवस्था के रूप में, (ख) जन भागीदारी के आधार पर, (ग) सहमति, साझेदारी के आधार पर एवं (घ) सिविलनाफरमानी के अधिकार एवं प्रयोग के आधार पर, देखने की आवश्यकता है।

लोहिया कहते हैं कि लोकतंत्र को संवैधानिक व्यवस्था के रूप में चार स्तरों पर स्थापित करने की आवश्यकता है, जिसे उन्होंने 'चौखंभा राज' की संज्ञा दी है। इसमें सबसे ऊपर केन्द्र या संघ की सरकार, उसके बाद प्रांतीय सरकार, फिर जिला स्तर की सरकार और निचले स्तर पर ग्राम पंचायत की

सरकार की व्यवस्था होनी चाहिए। इन चारों स्तरों की सरकारों की शक्तियां संविधान प्रदत्त होंगीं और इनके बीच शक्तियों का स्पष्ट बंटवारा होगा, जो संविधान के द्वारा ही निहित होगा। चारों स्तर पर विधायिका, कार्यपालिका एवं न्यायपालिका की व्यवस्था होगी।

लोहिया की इस परिकल्पना के विपरीत भारतीय संविधान में केन्द्र एवं प्रांतों के स्तर पर तो सरकार की व्यवस्था की गई है, लेकिन उससे निचले स्तर पर केवल स्वशासी शासन व्यवस्था है। सरकार संविधान के 73 वें एवं 74वें संशोधनों के द्वारा पंचायती राज की जो व्यवस्था की गई है, वह लोहिया की 'चौखंभा राज' की अवधारणा का एक लंगड़ा रूप है। 73वें संशोधन के द्वारा ग्रामीण क्षेत्रों में त्रिस्तरीय जिला, मंडल एवं ग्राम पंचायत की व्यवस्था की गई है जिन्हें 29 क्षेत्रों में अधिकार भी प्रदान किया गया है। उसी प्रकार 74वें संशोधन के द्वारा शहरी निकायों को 18 क्षेत्रों में अधिकार दिये गये हैं। लेकिन इसकी सबसे बड़ी कमजोरी यह है कि जहां केन्द्र और राज्यों के बीच शक्तियों का बंटवारा संविधान की सातवीं अनुसूची के द्वारा केन्द्र सूची, राज्य सूची और समवर्ती सूची के रूप में किया गया है, वहीं पंचायती, राज संस्थाओं एवं शहरी निकायों की शक्तियां प्रांतीय सरकारों द्वारा हस्तांतरित हैं। संविधान की धारा 243-G के द्वारा राज्यों के द्वारा शक्तियों का हस्तांतरण ऐच्छिक है। परिणामस्वरूप, अधिकांश राज्यों ने पंचायती राज संस्थानों को सीमित अधिकार ही दिये हैं। संविधान के 73वें एवं 74वें संशोधनों के 30 वर्षों के बाद भी कार्य शक्तियां, और वित्त एवं मानव शक्ति (पदाधिकारी) के अभाव में पंचायती राज संस्थाएँ अपंग हैं। कई राज्यों में तो राज्य सरकारों को पंचायती राज संस्थानों को भंग करने एवं इसके प्रतिनिधियों को मुअत्तल करने का भी अधिकार दे दिया गया है।

विगत वर्षों में केन्द्र सरकार की योजनाओं को लागू करने में पंचायती राज संस्थानों को महत्त्वपूर्ण भूमिका दी गई है, जिससे इन संस्थाओं के क्रिया-कलापों एवं गतिविधियों में तेजी भी आई है, लेकिन इन कार्यक्रमों का नियंत्रण केन्द्र राज्य की नौकरशाही के हाथों में ही है। इन कार्यक्रमों को लागू करने में पंचायती राज संस्थाओं की भूमिका 'लोक निर्माण विभाग' की तरह है। जनप्रतिनिधियों के लिए भी यह सरकारी ठेके लेने का एक माध्यम बन गया है। यही कारण है कि आज पंचायतों के चुनावों में भारी मात्रा में पैसा

खर्च किया जाता है और फिर चुनाव जीतकर उसकी वसूली चक्रवृद्धि ब्याज के साथ की जाती है। अधिकांश राज्यों में पंचायती राज संस्थाएँ पंगु हैं, और बेरोजगारों के लिए रोजगार का साधन बन गई हैं। ग्राम सभाओं की बैठकें महज औपचारिक होती हैं। जीते हुए उम्मीदवार लोग बहुतायत में भाग लेते हैं, तो विपक्षी उम्मीदवार एवं उनके लोग महज शिकवा-शिकायत में लगे रहते हैं। सहमत, साझेदारी, भागीदारी एवं स्थानीय नेतृत्व, जैसे लोकतंत्र के मूल्य मीलों दूर हैं।

संविधान के 73वें एवं 74वें संशोधनों में महिलाओं को 33 प्रतिशत आरक्षण देकर, बिहार, मध्यप्रदेश, केरल इत्यादि ने महिलाओं को 50 प्रतिशत आरक्षण देकर, क्रांतिकारी घोषणा की है, लेकिन जमीन पर दृश्य कुछ और है। पितृसत्तात्मकता एवं पुरुष प्रधानता की जकड़न इतनी मजबूत है कि अधिकांश मामलों में महिला प्रतिनिधि का कार्य उनका पति, या पिता, या ससुर, देवर, या फिर कोई और पुरुष रिश्तेदार करते हुए देखे जाते हैं। उन्हें 'पंचपति' 'प्रधानपति' जैसे शब्दों से संबोधित किया जाता है। कई जगहों पर, कई सालों के प्रयोग के कारण, महिला प्रधान ने अपने हाथों में बागडोर ली है, लेकिन ग्राम सभा से लेकर, मंडल एवं जिला स्तर तक पुरुषों के वर्चस्व ने उनकी नेतृत्व क्षमता को कुंठित कर रखा है; उन्हें मुश्किलें भी कम नहीं होती हैं।

सहमति, साझेदारी एवं सहभागिता लोकतंत्र का अंगवस्त्र है, जिसके बगैर लोकतंत्र नंगा है। लोहिया के समाजवाद की परिकल्पना में लोकतंत्र सहमति, साझेदारी एवं सहभागिता के आधार पर चलनी चाहिए, जो निर्णय के हरेक क्षेत्र में लागू होनी चाहिए। लोहिया इस सिद्धान्त को संसद के अंदर, सरकार के बाहर, राजनीतिक दलों के अंदर एवं हरेक सार्वजनिक संगठन एवं सामूहिक क्षेत्र में लागू होते देखना चाहते हैं।

लोहिया की अवधारणा के विपरीत, भारत के राजनीतिक दलों में लोकतंत्र का गहरा अभाव देखने को मिलता है। यह अभाव दो स्तरों पर देखने को मिलता है। एक विभिन्न समुदायों को समुचित प्रतिनिधित्व देने के रूप में, और दूसरा सहमति के आधार पर निर्णय लेने के क्षेत्र में। इस कमी को देखते हुए ही, लोहिया ने समाजवादी दल के लिए यह आचरण निर्धारित किया कि उसे पिछड़े वर्गों को नेतृत्व के पदों पर तथा सभी प्रकार की कमेटियों में प्रयास से उचित प्रतिनिधित्व दिया जाए।

लोहिया संसद के अंदर एवं संसद के बाहर भी विचार-विमर्श एवं बहस की आवश्यकता पर बल देते हैं। उन्होंने कहा कि इससे जो सहमति बनती है और जो निष्कर्ष निकलता है उसी को क्रियान्वयन करने से लोकतंत्र की जड़ें मजबूत होती हैं। उन्होंने इस बात पर भी बल दिया कि सत्तारूढ़ और विपक्षी दल को मिलजुल कर काम करने से ही लोकतंत्र आगे बढ़ता है। विपक्ष अगर सकारात्मक आलोचना करे, तो सत्तारूढ़ दल को भी इसके प्रति सहिष्णु होना चाहिए। आज बहस और सहमति का स्तर इतना गिर गया है कि कभी-कभी महत्त्वपूर्ण विषयों एवं विधेयकों पर बिना बहस के ही संसद की मुहर लग जाती है।

लोहिया के लोकतंत्र में सिविलनाफरमानी परिवर्तन का मुख्य हथियार है और सिविलनाफरमानी के प्रयोग से लोकतंत्र जीवित रहता है। लोहिया की परिकल्पना के विपरीत आज भारत में सिविलनाफरमानी का प्रयोग लगभग लुप्त हो गया है। न तो जनता ने सिविलनाफरमानी सीखी है, और न ही सरकारें इसके प्रति सहिष्णु हैं। इक्का-दुक्का सिविलनाफरमानी के उदाहरण जरूर मिल जाते हैं, जैसे कृषि सुधार अधिनियमों के खिलाफ किसानों के आंदोलन, उड़ीसा में जनजातीय समुदायों के द्वारा खनन कंपनियों के खिलाफ, पर्यावरणविदों एवं पर्यावरण रक्षकों के द्वारा जंगल कटाव के विरुद्ध (उत्तराखंड का चिपको आंदोलन), बड़े बांधों के खिलाफ (गुजरात का नर्मदा बचाओ आंदोलन) जबरन भूमि अधिग्रहण के खिलाफ (पश्चिम बंगाल के सींगुर में टाटा के नैनो प्लान्ट के लिए भूमि अधिग्रहण के खिलाफ) इत्यादि सिविलनाफरमानी के ही उदाहरण हैं लेकिन इन आंदोलनों के कई ऐसे पहलू हैं जो इन्हें सिविलनाफरमानी के दायरे से बाहर कर देता है। अगर उत्तराखंड के चिपको और कुछ अन्य आंदोलनों को छोड़ दें, तो ये स्थानीय नेतृत्व से पैदा नहीं हुए हैं। कुछेक में तो धन का भी बुरा प्रयोग किया गया है। कुछेक में तो सिविलनाफरमानी करने वाले दूसरे लोग थे, और पीड़ित दूसरे लोग।

सिविलनाफरमानी का चरित्र भी बदला है। इधर सरकारों का सिविलनाफरमानी करने वालों के प्रति रवैया भी कठोर हो गया है। सिविलनाफरमानी करने वाले लोगों को लम्बे समय तक जेल में बंद रखना, और उन पर कठोर से कठोरतम, यहां तक कि राजद्रोह का आरोप लगाना तो और भी गलत है। न्यायालयों का भी सिविलनाफरमानी करने वालों के प्रति

रुख में बदलाव देखने को मिलता है। जब सन् 1954 में लोहिया ने उत्तरप्रदेश के 13 जिलों में 'नहर रेट' के खिलाफ सिविलनाफरमानी चलाई और उस संदर्भ में जेल गए, तब इलाहाबाद उच्च न्यायालय के न्यायाधीश चन्द्रभान अग्रवाल ने सिविलनाफरमानी के अधिकार को न केवल जायज ठहराया, बल्कि उत्तरप्रदेश सरकार पर लोहिया को जेल में बंद रखने के जुर्म में 500 रुपये का जुर्माना भी लगाया। आज न तो लोहिया हैं, न न्यायमूर्ति अग्रवाल। सिविलनाफरमानी का अधिकार तार-तार होकर बिखर गया है। अगर भारत में लोकतंत्र को सच्चे मायने में जीवित रखना है, तो सिविलनाफरमानी के अधिकार को अक्षुण्ण रखना होगा।

## लोहिया के सपनों का भारत

लोहिया के सपनों का भारत 'समता से सम्पन्नता', 'सप्तक्रांति से समाजवाद', और 'सिविलनाफरमानी से लोकतंत्र' के त्रिगुणीय सिद्धांत पर आधारित है। इसमें समता सम्पन्नता की सीढ़ी है, तो 'सप्तक्रांति' समता का मार्ग है। सिविलनाफरमानी जन-जन का हथियार है जिसका प्रयोग हरेक प्रकार के अन्याय एवं अत्याचार हेतु निहित है, और जिसके प्रयोग से ही लोकतंत्र की बुनियाद सुरक्षित रहती है।

लोहिया एक ऐसे भारत के निर्माण की परिकल्पना करते हैं जिसमें न तो गरीबी होगी न ही अमीरी-गरीबी की 'आकाश-पाताल' की खाई। न तो गरीब निर्वस्त्र रहेगा न ही अमीर को निर्वस्त्र किया जाएगा। इसमें उत्पादन के साधनों का इस प्रकार प्रयोग किया जाए, चाहे वह राष्ट्रीयकरण के माध्यम से हो, सहकारिता के रास्ते हो, निजी संपत्ति के ही रास्ते हो, या फिर कोई और रास्ते हो, जिससे कि देश की संपूर्ण आबादी के लिए अनाज, कपड़ा, मकान, शिक्षा, स्वास्थ्य जैसी बुनियादी आवश्यकताओं की पूर्ति में संपूर्ण बराबरी स्थापित कर दी जाए, और संभव हो, तो अन्य क्षेत्रों में भी गैर-बराबरी की सीमा निर्धारित कर दी जाए। इसमें वितरण का सिद्धान्त भी निहित है, और न्याय भी निहित है।

लोहिया के सपनों का भारत समाजवादी-लोकतांत्रिक है, जिसमें समाजवाद का अर्थ केवल संपत्ति का बंटवारा नहीं है, बल्कि सम्पति के मोह को खत्म कर संपत्ति एकत्र करने के प्रलोभन को समाप्त करने का संकल्प है। इसके लिए आवश्यक है कि आमदनी एवं खर्च की सीमा बांध दी जाए,

और राज्य प्रत्येक व्यक्ति की बुनियादी आवश्यकताओं की पूर्ति की संपूर्ण गारंटी प्रदान करे।

लोकतंत्र केवल संसद के चुनाव से संपूर्ण नहीं होता। लोकतंत्र को जीवन के हरेक क्षेत्र में एवं व्यवस्था के अंग के रूप में एवं व्यवहार की पद्धति के रूप में उतारना होगा। लोहिया का लोकतंत्र 'चौखंभा राज' के रूप में केन्द्र, प्रांत, जिला एवं गांव के स्तर पर अलग-अलग सरकार के रूप में स्थापित होगा और जिनके क्षेत्राधिकार संविधान के द्वारा स्पष्ट निर्धारित होंगे। अपने-अपने क्षेत्राधिकारों के अंदर, कार्यपालिका, विधायिका एवं न्यायपालिका की शक्तियां स्पष्ट निर्धारित होंगीं।

लोहिया के 'चौखंभा राज' जनता की सीधी एवं सच्ची भागीदारी से निर्मित होगा। सहमति, साझेदारी और जन-भागीदारी चौखभा राज की बुनियाद होगी। इसमें समाज के हरेक जाति, वर्ग एवं समुदाय की उचित भागीदारी होगी, और राजनीतिक, सामाजिक एवं आर्थिक रूप से पिछड़े वर्गों को 'अवसर से योग्यता' के सिद्धान्त के आधार पर आगे बढ़ाने का मौका मिलेगा। महिलाओं तथा पिछड़े वर्गों को विशेष सुविधा प्रदान कर उनकी भागीदारी सुनिश्चित की जाएगी।

लोहिया के लोकतंत्र में सिविलनाफरमानी का हथियार प्रमुख होगा। जनता न तो 'गाय' की तरह दब्बू होगी, और न ही 'शेर' की तरह हिंसक। न तो शासक वर्ग अन्यायकारी एवं अत्याचारी होगा, और न ही जनता अन्याय एवं जुल्म सहेगी। जब जनता अन्याय का प्रतिकार करना सीख जाए, तो अन्याय एवं अत्याचार स्वतः मिट जाएगा। लोहिया के सपनों के भारत में जाति, वर्ग, रंग, एवं लिंग-भेद को समाप्त कर हर व्यक्ति की ऊर्जा का प्रयोग राष्ट्र के निर्माण एवं समाज की प्रगति में लगाकर आगे बढ़ने का संकल्प है।

लोहिया राष्ट्र के अंदर तो 'चौखंभा राज', परन्तु विश्व स्तर पर 'विश्व पंचायत' की परिकल्पना करते हैं। लोहिया का राष्ट्रवाद मानवता के सिद्धान्त से ओत-प्रोत है। हर राष्ट्र संप्रभु है, और राष्ट्र की संप्रभुता को अक्षुण्ण रखना विश्व समुदाय की सम्मिलित जबावदेही है। लोहिया हिंसा एवं हथियारमुक्त विश्व की परिकल्पना करते हैं, जिसमें एक देश का नागरिक दूसरे देश में बिना किसी रोक-टोक के पासपोर्ट एवं वीजा के बिना स्वतंत्र रूप में आवागमन कर सके। लोहिया 'विश्व नागरिक' की परिकल्पना करते हैं और

इसी को और आगे ले जाते हुए 'विश्व पंचायत' की भी परिकल्पना की। जिस प्रकार देश के स्तर पर 'चौखंभा राज' होगा उसी प्रकार विश्व स्तर पर 'विश्व पंचायत', (विश्व संसद, विश्व सरकार) होगी। लोहिया केवल भारत की जनता की खुशहाली की कामना नहीं करते, बल्कि विश्व समुदाय की खुशहाली का कामना करते हैं, जिसमें भारत की महत्त्वपूर्ण भूमिका होनी चाहिए। वे कहते हैं:

"मैं जोर देकर यही करना चाहूँगा कि हम ऐसा हिन्दुस्तान बनाने की कोशिश करें जिसका चरित्र वास्तव में एकदम अलग किसम का हो। हमेशा उत्पादन बढ़ाते रहने के बजाय हमारा लक्ष्य जीवन-यापन का अच्छा मान स्थापित करना होना चाहिए। आधुनिक आदमी को अपने देश की सीमाओं के भीतर जीवन की सुख-सुविधाएँ बढ़ाने की इच्छा के बजाय समग्र विश्व के लिए वांछित सुविधाएँ प्राप्त करने की ख्वाहिश होनी चाहिए।" (शरद, 2021, पृ. सं. 72)

# संदर्भ


कपूर, मस्तराम (संपादक), (2012), राममनोहर लोहिया, रचनावली I, अनामिका पब्लिशर्स एंड डिस्ट्रीब्यूटर्स, नई दिल्ली

कपूर, मस्तराम (संपादक), (2012), राममनोहर लोहिया, रचनावली 3, अनामिका पब्लिशर्स एंड डिस्ट्रीब्यूटर्स, नई दिल्ली

कपूर, मस्तराम (संपादक), (2012), राममनोहर लोहिया, रचनावली 4, अनामिका पब्लिशर्स एंड डिस्ट्रीब्यूटर्स, नई दिल्ली

कपूर, मस्तराम (संपादक), (2012), राममनोहर लोहिया, रचनावली 5, अनामिका पब्लिशर्स एंड डिस्ट्रीब्यूटर्स, नई दिल्ली

कपूर, मस्तराम (संपादक), (2012), राममनोहर लोहिया, रचनावली 6, अनामिका पब्लिशर्स एंड डिस्ट्रीब्यूटर्स, नई दिल्ली

कपूर, मस्तराम (संपादक), (2012), राममनोहर लोहिया, रचनावली 4, अनामिका पब्लिशर्स एंड डिस्ट्रीब्यूटर्स, नई दिल्ली

दीक्षित, ताराचंद (2013), डॉ. राममनोहर लोहिया का समाजवादी दर्शन, लोकभारती प्रकाशन, इलाहाबाद

शरद, ओंकार (2021), *लोहिया: एक प्रमाणिक जीवनी,* लोकभारती प्रकाशन, इलाहाबाद

शरद, ओंकार (1967, 2021), *लोहिया के विचार,* लोकभारती प्रकाशन, इलाहाबाद

शरद, ओंकार (2009), *हिन्दू बनाम हिन्दू,* लोकभारती प्रकाशन, इलाहाबाद

शरद, ओंकार (संपादक), (1996, दसवां संस्मरण 2021), *भारत के शासक: राममनोहर लोहिया के लेख,* लोकभारती पेपरबैक्स, इलाहाबाद

कपूर, मस्तराम (संपादक), (2013), *लोकसभा में लोहिया,* अनामिका पब्लिशर्स एंड डिस्ट्रीब्यूटर्स, नई दिल्ली

डॉ. राममनोहर लोहिया (1990), लोकसभा सचिवालय, नई दिल्ली

डॉ. राममनोहर लोहिया (2020), *मार्क्सवाद और समाजवाद,* समता ट्रस्ट, भोपाल

डॉ. राममनोहर लोहिया, 23 जून 1962, *निराशा के कर्त्तव्य,* समता ट्रस्ट, भोपाल

केलकर, इंदुमति (2017), *डॉ. राममनोहर लोहिया: जीवन और दर्शन,* अनामिका पब्लिशर्स एंड डिस्ट्रीब्यूटर्स, नई दिल्ली

Dr. Rammanohar Lohia (1936, reprint 2017), The Struggle for Civil Liberties, Lohia Adhayan Kendra, Nagpur

Lohia and Parliament (1991), Loksabha Secretariat, New Delhi

Government of India (1952), First Five Year Plan, Planning Commission, New Delhi

Government of India (1956), Second Five Year Plan, Planning Commission, New Delhi

Arumugam, M. (1978), *Socialist Thought in India: The Contribution of Ram Manohar Lohia,* Sterling Publishers Pvt Ltd.

Economic and Political Weekly, (2010), Politics and Ideas of Rammnohar Lohia, 2-8 October 2010, Special Issue

Kumar, Raghu A. (2023), Revisiting Rammanohar Lohia: *Challenges to the Theory and Practice of Alternative Sociolism,* Aadhar Books, New Delhi

Chancel, L. and Thomas Piketty (2019), *Indian Income Inequality,* 1992-2015: From British Raj to Billianaire Raj Review of Income and Wealth, 65(1) Nov. 2019

Singh, Sanjay (2016), *Debating Lohia: A Reader,* Dr. Rammanohar Lohia National Law University, Lucknow

Dr. Rammanohar Lohia (2010), *Economics after Marx,* Anamika Publishers & Distributors

◆◆◆